JN484989

The Guilford Practical Intervention in the Schools Series

괴롭힘의 예방과 개입

Susan M. Swearer · Dorothy L. Espelage · Scott A. Napolitano 공저

이동형 · 이승연 · 신현숙 공역

Bullying Prevention & Intervention

Realistic, Strategies for Schools

학지사

Bullying Prevention and Intervention:

Realistic Strategies for Schools

by Susan M. Swearer, Dorothy L. Espelage, and Scott A. Napolitano

Korean Translation Copyright © 2011 by Hakjisa Publisher, Inc.
The Korean translation rights Published by arranged with
Guilford Publications, Inc.

Copyright © 2009 The Guilford Press
A Division of Guilford Publications, Inc.

All rights reserved.

본 저작물의 한국어판 저작권은
Guilford Publications, Inc.와의 독점계약으로 (주)학지사가 소유합니다.
저작권법에 의해 한국 내에서 보호를 받는 저작물이므로
무단 전재와 무단 복제를 금합니다.

역자 서문

"괴롭힘 중단은 불가능한 일이 아니다. 다만 잘 조정된 지능적인 노력이 필요할 뿐이다."

– 이 책의 본문 중에서

아동 · 청소년들 사이에서 발생하는 괴롭힘은 오늘날 학교가 직면하고 있는 중요한 문제 중의 하나다. 괴롭힘을 주제로 국내외에서 수행된 연구는 괴롭힘 문제의 복잡성과 보편성을 보여 주고 있으며, 괴롭힘을 효과적으로 예방하고 이에 개입하려면 아동 · 청소년 자신과 학부모뿐 아니라 또래집단, 교사 및 학교행정관리자를 포함한 학교 차원 대처, 더 나아가 지역사회 및 정책적 차원의 종합적인 대응 노력이 필요함을 시사한다. 또한 괴롭힘 가해학생이나 피해학생을 중심으로 한 사후 반응식의 해결보다는 학교 시스템을 통한 예방에 전문적 관심과 노력을 집중해야 함은 두 말할 나위가 없다.

이 책은 괴롭힘 분야의 저명한 학교심리학자인 Susan Swearer 박사와 그녀의 동료들에 의해 집필되었다. 이 책 전반에 걸쳐 저자들의 견실한 연구기반과 축적된 실무 경험이 훌륭하게 배합되어 있다. 저자들이 서문에서 밝히고 있듯이 이 책은 괴롭힘을 예방하고 개입하기 위한 특정 프로그램을 소개하거나 괴롭힘 예방과 개입 전략들을 단순히 열거하는 책이 아니다. 이 책은 실증연구에 기반을 둔 괴롭힘에 대한 과학적인 이해에서 시작하여 예방 및 개입에 관한 주요 주제들을 포괄하되 학교현장에서 일하는 교사와 실무자들에게 도움이 될 만한 핵심적인 원리와 모범적인 전략들을 비교적 간명하게 제시하고 있다.

특히 각 장의 후반부에 등장하는 사례 연구와 후속질문은 학교현장의 실무자들이 괴롭힘의 예방과 개입에 관련된 다양한 주제를 탐색하고 숙고하며 좀 더 새로운 아이디어를 발전시킬 기회를 제공할 것이다. 따라서 이 책은 괴롭힘 연구자들을 포함하여 현장에서 괴롭힘 문제에 대하여 진지하게 고민하며 괴롭힘 예방과 개입에 관심을 갖는 심리전문가, 상담전문가, 전문상담교사, 현직 교사나 행정관리자 그리고 괴롭힘에 연루된 학생의 부모가 유용하게 참조하여 그들의 노력을 구체화할 수 있도록 돕는 실용적인 지침서로 적절히 활용될 수 있을 것이다.

이 책의 역자들은 미국에서 학교심리학을 전공하고 학교현장에서 전문 실무 경험을 갖춘 현직 교수들이다. 역자들은 각자 국내 대학에서 전문가를 양성하는 역할을 하면서 학교심리학의 실제를 소개하는 데 관심을 갖게 되었고, 실무자 중심의 내용과 구성에 매료되어 이 책의 공동번역을 기획하게 되었다. 모든 역자가 번역 과정에 동등한 비중으로 참여하였으며, 번역은 가능한 한 우리말답게 의역하는 것을 원칙으로 하였지만 원문의 미묘한 의미나 저자의 정확한 의도를 살려야 하는 일부 용어나 표현들은 다소 어색하더라도 직역을 택하였다.

전문 번역서가 흔히 갖는 제한점이지만 이 책에서 소개되는 일부 주제나 상황들은 국내의 현실과는 다소 차이가 있을 수 있다. 특히 제4~6장의 괴롭힘 금지 정책의 개발, 법적인 쟁점, 자신의 자원 활용하기 등의 주제는 국내의 독자에게 매우 생소할 수도 있다. 그러나 역자들은 이 책에 소개된 미국의 사례들이 국내의 학교현장에도 많은 시사점을 줄 수 있고, 괴롭힘 예방과 개입에 대하여 국내 전문가들의 창의적인 사고를 자극할 수 있다고 판단하였기에 빠짐없이 번역하였다.

아무쪼록 이 작은 책이 학교현장에서 괴롭힘과 관련하여 학생들을 돕고 괴롭힘 문제를 예방하는 데 진지한 관심을 가진 다양한 심리, 상담 및 교육 전문가들이나 훈련 중에 있는 대학원생들에게 유용한 길잡이가 되길 바란다. 또한 보다 많은 학교가 학생들에게 안전하고 건강하며 행복한 교육환경을 제공할 수 있기를 소망한다.

2011월 7월

이동형, 이승연, 신현숙

저자 서문

나는 모든 사람이 공정하지는 않으며, 모든 남자와 여자가 진실하지는 않다는 것을 배워야 함을 안다. 모든 악당에게도 영웅은 있고, 모든 적에게도 친구는 있음을 가르쳐라. 괴롭히는 자들은 가장 쉽게 이겨낼 수 있는 사람들임을 일찍이 배우게 하라.

– 아브라함 링컨

앞의 아브라함 링컨의 말은 괴롭힘이 오랜 문제라는 것을 상기시켜 주며 우리에게 영웅과 친구가 되라는 도전을 준다. 이 나라의 아이들 사이에서 일어나는 괴롭힘 행동을 우리는 협력하여 '이겨 낼' 수 있다. 우리는 이 책에서 학령기의 이러한 파괴적 행동을 어떻게 감소시킬 것인가의 문제에 초점을 맞춘다.

괴롭힘에 대한 책은 과연 하나 더 필요한가? 1980년대 후반 이래로 학교에서 발생하는 괴롭힘, 소녀들 간의 괴롭힘(즉, 관계적 공격), 직장에서 발생하는 괴롭힘, 중학교에서 발생하는 괴롭힘, 사이버 괴롭힘 등 괴롭힘에 대한 연구문헌은 엄청나게 증가하였다. 사실 '괴롭힘 가해자(bully)' 와 '괴롭힘(bullying)' 이라는 핵심 단어를 사용하여 문헌검색을 해 보면 1997~2007년 사이에 논문과 서적의 발간이 200% 증가했음을 알 수 있다. 그러나 괴롭힘에 대한 저술과 연구가 이렇게 많이 증가하였음에도 불구하고 괴롭힘에 대해서 무엇을 할지, 괴롭힘을 어떻게 중단시킬지 혹은 좀 더 현실적으로 말한다면 학령기 아동 · 청소년들 사이에서 일어나는 괴롭힘 행동을 어떻게 감소시킬지에 대하여 우리는 여전히 좋은 해결책을 가지고 있지 못한 형편이다.

괴롭힘 가해/피해(bullying/victimization)[1]를 어떻게 예방하고 이러한 행동에 효과적으로 개입하는 방법은 무엇인지에 대하여 교육자, 부모 및 학생에게 '실제적인 지침' 을 제공하는 책이 필요하다. 이 책은 괴롭힘에 대하여 어떻게 할 것인지를 고민해 온 교사, 부모 및 학생들로부터 수년간 받은 피드백의 결과로 저술되었다.

Swearer 박사와 Espelage 박사는 미국 전역에 걸쳐 괴롭힘에 대한 수백 개의 워크숍을 진행해 왔는데, 늘 받는 질문은 "어떻게 하면 괴롭힘을 멈출 수 있나요?" 이다. Napolitano 박사는 개인 개업을 통해서 수백 명의 아동 · 청소년 및 가족과 협력하는 가운데 부모들이 하는 동일한 질문은 "괴롭힘에 대해 무엇을 해야 하나요?" 임을 발견하게 되었다.

우리는 이러한 동일한 질문을 10년 이상 받아 왔으며 이 책이 학교에 너무도 만연해 있는 이 현상을 어떻게 하면 중단시킬 수 있을지에

역자 주

1) 'bullying' 과 'victimization' 은 모두 우리말의 '괴롭힘' 을 지칭하는 용어로, victimization은 bullying의 능동적인 의미(즉, 타인을 괴롭히는 행위)뿐 아니라 수동적 의미(즉, 괴롭힘을 당해서 초래된 고통)도 담고 있다. 또한 괴롭힘의 가해와 피해가 고정된 현상이 아니라 복잡한 역동에 따라 바뀌어 나타나기도 한다. 따라서 이 책에서는 두 어휘를 병용한 원저자의 의도를 살려 '괴롭힘 가해/피해' 로 번역하였다.

대하여 일부 제언을 제시해 주기를 희망한다. 부모, 학생, 교육자 및 연구자 할 것 없이 모두 괴롭힘에 대한 해결책을 찾는 데 지쳐 있다. 괴롭힘과 공격성을 연구하는 사람들은 여러 이론을 적용하여 학령기 아동 · 청소년들 사이에 일어나는 괴롭힘 가해/피해의 원인, 관련 변인 및 결과에 대한 많은 연구를 수행해 왔다. 괴롭힘 가해/피해에 대해서 우리는 많은 점을 알고 있다. 그러나 이러한 행동에 대해서 우리가 아직도 알지 못하는 부분 또한 많이 있다. 연구자, 교육자, 심리학자 및 부모로서 우리가 가진 배경을 통해 독자들에게 괴롭힘을 예방하고 개입하기 위한 현실적인 전략들을 제공하기 위해서, 이 책에서 우리는 연구와 실무 양 측면을 적절히 조합하여 다룬다. 많은 실제 사례들은 학교와 지역사회에서 일어나는 괴롭힘에 대하여 어떻게 할 것인가의 실제 문제를 놓고 고민하는 실제 인물들을 대상으로 수행한 연구, 워크숍, 자문 및 임상실무에서 발췌된 것들이다. 이 책에 제시된 모든 사례는 우리의 경험에서 나온 이야기들을 모은 것이거나 공적 영역에 속하는 이야기들이다. 제5장에 제시된 제시 해퍼의 사례말고는 모든 아동의 이름은 가명이다. 이 책 전반에 걸쳐 등장하는 '괴롭힘 가해자 그림' 은 미국 전역에 걸쳐 우리가 접한 실제 학생들이 그린 그림들 중에서 일부를 발췌한 것이다. 이 책을 통한 우리의 목표는 독자들에게 괴롭힘 행동의 복잡성을 보여 주고 그들의 가정, 학교 및 지역사회에서 괴롭힘을 예방하고 감소시킬 수 있는 현실적인 전략을 개발할 수 있도록 다양한 제언을 제공하는 것이다.

이 책의 개요

앞에서 지적한 대로 연구와 실무 간의 명백한 차이에도 불구하고 괴롭힘 가해/피해에 대한 현재의 심리학 문헌들은 종종 연구결과를 실무를 위한 지침으로 변환시키지 못하고 있다. 그러나 학교행정관리자, 교사 및 부모들은 그들의 학교와 지역사회에서 괴롭힘을 효과적으로 감소시키기 위해서 어떤 조치를 취할지를 결정하기 위해 괴롭힘, 공격성 및 폭력에 대한 연구결과들을 활용할 수 있다.

많은 괴롭힘 예방 및 개입 프로그램이 '시상'에 나와 있지만 우리는 이 책에서 기존의 특정 프로그램을 논의하거나 권장하지는 않는다. 대신 괴롭힘을 감소시키기 위한 예방 및 개입 전략을 선정하기 위한 의사결정 기준들을 제공하고자 한다. 학교에서 발생하는 괴롭힘을 감소시키기 위해 개발된 프로그램의 수를 고려하면 각 프로그램의 장단점을 제시하는 것은 이 책의 범위를 넘어선다. 따라서 이 책은 교육자, 부모, 학생이 자신의 학교에서 괴롭힘을 감소시키기 위해 활용할 수 있는 다양한 현실적인 제언과 아이디어를 제공하는 일종의 '안내지도'라고 볼 수 있다.

총 9개의 장은 괴롭힘 예방과 개입에 대해 탐험해 가는 데 필요한 안내지도로 구성되어 있다. 제1장 '초 · 중 · 고등학교에서의 괴롭힘 행동'은 학령기 동안의 괴롭힘을 이해하기 위한 무대를 마련한다. 괴롭힘 가해/피해를 정의하며 초 · 중 · 고등학교 동안의 괴롭힘에 대한 일부 연구들을 간단히 개관한다. 제2장 '괴롭힘 행동과 관련된 사회–생태학적 문제'는 괴롭힘과 관련된 개인, 또래집단, 학교, 가족, 지역사회 및 사회적 변인들 및 괴롭힘 가해/피해에 관여함으로써 초래되는 결과를 검토한다. 모든 인간이 기능하는 사회생태환경이 복잡한 역동 속에 상호작용하여 괴롭힘 행동을 지속시키거나 억제한다는 점은 명백하다. 제3장 '사회적 관계의 문제로서 괴롭힘 이해하기'는 괴롭힘 행동을 지지하는 사회적 조건들에 대해서 우리가 알고 있는 바를 기술하며 괴롭힘 문제를 사회적 관계의 붕괴로 본다. 관계가 붕괴되고 육성되지 못할 때 괴롭힘과 괴롭힘 행동에 대한 소송과 같이 부정적 결과가 초래될 수 있다. 제4장 '효과적인 괴롭힘 금지 정책 개발과 시행'은 학교 정책 개발 및 실행을 위한 실제적 전략들을 제시한다. 이와 관련하여 제5장 '교직원을 위한 법적 쟁점'은 괴롭힘 행동에 대한 주 법규와 법령들을 개관하며 괴롭힘에 관련된 많은 소송을 다루기 위한 제언들을 제시한다. 제6장 '괴롭힘과 싸우기 위해 자신의 자원 활용하기'는 학령기 청소년들의 괴롭힘을 줄이기 위해서 학교 내의 기존 자원과 구조를 활용하는 실제적 전략들을 안내한다. 제7장 '괴롭힘 감소를 위한 실제적 전략'은 괴롭힘 감소를 위한 개인, 또래집단, 가정 및 학교 차원의 전략들을 검토한다. 제8장 '테크놀로지가 관계에 미치는 영향'은 다른 사람을 괴롭힐 목적으로 테크놀로지를 사용하는 것에 대해 우리가 아는 바를 논의하며 사이버 괴롭힘을 다루기 위한 제언을 제공한다. 제9장 '자신의 노력을 평가하기' 는 자료-기반의 의사결정 실례를 보여 줌으로써 괴롭힘 가해/피해를 감소시키기 위한 당신의 노력을 평가하는 데 필요한 제언을 제공한다. 각 장에는 그 장에서 제시된 핵심 원리들을 예시하는 사례 연구와 그 장에서 제기된 복잡한 문제들 중 일부를 독자가 충분히 재고해 볼 수 있도록 돕는 일련의 질문들을 포함하고 있다. 종합하건대, 우리는 이 책이 학교에서 일어나는 괴롭힘을 예방하고 '이겨' 내는 데 필요한 창의적 사고를 지극하고, 현실적인 전략들을 개발하는 데 도움이 되길 희망한다.

감사의 글

우리는 괴롭힘 행동의 원인, 관련 변인 및 본질을 이해하기 위해 그들의 시간, 이야기, 헌신을 아끼지 않고 제공한 모든 학생, 내담자, 부모, 교사, 학교행정관리자, 대학원생 및 동료에게 깊이 감사한다. 수년 동안 괴롭힘에 대한 그림을 그리고 포커스 그룹에 참여하며 실제 세상의 방식으로 우리의 연구를 진전시키는 데 도움을 제공한 수천 명의 학생들에게 감사한다.

우리는 네브라스카 주의 링컨에 위치한 맥시 초등학교의 교장인 덱커 선생님과 3학년 팀(칼멘, 캐롤, 드와이트, 앤, 팸) 그리고 제6장에서 기술한 괴롭힘 문학 프로젝트에 참여하였던 2006~2007년도 당시의 3학년 학생들에게 진심으로 감사한다.

Susan M. Swearer는 Target Bullying Research Project의 멤버이며 링컨에 소재한 네브라스카 대학교의 대학원생인 론다, 아맨다, 리네, 재미, 시씬, 애담 및 브랜디에게 감사의 뜻을 전한다. 이 학생들은 이 책을 쓰는 전 과정에서 도움을 주었다. 또한 괴롭힘 주제에 대한 임상적 관점을 제공하고 이 프로젝트의 진행에 확고한 지원을 아끼지 않은 남편 Scott A. Napolitano에게 그리고 삶이 기쁨이 되게 하는 딸

캐서린과 알렉산드라에게 감사한다.

Dorothy L. Espelage는 연구에 대한 열정을 후원해 주는 세계 곳곳의 모든 스승과 친구들에게 감사하며 이 영역에서의 연구에 영감을 준 어바나–샴페인 소재 일리노이 대학교의 현재 또는 과거 대학원생들인 멜리사, 메간, 폴, 미첼, 제리, 채드, 존, 크리스틴, 사라 및 애미에게 감사의 뜻을 전한다.

Scott A. Napolitano는 평생 동안 격려와 지원을 아끼지 않은 부모님께 감사한다. 또한 아내 수잔에게 감사하며 매일 매일을 흥분된 모험이 되게 하는 딸 캐서린과 알렉산드라에게 감사한다. 무엇보다도 이 프로젝트에 영감을 준 이야기들을 제공한 용기 있는 아동 · 청소년들에게 감사의 뜻을 표하고 싶다.

차 례

02 괴롭힘 행동과 관련된 사회-생태학적 문제 53

03 사회적 관계의 문제로서 괴롭힘 이해하기 79

06 괴롭힘과 싸우기 위해 자신의 자원 활용하기 165

07 괴롭힘 감소를 위한 실제적 전략 197

08 테크놀로지가 관계에 미치는 영향 223

09 자신의 노력을 평가하기 247

01

초 · 중 · 고등학교에서의 괴롭힘 행동

괴롭힘 가해/피해에 대한 연구문헌을 다루기에 앞서 우리는 이 책에서 사용하는 용어들을 먼저 정의하고자 한다. 학생들은 '가해자' 나 '피해자' 의 양분된 역할에 '고정' 되어 있지 않다. 사실 효과적인 괴롭힘 예방 및 개입방법을 찾는 데 있어서 이러한 명칭은 문제의 소지가 있다. 성인과 학생들은 너무도 자주 가해자를 처벌하거나 피해자를 비난하기를 원한다. '한번 가해자였으면 항상 가해자다.' 혹은 '한번 피해자였으면 항상 피해자다.' 라고 생각하는 경향으로 인해 가해자나 피해자가 개인의 고정된 특질이라고 생각하게 된다. 하지만 사실상 많은 학생이 이러한 역할들 사이를 오간다. 중학교 3년의 시기 동안 학생들을 추적하였을 때 13% 이하의 학생들만이 가해자, 가해-피해자(bully-victim) 혹은 피해자로서 여전히 원래의 집단에 머물러 있었다(Swearer, Cary, & Franzier-Koontz, 2001). 따라서 표본의 87%에 해당하는 학생들은 중학교 3년 동안에 괴롭힘 가해/피해 역할에 있어서 변화를 보였다. 괴롭힘 예방과 개입에 관한 중요한 자료인 〈*Let's Get Real*〉 (Respect for All Project, 2004)은 학생들이 가해자, 피해자, 가해-피해자 및 방관자의 사이를 이동하는 것이 흔한 일임을 보여주기 위해서 '네 구획 관계 모델' ([그림 1-1] 참조)을 사용한다. 우리는 어떤 학생들은 '가해자' 로, 다른 학생들은 '피해자' 로 명명해야 한다는 고정관념을 영속화하기를 원하지 않는다. 이러한 고정관념은 이들 행동이 변화 불가능한 것임을 전달하며 이러한 용어들은 괴롭힘 역동의 복잡성을 과잉단순화하고 있다. 따라서 이 책에서는 이러한 역동적인 상호작용의 의미를 전달하기 위해서 '괴롭힘 가해/피해' 라는 용어를 사용하며 다른 사람을 괴롭히는 동시에 괴롭힘을 당하는 학생을 지칭하기 위해서 '가해-피해자'

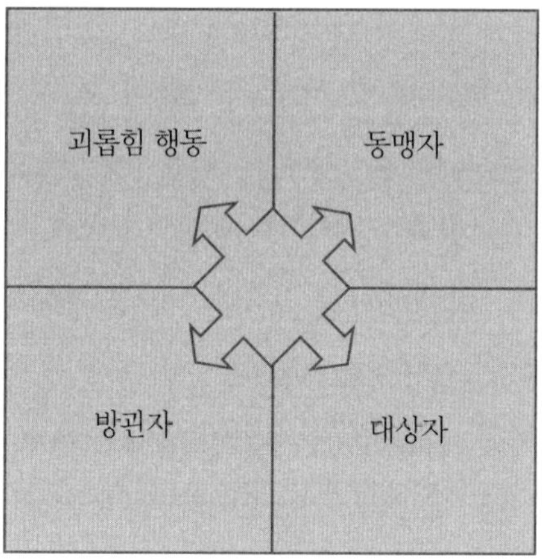

[그림 1-1] 네 구획 관계 모델

출처: RESPECT FOR ALL 프로젝트의 허락을 받아 전재함.

라는 용어를 사용한다. 또한 이러한 용어가 개인의 고정된 특성이나 특질이 아니며 모든 사람이 괴롭히거나 괴롭힘을 당하는 행동을 할 가능성을 가지고 있다는 점을 전달하기 위해 괴롭히는 학생 혹은 괴롭힘을 당하는 학생이라는 용어도 사용할 것이다. 진정으로 학교에서 괴롭힘을 줄이거나 중단시키기 원한다면 이러한 행동들이 변화 가능한 것임을 믿어야 한다.

괴롭힘의 정의

연구문헌에서 괴롭힘의 정의에 대해 논쟁이 있어 왔으며 많은 연구자들은 괴롭힘을 공격적 행동의 하위 형태로 본다(Espelage, Bosworth, & Simon, 2000; Pellegrini, 2002a; Pellegrini & Long, 2002; Smith et al., 1999, 2002). Dodge와 Coie(1987)는 괴롭힘을 주도적 공격의 한 형태, 곧 분노가 도발되지 않았지만 가해자 측에서 괴롭힘 행동을 개시한 경우로 정의한다. Olweus, Limber 및 Mihalic(1999)도 괴롭힘을 '공격적 행동'으로 정의한다. 그러나 괴롭힘 행동은 가해자와 피해자 간의 힘의 불균형을 포함하며, 해를 끼치고자 의도한 행동이며, 반복적으로 발생한다는 점에서 공격과 구별된다(Olweus et al., 1999). 힘의 불균형은 괴롭힘의 가해자가 대상자에 비해 어떤 의미에서건 보다 강하다는 것(예를 들면, 좀 더 인기가 있다거나, 덩치가 크다거나, 똑똑하다거나, 사회적 지위가 높다든가 등)을 의미한다. 괴롭힘은 공격적 행동 이외에도 쉽게 관찰할 수 없는 다른 형태의 공격성을 포함한다. 가령 괴롭힘은 한 사람이 다른 사람에게 물리적으로는 공격적이지 않지만 위협을 가하는 것을 포함할 수 있다. 또한 괴롭힘은 컴퓨터나 휴대전화를 통해서도(즉, 사이버 괴롭힘) 행해질 수 있으며 관계적(Crick & Grotpeter, 1995) 및 사회적(Underwood, 2003) 공격을 포함할 수 있다. 따라서 관찰이 가능하거나 불가능한 공격적 행동의 사용, 힘의 불균형, 괴롭힘의 반복성은 괴롭힘 행동을 다른 형태의 공격성과 구분짓는다. 미국심리학회의 사전에 따르면, 괴롭힘은 "다른 사람들, 특히 좀 더 작거나 약한 사람들을 대상으로 한 지속적인 위협적, 공격적 행동" 이다(VandenBos, 2007, p. 139).

초등학교에서의 괴롭힘

분명 초등학교 학생도 괴롭힘으로부터 안전한 대상이 아니다. 다음의 이야기를 고려해 보자. 일군의 유치원[1] 소녀들이 놀이터에서 플립플랍 슬리퍼를 신고 서로 바꾸어 신는 것으로 '멋쟁이' 집단을 정의하였다. 그들은 다른 소녀들은 자신의 집단원과 플립플랍을 교환하지 못하게 하면서 따돌렸다. 성인들, 곧 교사나 놀이터 조교가 각 학생이 신고 있는 신발의 유형에 주의를 기울이는 일은 불가능했기 때문에 이러한 관계적 괴롭힘은 탐지되지 못했다. 교직원이 놀이터에서 괴롭힘이 발생하고 있다는 것을 안 것은 한 학생이 자신의 엄마에게 이 일에 대해 말했기 때문이었다. 따라서 '괴롭힘은 언제 시작되는가?' 라는 질문을 받을 때 그 대답은 분명히 '유치원 때 쯤' 이다(Moeller, 2001).

연구에 따르면, 미국의 초등학교 학생들 중 33%나 되는 학생들이 학교에서 빈번히 괴롭힘을 당한다(Bradshaw, Sawyer, & O' Brennan, 2007). Kochenderfer와 Ladd(1996b)는 대략 20%의 유치원생들이 자주 괴롭힘을 당한다고 보고하였다. 괴롭힘 가해/피해에 관여된 초등학생들은 그들의 '가해자' 혹은 '피해자' 역할에 있어서 고정되어 있지 않다. 오히려 이러한 역할들 사이를 오가는 것(즉, 가해자에서 피해자로 그리고 가해-피해자로)이 흔한 듯하다(Dempsey, Firman, & Wang, 2006). 그러나 역할이 고정되어 있지 않음에도 불구하고 초등학교에서 공격적이었던 학생들이 중학교와 고등학교에서도 동일

역자 주

1) 미국의 학제에서는 유치원 과정이 초등학교 과정에 포함되기 때문에 원저자들은 유치원 학생의 사례를 초등학교 사례로 제시하고 있다.

하게 공격적인 성향을 보였다(Harachi et al., 2006; Huesmann, Eron, Lefkowitz, & Walder, 1984; Olweus, 1993a, 1993b, 1994).

중학교에서의 괴롭힘

연구문헌은 괴롭힘 가해/피해가 중학교 시기에 절정을 이룬다는 점에서 분명한 일치를 보이고 있다. 흔히 이 시기에 학생들은 새로운 또래집단과 교섭하기 때문에 초등학교에서 중학교로의 전환이 이러한 증가와 관련된다는 가설이 있다(Nansel et al., 2001; Pellegrini & Long, 2002; Solberg, Olweus, & Endresen, 2007). 6학년부터 10학년 사이의 학생 15,686명을 대상으로 한 연구에서 29.9%의 학생들은 괴롭힘에 중간 내지는 빈번한 정도로 관여하고 있었다. 이러한 학생들 중에서 13%는 자신들이 다른 학생들을 괴롭혔다고 보고하였고, 10.6%는 빈번히 괴롭힘을 당한다고 하였으며, 6.3%는 괴롭히기도 하고 괴롭힘을 당하기도 한다고 보고하였다(Nansel et al., 2001). 과거 10여 년 동안의 연구에 따르면, 미국의 중학생들 중 약 7.5~13%는 타인을 괴롭히고, 10.6~20.7%는 괴롭힘을 당하며, 1~13%는 괴롭힘 가해/피해 모두에 관여한다(Batsche & Knoff, 1994; Cunningham, 2007; Demaray & Malecki, 2003; Kauffman et al., 1998; Nansel et al., 2001; Seals & Young, 2003; Unnever, 2005; Wenxin, 2002). 괴롭힘 가해/피해에 대한 문헌을 검토해 보면 괴롭힘은 중학생들에게 비교적 흔히 발생하는 현상이다.

고등학교에서의 괴롭힘

연구문헌에서 고등학교 시기의 괴롭힘은 초등학교나 중학교 시기와 달리 비교적 적은 관심을 받아 왔다. 청소년 후기 동안의 괴롭힘에 대한 연구는 이 시기에 희롱(harassment)이 증가됨을 밝혔다. 즉, 괴롭힘은 희롱의 형태를 띠며 이 둘은 명확히 관련 있다. 중학교보다는 고등학교 시기에 여학생을 대상으로 하는 성희롱이 좀 더 흔하다(Gruber & Fineran, 2007). 미국대학여성연합회(American Association of University Women: AAUW, 1993, 2001)은 미국 고등학교에서의 성희롱에 대한 두 연구를 수행하였다. 대략 81%의 학생들이 재학하는 동안 성희롱을 경험하였다. 이러한 비율은 시간이 지남에 따라 증가하여 8학년과 9학년의 55%, 10학년과 11학년의 61%가 성희롱을 당했다고 보고하였다. AAUW의 연구는 또한 남학생들보다는 여학생들이 희롱을 더 많이 당한다는 사실도 발견하였다.

불행하게도 교사들은 자신의 학교에서 발생하는 괴롭힘의 심각성을 과소평가한다. Bradshaw 등(2007)은 고등학교 교사들이 자신의 학교에서 발생하는 괴롭힘과 희롱의 정도를 얼마나 잘 예측할 수 있는지를 알아보기 위하여 미국 북동부에 위치한 14개 이상의 고등학교 교직원 및 학생들을 대상으로 조사하였다. 57% 이상의 교직원들은 10% 이하의 학생만이 학교에서 괴롭힘을 당했을 것이라고 예측하였다. 9%의 교직원들만이 대략 28%의 고등학교 학생들이 괴롭힘을 당한다고 정확히 예측하였다. 또한 이 연구로 인해 초등학교와 중학교 교사들이 고등학교 교사들에 비해 학생들이 괴롭힘을 당하는 비율을 좀 더 정확하게 예측하였음을 밝혀졌다. 괴롭힘의 비율은 고등학교 시기에 전반적으로 감소하지만(Nansel et al., 2001) 이러한 현상은 성희롱이라든가, 괴롭힘과 희롱의 발생에 대한 과소추정 등으로 인해 그 해석이 명확하지 않다.

괴롭힘: 관심의 증가인가 아니면 더 심각해진 문제인가

저자 서문의 아브라함 링컨의 인용구가 예시하듯이 괴롭힘은 해묵은 문제다. 행동 문제로서 괴롭힘이 시간이 지나면서 꼭 그 빈도가 증가해 왔다고는 할 수 없더라도 괴롭힘 행동에 대한 관심 자체는 증가해왔다. 지난 20년 동안 미국에서뿐만 아니라 전 세계적으로 괴롭힘에 대한 연구는 급증하였다(Espelage et al., 2000; Espelage, Holt, & Henkel, 2003; Espelage & Swearer, 2003; Hoover, Oliver, & Hazler, 1992; Horne, Bartolomucci, & Newman-Carlson, 2003; Juvonen & Graham, 2001; Olweus et al., 1999; Salmivalli, Langerspetz, Bjorkqvist, Osterman, & Kaukiainen, 1996; Searer & Doll, 2001). 1997년 이래로 괴롭힘 행동에 대한 출판물은 200% 증가하였다. 그러나 괴롭힘에 대한 관심의 증가에도 불구하고 자료는 미국 학교에서 발생하는 괴롭힘이 중간에서 높은 수준에 이른다는 점을 지지한다.

미국에서 괴롭힘에 대한 연구의 많은 부분을 차지하는 것은 지대한 관심을 받은 학교 총격사건들의 결과였다. 학교 총격자들의 2/3는 재학 동안에 만성적으로 괴롭힘을 당한 사람들이었다(Vossekuil, Fein, Reddy, Borum, & Modzeleski, 2002). 괴롭힘이 치침하고도 지속적이며 부정적인 심리적 효과를 미친다는 주장은 새로운 것이 아니지만, 괴롭힘에 대한 연구의 폭발적 증가에도 불구하고 이러한 연구들을 어떻게 효과적인 실무에 적용할지에 대해서는 거의 알려진 바가 없는 것이 사실이다. 학교행정관리자 및 교사들은 대부분 어떻게 하면 지속적인 변화를 조성할 수 있을지에 대해서 안내를 받지 못한 채 괴롭힘 금지 프로그램을 선정하여 실행하고 있다. 괴롭힘과 희롱뿐 아니라 학교폭력이나 분노관리를 다루는 많은 커리큘럼과 심리사회적 프로그램이 있지만 이들 프로그램 중 엄격한 실증연구를 통하여 체계적으로 평가를 받은 프로그램은 극소수에 불과하다(Furlong,

Morrison, & Greif, 2003). 이와 같이 확고한 성과 자료가 결여된 상황을 고려할 때 학교행정관리자, 교사 및 학부모들은 어떻게 괴롭힘 관련 문헌을 효과적으로 검토하여 그들의 학교와 지역사회에 알맞은 개입 방법을 결정할 수 있을까?

다행스럽게도 괴롭힘이 학령기 아동 · 청소년들 사이에 존재하며 관여된 모든 사람들에게 지속적이고 치명적인 부정적 영향을 미친다는 주장을 관철시키고자 노력해야 하는 단계는 이미 넘어섰다(Espelage & Swearer, 2004). 지난 20여 년 동안 수행되어 온 괴롭힘 관련 연구는 괴롭힘 행동의 부정적인 심리적, 대인관계적 및 사회적 결과를 증명하였다. 그러나 이러한 지식을 어떻게 하면 효과적으로 학교를 위한 현실적인 해결책으로 전환할 수 있을지에 대해서는 거의 알려진 바가 없다.

괴롭힘 행동에 대한 실제적 해결책을 제안하기에 앞서 괴롭힘에 대한 몇 가지 오해를 지적하고자 한다. 각각의 오해는 이 책의 이어지는 여덟 개의 장에 걸쳐서 풀릴 것이다.

- **오해 1: 괴롭힘은 일회적, 개별적 공격행위다.** 괴롭힘의 정의(가해 의도, 반복, 힘의 불균형)를 고려하건대, 괴롭힘을 평가하고자 한 많은 연구들이 실제로는 이러한 세 요소를 모두 평가하지 않았을 수 있다. 따라서 괴롭힘 행동을 정확히 평가할 필요가 있다. 괴롭힘은 일회적인 공격행위가 아니다. 사실 괴롭힘 문제는 또래, 가족, 학교 및 지역사회의 영향을 받는다(제2장 참조). 따라서 괴롭힘은 사회-생태학적 관점에서 가장 잘 이해될 수 있다(Espelage & Swearer, 2004).

• 오해 2: 괴롭힘은 '가해자'와 '피해자' 간에 일어난다. 이것은 거의 사실이 아니다. 우리는 이러한 '양자(兩者) 편견을 타파하고' (Espelage & Swearer, 2003) 괴롭힘이 역동적, 사회적 관계 문제이며(제3장 참조) 많은 학생들이 사회-생태학적 조건(예를 들면, 가정에서의 공격행동, 괴롭힘을 일삼는 또래집단, 학교장면에서의 감독 부재 등)에 따라서 다양한 역할 사이를 오간다는 점을 인식할 필요가 있다.

• 오해 3: 괴롭힘 금지 정책은 효과적이지 않다. 괴롭힘의 부정적인 효과는 성인기까지 충분히 지속될 수 있다. 우리는 희롱 금지, 차별 금지, 총기 통제 정책들이 이러한 사회적 문제에 대한 인식을 높이는 데 도움을 주었다는 것을 알고 있다. 우리의 경험에 비추어 보건대, 만일 괴롭힘 금지 정책들이 의무화되지 않는다면 많은 학교구들은 그러한 정책을 기꺼이 개발하고 채택하지 않을 것이다. 이러한 정책들은 괴롭힘에 대한 인식을 높이는 데 도움을 주며 지속적인 사회적 변화의 초석이 된다(제4장 참조).

• 오해 4: 괴롭힘은 '정상적인' 성장과정의 일부다. 괴롭힘 행동은 대체로 중학교 때에 절정을 이루는 것으로 보이지만(Pellegrini, 2002a, 2002b), 초등학생들(Bradshaw et al., 2007)과 고등학생들(Gruber & Fineran, 2007) 사이에서도 발생한다. 괴롭힘은 특정 발달기간에만 국한되지 않고 전 생애에 걸쳐 나타나는 문제다. 또한 괴롭힘은 정상적인 성장과정의 일부로 볼 수 없으며 이러한 행동이 초래하는 법률적 파급효과가 있다(제5장 참조).

• 오해 5: 괴롭힘을 중단시키는 것은 불가능하다. 대부분의 학교에서 괴롭힘은 다양한 정도로 발생하지만 괴롭힘이 매우 드문 학교와

교실도 많이 있다. 학교에서 긍정적인 성인 리더십, 긍정적인 학생 리더십, 건강한 관계가 형성될 때 괴롭힘이 줄어든다. 괴롭힘 중단은 불가능한 일이 아니다. 다만 잘 조정된 지능적인 노력이 필요할 뿐이다(제6장 참조).

- 오해 6: 괴롭힘 예방과 개입은 복잡하며 값비싼 일이다. 우리는 교직원들과 일하면서 학교의 자원이 부족하고 괴롭힘 금지 프로그램을 구매하기 어렵다는 이야기를 자주 듣게 된다. 그러나 건강한 사회적 관계를 개발하는 것이 곧 괴롭힘을 중지시키는 길이라는 단순한 사실로부터 이러한 주장을 반박한다. 아이들의 사회적 관계를 모델링하고 조형하는 것은 무료다. 우리가 정말 모든 사람들에게 그들이 대접받고 싶은 대로 다른 사람을 대접하라고 가르친다면 이러한 논리가 그대로 이어져 괴롭힘은 일어나지 않을 것이다. 괴롭힘을 감소시키기 위한 전략들은 복잡할 필요도 값비쌀 필요도 없다(제7장 참조).
- 오해 7: 신체적 괴롭힘이 관계적 혹은 언어적 괴롭힘보다 더 해롭다. "막대기와 돌은 내 뼈를 상하게 할지 몰라도 말은 결코 나를 해하지 못할 것이다."라는 옛날 금언은 사실이 아니다. 관계적, 언어적 및 사회적 괴롭힘은 신체적 괴롭힘만큼 또는 그 이상으로 해로울 수 있다. 보통 관계적 괴롭힘은 성인의 눈에 쉽게 탐지되지 않으므로 아무런 제재 없이 수년 동안 지속될 수 있다. 또한 과학기술 매체(즉, 컴퓨터, 휴대전화)의 사용이 폭발적으로 증가하면서 사이버 괴롭힘이 매우 중대한 문제가 되어 왔다(제8장 참조). 이러한 덜 외현적인 형태의 괴롭힘이 미치는 부정적인 효과는 성인기까지 충분히 지속될 수 있다.

• 오해 8: 괴롭힘 금지 노력의 평가 방법을 이해하는 일은 매우 복잡하다. 모든 학교에 수학교사가 있으므로, 어떤 개입의 효과를 평가하거나 괴롭힘에 대하여 학생과 교직원을 대상으로 설문조사하기 위해 수학과 통계를 사용하는 일은 그렇게 복잡한 일이 아니다. 사실 이들은 읽기(제6장 참조)나 수학(제9장 참조) 등 어떤 커리큘럼에도 쉽게 포함될 수 있는 지적인 활동이다.

연구를 실제 해결책으로 바꾸기

부모, 교육자, 학생들이 괴롭힘에 대하여 뉴스 미디어나 대중적인 출판물에만 의지하지 말고 연구결과들을 접하는 것은 매우 중요한 일이다. 괴롭힘에 대한 많은 오해들이 대중적인 출판물에 의해 유지되고 있다. 가령 많은 사람들이 소녀들 사이에서만 관계적 괴롭힘이 있다고 생각하지만 소년들 또한 이러한 형태의 괴롭힘에 관여한다. 실제로 어떻게 하면 부모, 교육자, 학생들이 문제의 효과적인 해결을 위해 연구결과들을 활용할 수 있을까? 우리는 성인과 학생들이 자료에 근거한 의사결정이라는 사고방식을 갖도록, 즉 학교와 지역사회에서 일어나는 괴롭힘 행동을 어떻게 예방하고 감소시킬 것인지에 대해 정보에 근거한, 지적인 결정을 내리도록 하는 데 이 책이 도움을 줄 수 있기를 희망한다. 이러한 자료-기반의 의사결정은 학교장면의 서비스 제공자들이 괴롭힘 금지 정책을 채택하도록 하는 법적 의무조항을 준수해야 하기 때문에 매우 중요하다.

80/20 원리

이 책은 학교에서의 괴롭힘 감소를 위한 지침서이며 Koch(1998)의 80/20 원리에서 차용한 기본 명제를 전제로 하고 있다. Koch는 "우리 사회에서 20%의 범죄자들이 모든 범죄로 인한 대가의 80%를 설명한다."(1998, p. 4)고 하였다. 괴롭힘 행동에 적용한다면 이것은 괴롭힘 사건의 80%가 20%의 학생들에 의해 지속되고 있음을 의미한다. 괴롭힘의 출현율 자료를 검토해 보면(Nansel et al., 2001) 80/20의 원리가 이 현상에 정확하게 적용되는 것을 알 수 있다. 따라서 '어떠한 조건에서 괴롭힘이 발생하는가?' 라는 질문이 길잡이가 된다. 만일 우리가 괴롭힘이 일어나게 하는 조건을 바꿀 수만 있다면 괴롭힘 행동이 아예 처음부터 발생하는 것을 줄이거나 막을 수 있을 것이다.

80/20 원리와 관련된 개념은 환경 조건이 괴롭힘을 조장하거나 억제할 수 있다는 것이다. 따라서 괴롭힘을 효과적으로 감소시키려면 아동 · 청소년들이 기능하는 모든 맥락, 곧 개인, 가족, 또래집단, 학교, 지역사회 및 사회를 검토해야 한다. 이러한 사회-생태학적 조망은 괴롭힘이 발생하거나 발생할 수 없는 조건들에 대한 유용한 이해의 틀을 제공한다. 이러한 모든 조건들을 포괄하는 개입은 20%의 사람들의 행동을 바꾸고, 따라서 80%의 괴롭힘 사건을 0에 가깝게 감소시킬 수 있는 기회를 제공할 것이다.

괴롭힘의 사회-생태학적 틀

아동의 사회적 발달은 성격 특성과 이러한 특성이 보다 큰 하위 체계나 사회적 맥락(예, 또래, 가족, 학교) 속에서 어떻게 상호작용하는지의 결과에 따라 나타나며 유지되고 수정된다고 개념화된다. 이러한 관점은 사회-생태학적 이론이라 불리며(Bronfenbrenner, 1977, 1979) 네 가지의 상호 관련 체계, 곧 미시체계, 중간체계, 외체계, 거시체계를 포함한다. 미시체계는 개인이 직접 접촉하고 있는 체계로 부모, 형제, 또래 및 학교를 포함한다. 중간체계는 청소년의 가족과 또래 등과 같이 미시체계들 간의 상호 연계로 이루어진다. 예를 들면, 부모에 대한 애착은 학교에서 친구관계의 형성을 위해 위험을 감수할 의지에 영향을 미칠 수 있다. 외체계는 부모의 학교 참여 등과 같이 다른 체계들로부터의 영향을 나타낸다. 마지막으로, 거시체계는 개인에게 영향을 미치는 사회 및 문화적 영향력을 포함한다. 이러한 사회-생태학적 틀은 괴롭힘의 예측 모델로 확장되어 왔다(Espelage & Swearer, 2004; Swearer et al., 2006). 괴롭힘은 고립되어 일어나지 않으며 개인과 그의 가족, 또래집단, 학교, 지역사회 및 사회적 규범 간의 복잡한 상호작용의 결과다([그림 1-2] 참조; Swearer & Espelage, 2004).

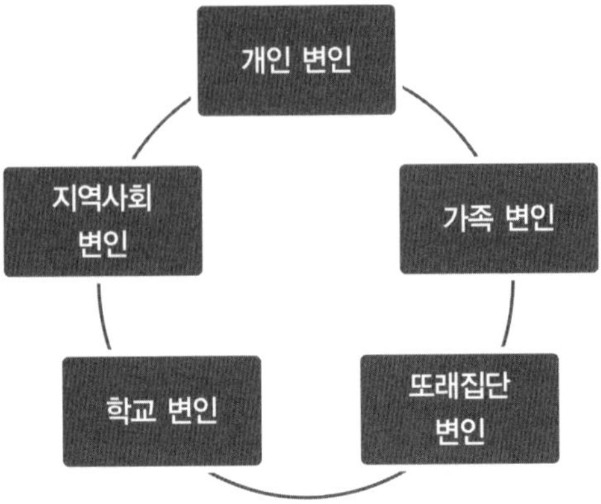

당신의 학교와 지역사회에서 괴롭힘에 기여하는 변인들은 무엇인가?

사회-생태학적 변인	예/아니요	예/아니요	예/아니요	예/아니요	목록 작성
개인 변인	우울	불안	충동성	문제해결 부족	기타
가족 변인	감독 부족	학대	가족 내 공격성	부모관여 부족	기타
또래집단 변인	괴롭힘이 수용되는가	한 집단의 학생들이 괴롭히는가	체격이 좋은 학생들이 괴롭히는가	주로 개인이 괴롭히는가	기타
학교 변인	성인들이 다른 사람들을 괴롭히는가	성인들이 괴롭힘에 개입하지 않는가	괴롭히는 학생들이 처벌(아니면 도움)을 받는가	학교분위기가 부정적인가	기타
지역사회 변인	당신의 지역사회에 높은 수준의 공격성이 있는가	지역사회 자원이 희소한가	지역사회와 학교 간의 파트너십이 있는가	학교가 지역사회의 핵심적인 한 부분인가	기타

[그림 1-2] 괴롭힘의 사회-생태학적 모델: 괴롭힘에 기여하는 변인들

출처: Susan M. Swearer, Dorothy L. Espelage, & Scott A. Napolitano(2009). Guilford Press에 저작권이 있으며 이 책의 구매자가 개인적인 용도로만 이 양식을 복사하여 사용하는 것을 허락함(상세한 내용은 저작권 페이지 참조).

결론 및 제언

이 장에서는 학령기 아동 · 청소년들 간의 괴롭힘에 대한 일부 연구들을 논의하였으며 괴롭힘 행동의 복잡성을 이해하기 위한 사회-생태학적 틀을 개관하였다. 괴롭힘은 초등학교, 중학교 및 고등학교에 걸쳐 발생하는 복잡한 역동적 현상이다. 이러한 복잡한 역동은 괴롭힘 행동과 관련된 사회-생태학적 문제를 다룬 다음 장에서 보다 자세히 기술된다.

서문에 언급한 대로 각 장은 사례와 이에 후속하는 일련의 질문들을 포함하고 있다. 사회-생태학적 관점에서 본 괴롭힘 역동의 복잡성이 다음에 제시될 첫 사례에 잘 나타나 있다.

사례 연구:
조우-복잡한 이름은 아니지만 복잡한 사례

조우는 11세의 백인 남학생으로 공립학교에 재학 중이다. 그는 소수민족적 배경을 가진 중류층 가정 출신이다. 그의 아버지는 중동에서 출생하고 자랐으며 매우 짧은 구혼기간 이후에 1994년 한 미국인과 결혼하였고 미국으로 이주하였다. 그는 분만 시에 탯줄이 목을 감고 있던 쇼크로 인해 산소 부족이 초래되어 일종의 뇌손상을 경험하였던 것으로 보인다. 그러나 분만 후 잘 회복되었으며 건강하고 정상적인 영아처럼 보였다.

조우는 약 1세가 될 때까지 이상한 행동을 보이기 시작하였다. 그는 양육하기에 매우 힘든 아이였고, 자주 비명을 지르고, 쉴 새 없이 움직이고, 밤새 잠들지 않았다. 사태는 계속 더 악화되었다. 생후 18개월 정도 되었을 때는 기저귀를 풀고 배설물을 침대, 벽 그리고 자신에게 칠하곤 하였다. 3년 정도가 지나 이미 통제 불능의 세 살짜리를 둔 가족에게 그의 남동생이 아무런 합병증 없이 태어나게 되었다.

조우의 부모는 10년 이상의 결혼생활 끝에 2년 전 이혼했다. 아이들은 어머니와 살았고, 어머니는 아이들, 특히 조우를 기르는 데 많은 어려움을 겪었다. 누구도 조우를 맡아 돌보려 하지 않았으며 그는 학교에서 계속 말썽꾸러기였다.

학교 배경 정보

조우는 한 학년 동안 교장실에 불려가는 날이 그렇지 않은 날보다 더 많았다. 그의 부모와 계부모는 여러 번의 특별 징계회의와 학교에서 걸려오는 전화를 받았다.

그는 가끔 "난 단지 친구를 원해요!"라고 울부짖는다. 부모에 따르면, 그는 이 말을 여러 해 동안 해 왔다고 한다. 성인들과 또래들이 그를 처음 만날 때 그들은 조우가 매우 유쾌한 아이라고 생각한다. 그는 매우 예의 바르고 생동감이 있다. 문제는 그가 관계를 유지할 수 없다는 점이다. 그가 새로운 또래들을 만날 때 그들은 며칠 혹은 몇 주가 지난 후에 조우는 '괴상한' 아이며, 다른 아이들도 역시 그를 '괴상한' 아이로 본다고 결론짓는다. 그러면 조우와 친구가 될 것으로 생각한 아이조차도 달아나 버리고 그는 나머지 버림받은 아이들과 함께 남겨지며 때로는 그들도 떠나 버린다.

다음은 조우의 학교 기록에서 나온 일부 발췌문이다.

3학년

"과제에 주의력을 유지하는 데 상당한 어려움이 있다. 충동적이고 주의가 산만할 뿐 아니라 신체적으로 매우 활동적인 경향이 있어서 매우 자주 지시를 다시 해야 한다."

"부적절한 만큼의 개인 공간을 필요로 한다."

"늘 움직이고 있다."

"대부분의 과목에서 고전하고 있다."

"다른 사람을 기쁘게 하려고 열망하며 자신의 학업적 성공에 대해 칭찬받는 것을 좋아한다."

"공부하는 동안 안절부절못하며 의자에 앉아서 많이 움직이는 것이 관찰되었다. 또한 자주 몸을 긁는 것으로 보인다……. 이 부분의 시험은 조우가 너무 가려워해서 몇 부분으로 나누어서 실시하였다. 시험 동안에 조우는 신발을 벗었으며 읽는 동안에는 하품을 하였고……."

“조우는 우정집단에 참여함으로써 친구를 사귀고 유지하는 데 도움을 얻을 수 있을 것이다. 조우는 친구를 사귀기를 원한다고 말하였다.”

4학년

“그의 행동은 대화, 우정, 협동 및 공부/학습 등에 필요한 구체적인 사회성 기술을 습득하고 연습할 기회를 매일 주어야 할 필요가 있을 정도다.”

“교사들이 표명한 일관된 우려는 그가 사회적 상호작용에서 드러내는 어려움에 대한 것이다.”

“선생님들은 그의 사회적 능력과 친구 사귐의 어려움에 대하여 우려를 표했다. 그들은 조우가 자신을 괴롭힌다고 보고한 한 소년에 대해서 언급하였으며 그들의 관계를 쌍방의 갈등으로 묘사하였다. 조우는 “너를 두들겨 패줄 거다.”라고 말했다고 하며 다른 학생은 “어디 한번 해 봐.”라고 말했다고 한다. 사람들은 그가 늘 다른 학생에게 자신이 그를 때려 주겠다고 말한다고 한다. 어머니는 그는 친구들과의 차이에도 불구하고 다른 학생과 친구가 되기를 원하는 것 같다고 말하였다.”

“…… 똑똑하지만 학업은 심각하게 뒤처지고 있다.”

"조우의 부적절한 행동은 문제의 소지가 크다……. 학교 기록과 교사들의 보고에 따르면, 9월부터 학교에 출석한 이래로 그는 욕설, 성적인 풍자, 공격 위협, 교사의 지시 불이행, 학생들과의 싸움, 폭발적 분노 표출, 절도, 거짓말 등의 문제를 일으켰다."

"친구에 대해서 물었을 때 그는 아빠의 옆집에 사는 친구가 있다고 말하였다. 그 외에는 현재 다니고 있는 학교에서 아무런 친구도 거명할 수 없었다. 그는 달리기를 잘하는 아이들이라고 생각하여 친구가 되길 원하는 몇몇 소년들을 거명하였다."

그가 4학년에 재학하던 5월, 그가 괴롭힘을 당한 사건과 앙갚음하려고 다른 아이를 괴롭힌 사건이 몇 차례 발생하였다. 그 후에 어머니는 그의 행동이 통제될 때까지 학교에 데려오지 말라는 요구를 받았다. 어머니는 그를 지역병원의 행동치료 병동에 입원시켰지만 1주일 후에는 '완전 정상' 으로 판정되어 추가적인 처치, 치료 혹은 지시사항 없이 곧바로 퇴원시켰다. 어머니는 전남편에게 자녀 양육권을 이양했으며 조우는 자신의 친부 및 계모와 함께 살게 되었다.

5학년

"목표 2번: 사회성 기술 및 또래관계를 개선하기 위하여 조우는 10번의 시행 중 적어도 8번은 다음과 같은 기술을 증명해 보일 것이다."

목표 2번은 학교상담자, 교사, 특수교사 및 언어병리사가 조우에게 가르칠 교육목표였다. 평가방법은 행동관찰, 차트 사용 및 '구두 수행' 이었다. 불행히도, 그는 안전하게 '연습할 수 있는' 어떤 형태의 공식적인 사회성 기술훈련이나 집단 프로그램의 적임자로 선정되지 못했다.

5학년 진전 보고서

> "교실 내 요구사항을 따르려고 노력하기는 하나 늘 성공적이지 못하다."

> "아주 빈약한 자기개념을 가진 것으로 보여 염려가 된다. 이 점이 그가 다른 사람들과 얼마나 유능하게 상호작용할 수 있는지에 영향을 미친다."(그럼에도 불구하고 조우는 올해 이 영역에 있어서 '적절한 진전' 을 보인 것으로 표기되었다.)

그의 진전 보고서들은 그가 명백한 문제들, 대부분은 그의 사회성 기술, 주의력, 낮은 자존감에서 비롯되는 문제들을 갖고 있음에도 불구하고 그의 개별화교육계획 상의 진전이 거의 항상 '적절' 한 것으로 표기되었다.

방과 후 프로그램

징계 보고서는 방과 후 프로그램에서 다른 아이들과 언쟁한 사건에 관한 것이었다. 다른 아이들은 조우가 시험 중에 속임수를 썼다고 일러바쳤고 그는 이를 완강히 부인하면서 감독교사에게 매우 나쁜 말을 했다.

> "…… 나는 조우에게 내 옆에 앉아야 하며 우리는 방과 후 프로그램에서 다른 아이들과 함께 교사에게 나쁜 말을 사용하는 것을 더 이상 묵인하지 않을 것이라고 말했다. 이것이 폭력적인 사건으로 이어지게 되었다."

이 사건 후 2~3일이 지나 최종 처분이 내려지게 되었다. 조우는 결코 자중하지 못하였고, 방과 후 프로그램에서 부정적이며, 교사에 대한 폭력 협박을 포함하는 대화를 계속 일삼았다. 그는 일 년 내내 방과 후 교사가 자신을 좋아하지 않으며 자신을 부당하고 무례하게 대한다고 불평하였다. 부모 역시 그 교사가 단순히 그를 좋아하지 않는다고 생각했다. 결국 조우와 다른 한 학생은 어떻게 하면 학교에 총을 가져와서 그 교사를 쏘아 버림으로써 복수를 할 수 있을지 의논하게 되었다. 그는 그 방과 후 프로그램에 영구적인 참여 금지령을 받았고 다른 소년은 3일 동안 정학을 당한 후 프로그램에 복귀하게 되었다.

부모의 생각과 경험

조우는 계모에게 다른 아이들이 그를 부를 때 '뚱보 멍청이 변태' 라고 말하며 저속한 별칭을 많이 사용한다고 말한다. 어떤 날은 그가 스트레스를 받아 화가 난 채 의기소침해져서 집에 돌아왔다. 다른 때는 좋은 기분으로 집에 오기도 하며 그날은 학교에서 다른 아이들이 어떻게 대우했는지에 대해서는 별로 개의치 않는 것으로 보인다. 그는 교사들이 자신에 대해서 별로 신경 쓰지 않으며 자신은 교사로부터 벌을 받는 일들에 대해 다른 아이들은 벌을 받지 않는다고 느낀다. 그는 '말썽꾸러기'로 낙인찍혔으며 늘 부정적인 관심을 받는 것으로 보인다. 그의 계모는 초반에는 그의 선생님이 그를 다루어 보려고 했지만 시간이 지남에 따라 인내심과 관심이 서서히 줄게 되었다고 생각하고 있다. 다른 아이들은 괴롭힘 행동을 하면서도 어떻게 하면 교사로부터 벌을 받지 않을지를 잘 알고 있다. 이에 반해 그는 어떻게 하면 그렇게 할 수 있는지 전혀 알지 못하고 있어서 교사한테 늘 발각된다. 조우는 쉽게 비난을 받았다.

어느 날 그는 매우 조용히 집에 들어왔다. 매우 슬퍼보였다. 보통 그는 늘 무언가에 흥분되어 있기 때문에 계모는 무슨 일이 있었는지 물었다. 그는 학교에서 쉬는 시간에 혼자 농구를 하고 있었는데 비슷한 연령대의 다른 아이들이 와서는 농구를 하고 싶어 했다고 말했다. 그러나 그들은 그와는 같이 하고 싶어 하지 않았고 그는 자신이 사용하던 농구 골대에서 계속 슈팅을 하고 있었다고 말했다. 다른 아이들은 농구 코트 전체를 사용하길 원했고 그가 사용하던 골대에 와서는 정면으로 도전하며 욕설을 퍼붓고 계속해서 그를 밀어냈다. 조우는 매우 고집이 세며 쉽게 물러서지 않는 아이이다. 따라서 계속 슈팅을 했고, 상황은 악화되어 고함을 치고 떠밀리는 지경에 이르렀으며, 마침내 쉬는 시간에 아이들을 감독하고 있던 교사의 눈에 띄게 되었다. 조우에 따르면, 그 교사는 다른 아이들은 농구를 하게 하는 한편, 그는 나머지 쉬는 시간 동안 '벽 앞에 앉아 있도록' 지시하였다.

다른 경우 방과 후 프로그램에서 그는 마침내 친구를 사귄 것으로 보였다. 그의 친구 잭은 여섯 살짜리였으며 조우와 잘 지냈다. 나이가 어린 아이들은 다른 아이들에 대해 보다 수용적인 경향이 있는 듯하다. 잭은 조우의 수용하기 어려운 사회적 행동을 인식하지 못하는 듯했다. 조우는 잭의 집에 가서 한두 번 같이 놀았고 그는 계모에게 잭은 이제 겨우 여섯 살이지만 아주 멋진 아이라고 했다. 어느 날 그가 잭과 함께 놀려고 그의 집에 갔을 때 잭의 어머니는 그가 잭과 놀기에는 나이가 너무 많기 때문에 더 이상 놀러오지 말라고 말했다. 그는 매우 실망하였다.

데어리 퀸이라는 아이스크림 가게에서 가족의 밤 행사가 있던 날 조우도 가기를 원했다. 그는 자신의 모든 '친구들' 이 거기에 있을 것이며 자신도 가야 한다고 말했지만 부모가 같이 가는 것을 원치 않았다. 그 이유는 부모가 자신을 당황하게 만들 것이기 때문이라고 말했다. 부모는 결국 그 행사에 가되 구석에 앉아서 서로 대화만 나눌 것을 약속하였다. 그들은 조우의 학교에서 온 첫 가족이었다. 아이들이 가족들과 함께 하나, 둘 들어오는 것을 보며 그의 부모는 그들의 행동을 관찰하였다. 소수의 아이들만 있을 때 그들은 서로 잡담을 하면서 예의 바르게 행동하였다. 그들은 조우를 포용하는 것처럼 보였다. 보다 많은 아이들이 들어옴에 따라 그들은 좀 더 차별적인 태도를 보였다. 조우를 제외하고는 모든 아이들이 자기 '자리' 가 있는 것 같았다. 사교적이고 쉽게 흥분하는 편인 조우는 자신의 말을 들으려는 사람이라면 누구에게나 가서 말을 걸려고 노력하고 있었다. 아이들은 그에게 등을 돌렸으며 어떤 아이는 황당하다는 듯 눈알을 굴리는 등 부정적으로 비언어적 행동을 보이기도 하였다. 나중에 대부분의 아이들은 밖으로 나갔으며 그도 밖에 나갔다. 그는 혼자 거리에 앉아서 아이스크림을 먹고 있었다.

조우는 누군가 자신을 괴롭히면 되갚아 괴롭힌다. 그는 자신을 괴롭힌 아이에게 보복해 줄 어리석은 농담 등을 떠올리든, 아니면 자신을 괴롭힌 아이에게 폭력을 행사할 계획에 대해서 이야기하든, 어떻게든 보복할 방법을 항상 찾는다. 한번은 조우와 계모가 월마트에 갔었다. 그는 축구 선수같이 옷을 입고 있었다. 그는 축구팀에 소속되어 축구를 하지는 않지만, 축구를 좋아하며 자신의 아버지가 축구를 했다는 것에 대해 자랑스럽게 여기고 있다. 마트에서 그는 우연히 17~18세경의 소녀들이 쇼핑을 하고 있는 통로에 혼자 들어가게 되었다. 그가 어머니에게 돌아왔을 때 그는 눈을 휘둥그레 뜨고는 안달복달하고 있었다. 어머니가 무슨 일인지 물었다. 쇼핑하는 소녀들 중 하나가 "저기 축구 소년 좀 봐." 같은 말을 하였다고 했다. 그는 그들이 자신을 조롱하고 있다고 가정하였다. 나머지 쇼핑 동안 그는 어떻게 하면 주차장에 몰래 들어가서 그 소녀들의 차에 폭탄 등을 장착하여 자신을 기분을 상하게 한 대가로 상해를 입게 할지 계획을 만들어 내고 있었다.

학교에서 그는 대개 폭력 위협이나 저속한 말을 사용함으로써 다른 아이들을 괴롭힌다. 그는 결백한 아이를 대상으로 괴롭힘을 행사하는 것으로 알려져 있지는 않다. 즉, 그가 나른 사람을 괴롭히는 것은 늘 자신이 괴롭힘을 당하거나 부당하게 대우받은 것에 대한 반응이다. 사실 그가 신체적 접촉을 먼저 선동하는 경우는 거의 없지만 그는 신체적 접촉에 대해서 반응한다. 그는 자신을 못살게 군다고 느끼는 아이들에게 '저능아' 라고 말하는 등, 자신이 떠올릴 수 있는 말은 무엇이든 말이 되거나 안 되거나 말해 버린다. 대개 자신에 대해서 더 나은 느낌을 갖고 다른 사람들 앞에서 우쭐하게 느끼기 위해 자신의 아빠가 기차에 치였는데도 불구하고 살았다거나, 자신의 손가락이 전에 완전히 잘려나갔었는데 살아났다고 한다거나 등의 엉뚱한 이야기들을 지어내곤 한다. 또한 어떤 유형의 관심이든 끌기 위해서 이야기를 한다. 조우는 자신이 아빠의 차를 운전하다고 말한다. 자신의 부모는 R 등급의 영화를 보고, 폭력적인 비디오 게임을 하도록 허용하며, 자신이 총도 가지고 있다고 다른 사람들에게 말한다. 그는 사실은 그렇지 않으면서 아랍어를 할 수 있다고 말하며 상황에 따라서 자신이 노르웨이 사람이라고도 말한다. 또한 자신의 부모님은 밤을 꼬박 새우는 것을 허락한다고 거짓 주장을 하기도 한다.

조우의 가족 또한 그를 괴롭힌다. 그에게는 동갑인 사촌 자매가 있다. 그들은 여러 해 동안 그를 괴롭히고 따돌리고 조롱해 왔지만 어느 누구도 아무런 조치를 취하지 않았다. 그의 여덟 살짜리 남동생도 형에게 비열하게 구는 행동이 즐겁다는 것을 깨달아 왔다. 아마도 그는 이러한 행동을 사촌들에게 배운 것 같다. 한번은 사촌들과 다른 남자 아이가 밤을 보내는 와중에 다른 아이들이 한밤중에 복도에서 킥킥거리며 서 있는 것을 발견하였다. 조우의 동생은 다른 아이들에게 조우가 속옷 형태의 기저귀를 입고 자는데 그의 덩치가 너무 큰 바람에 은밀한 부위가 밖으로 드러난다고 말하고 있었다. 그의 사촌들은 더 이상 밤을 같이 보내도록 허락되지 않았다.

조우의 사례에 대한 생각

결론적으로 조우가 직면하고 있는 유형의 문제들을 가진 학생들에게 학교는 긍정적인 경험이 되지 못한다. 교사와 학교는 행동장애를 가진 아동들을 지도하는 데 필요한 자원을 아예 가지고 있지 않거나 그러한 자원을 제공하지 않는다. 조우 같은 아이들은 완벽한 괴롭힘 대상자며 그들은 불안, 슬픔 및 분노를 다룰 만한 기술을 가지고 있지 않다. 그들에게는 사회성 기술과 그들을 괴롭히는 또래들과 상호작용하는 방법을 가르칠 필요가 있다. 학교는 괴롭힘 행동을 찾아내고 개입하는 일을 보다 잘 수행해야 한다. 그는 지역사회, 또래, 의사, 상담자, 정신과 의사, 가족, 교사 및 전체 공립학교 시스템에 의해 점차 낙오되어 가고 있다. 부모는 그에 대해 염려하며 그가 성장해서 무엇을 할 수 있을지 걱정스럽기만 하다. 이런 역경에도 불구하고 그가 강해져서 이러한 어려움들을 극복하기만을 간절히 바랄 뿐이다. 그들이 지닌 가장 큰 두려움은 그가 스스로 견뎌야 하는 매일 매일의 정서적 폭행과 자기 내부의 고통에 굴복하는 것이다.

후속 질문

1. 괴롭힘의 사회-생태학적 모형을 염두에 두라. 이 사례에서 영향을 미치고 있는 개인적 변인은 무엇인가? 가족 변인, 또래 변인, 학교 변인, 지역사회변인, 문화적 변인은 각각 무엇인가?

2. 이런 유형의 학생들에게 관용불허(zero tolerance) 접근은 효과가 없다. 학생들이 폭력 위협을 가할 때 당신의 학교에서 사용한 대안적인 방법은 무엇인가? 정학이나 퇴학이 유일한 선택사항인가?

3. 가족과 조우의 초등학교 교직원들 간의 관계를 당신은 어떻게 기술하겠는가? 학교에서 가정과 학교 간의 파트너십을 어떻게 지원하고 강화할 수 있겠는가?

4. 특수교육을 받는 많은 학생들은 괴롭힘 문제를 경험한다. 당신 학교의 특수학생들에 대해서 생각해 보라. 학교 분위기는 이러한 학생들에 대해 지원적인가? 학교는 '서로 다름'에 대한 존중을 어떻게 장려하고 있는가?

02

괴롭힘 행동과 관련된 사회-생태학적 문제

제1장에서는 Bronfenbrenner(1979)의 사회-생태학이론에 기초한 괴롭힘 행동의 사회-생태학적 모델을 약술하였다. 이 관점에서 볼 때 괴롭힘 행동은 아동의 성격과 성향의 복잡한 상호작용으로 나타나며, 이러한 상호작용은 초기 아동기와 청소년기에 다양한 맥락을 접하면서 변화한다. 예를 들면, 우리는 부모, 동료, 친구, 심지어 미용사나 택시기사로부터 다음과 같은 너무나도 친숙한 질문을 받는다. "왜 아이들이 다른 아이를 괴롭히는 거지요?" 이 질문에 대한 답을 찾기 위해 다음의 시나리오를 연구문헌에서 발췌하였다.

좌절을 경험하면 충동적이 되고 쉽게 화를 내는 성격을 지닌 11세의 샐리를 상상해 보라. 이것만으로는 샐리가 다른 아이들을 괴롭힐지도 모른다는 우려가 발생하지는 않을 것이다. 그러나 만일 샐리가 바람직하지 못한 분노관리 기술을 모델링하거나 정서조절 훈련이 불충분한 가정에 살고 있고 언니로부터 괴롭힘을 당하고 있다면 학교에서 또래들을 괴롭힐 위험에 놓일 수도 있다는 증거는 충분하다. 게다가 샐리는 괴롭힘에 대한 명백한 정책이 없고 교사나 교직원, 행정관리자들이 괴롭힘에 관심을 기울이지 않는 학교에 다니고 있다. 샐리의 개인적 성격특징이 이와 같은 친사회적이지 않은 환경과 상호작용하고, 재미삼아 다른 아이들을 괴롭히는 또래집단에 가입한다면 이 아동은 괴롭힘에 가담할 위험에 처하게 된다. 이러한 예를 보면, 사회적 맥락이 괴롭힘 행동을 악화시키거나 최소화하는 데 영향을 미친다는 것이 분명하다. 또한 괴롭힘의 피해를 당하는 아동도 다양한 사회적 맥락을 접하면서 사회성 발달이 이루어지는 방식에 영향을 미치는 개인적 성격특성(예, 수줍음, 사회성 기술 결핍)을 지니고 있다.

개인적 및 사회적 맥락 변인들은 서로 복잡하게 얽혀 있고 상보적이며 순환적인 방식으로 서로에게 영향을 미친다. 즉, 다른 사람을 괴롭히는 아동 · 청소년은 당연히 가정, 학교, 지역사회에서 다르게 받아들여질 것이다. 비슷하게 괴롭힘을 당하는 아동 · 청소년은 여러 영역에서 괴롭힘을 증가시키는 방식으로 이러한 사회적 맥락에 접근한다. 또는 이들은 다른 사람들에게 도움을 요청하지 못하고 환경을 충분히 활용하지 못할 수도 있다. 그리고 솔직히 말해 괴롭힘의 피해를 받는 아동 · 청소년은 이러한 환경이 안전하지 않고 견딜 수 없다고 지각할 것이며 이러한 지각이 때로는 정확하다. 이 장에서는 이러한 복잡한 역동에 초점을 맞춘다. 괴롭힘의 가해자, 피해자, 가해-피해자로 확인된 아동 · 청소년은 그 자신의 개인적인 사회성 발달과 정신건강의 측면에서 그리고 가족, 친구, 또래, 교사, 행정관리자와 상호작용하는 측면에서 괴롭힘 경험으로 인한 여러 가지 결과를 겪게 된다. 이 장에서는 좋은 결과와 나쁜 결과 모두에 관한 연구를 간략하게 검토할 것이며, 특히 연구의 임상적 시사점에 관심을 기울이고자 한다.

심리적 변인

다양한 종류의 정서가 괴롭힘 피해 경험이나 가해행동과 관련된다. 피해를 당한 청소년은 그렇지 않은 또래에 비해 고독감, 학교회피, 자살사고를 더 많이 보고하며 자기존중감이 낮다(Hawker & Boulton, 2000; Kochenderfer & Ladd, 1996a). 또한 우울은 괴롭힘을 당하는 남녀가 흔하게 경험하는 정신건강 증상으로 밝혀졌다(Kaltiala-Heino, Rimpelae, & Rantanen, 2001; Swearer, Song, Cary, Eagle, & Mickelson, 2001). 피해 경험은 두통, 복통 등 신체건강 문제와도 관련된다(Srabstein, McCarter, Shao, & Huang, 2006). 또한 피해아동은 또래에 비해 더 불안정하고 불안하고 조용하며(Olweus, 1995a), 괴롭힘 피해를 많이 경험했다고 보고한 아동의 학업성적은 가해자나 피해자로 확인되지 않은 아동에 비해 저조하다(Graham, Bellmore, & Mize, 2006). Schwartz, Gorman, Nakamoto와 Toblin(2005)은 피해 경험이 이후의 저조한 학업수행을 예측한다는 것을 발견하였다. 피해 경험은 아동에게 단기적으로 뿐만 아니라 성인기에 이르기까지 영향을 미친다. 장기적 영향은 23세 참여자들을 대상으로 한 Olweus(1995b)의 종단연구에서 보고되었다. 청소년기에 괴롭힘을 당한 사람은 괴롭힘 피해 경험이 없는 동일 연령대의 또래에 비해 더 많은 우울 증상과 낮은 자기존중감을 보고하였다.

괴롭힘 피해학생은 내재화 문제(예, 우울, 불안)를 보이는 경향이 많은 반면, 가해학생은 또래에 비해 외현화 행동(예, 품행 문제)을 더 많이 보이고 학교 소속감이 낮고 비행행동을 더 많이 한다(Espelage & Holt, 2001; Haynie, Nansel, & Eitel, 2001). 그러나 신체건강 문제는 피해자에게만 독특한 것은 아닌 듯하다. 괴롭힘에 관련되지 않은 청소년에 비해 괴롭힘 가해자도 심각한 신체건강 증상이 많이 보고되었다(Srabstein et al., 2006). 이에 더해 분노가 괴롭힘의 유의한 예언 변인으로 밝혀졌다(Espelage & Holt, 2001). 연구에 의하면, 우울하기 쉬운 학생은 자기존중감이 낮은 편인데, 이러한 학생은 자신의 기분이 좋아지도록 다른 사람을 놀리거나 괴롭힐 수 있다. 이때 분노가 적절히 다루어지지 않으면 더 심각한 범죄가 초래될 수 있다. Olweus(1993a, 1993b)는 노르웨이의 나이 어린 가해자들이 성인기에 이르러 범죄를 저지를 가능성이 높다는 것을 발견하였다. 학교에서 또래를 괴롭히는 가해학생으로 확인된 미국 청소년 4명당 1명꼴로 30세쯤이면 범죄기록을 갖는 것으로 밝혀졌다(Eron, Huesmann, Dubow, & Yarnel, 1987).

괴롭힘 가해나 피해를 이러한 결과와 관련지은 대부분의 연구는 주로 상관연구이므로 가해나 피해가 이런 결과를 초래하는 원인을 의미하지는 않는다는 것을 기억하는 게 중요하다. 괴롭힘 피해와 가해는 다른 조절변인이나 매개변인과 복잡한 관계를 이룬다. 예를 들면, 놀림을 당하는 경험이 어떤 학생들에게는 정체성에 대한 의문을 갖게 하고 자신에 관한 무엇이 괴롭힘을 당하게 했는지를 생각하게 만든다. 이런 생각이 우울, 자신감의 하락, 자기존중감의 하락 등 불편한 감정을 유발할 수 있다(Graham & Juvonen, 2001). 학교에서 괴롭힘을 자주 당하는 학생이 높은 수준의 상태불안과 특성불안을 보고한다는 결과는 그리 놀랍지 않다(Craig, 1998; Rigby & Slee, 1993). 이런 학생의 피해 경험은 종종 예측 불가능하며 주변에 성인이 별로 없어서 두려움과 과잉각성 그리고 불안이 야기되는 장소에서 발생한다.

마지막으로 가해-피해 청소년은 위험 수준이 가장 높은 집단을 대표한다. 가해-피해학생은 또래를 괴롭힐 뿐만 아니라 또래로부터 괴롭힘을 당한다. 이러한 학생은 또래에 비해 더 많은 외현화 행동을 보이며, 과잉행동이 더 심하고, 정신과적 자문에 의뢰될 가능성이 더 높다(Nansel et al., 2001; Nansel, Haynie, & Simons-Morton, 2003). 또한 가해-피해학생은 가해학생이나 피해학생에 비해 더 높은 수준의 우울을 보인다(Autsin & Joseph, 1996; Swearer et al., 2001c). 가해-피해학생의 학업성적은 가해학생이나 피해학생보다도 더 낮고, 교사는 가해-피해학생을 학업에 가장 몰두하지 않는 학생으로 본다(Graham et al., 2006).

요약하면 피해자, 가해자, 가해-피해자로 괴롭힘에 연루되는 경험은 심각한 심리적 및 학업적 장 · 단기 결과와 관련된다는 증거가 축적되어 있다. 이렇게 많은 증거에도 불구하고 부모, 교사, 가족 주치의는 정신적 및 신체적 건강의 증상을 겪는 수많은 아동을 간과하고 있다. 아동 · 청소년의 기분이나 학업수행에서 나타나는 어떤 체계적인 변화를 유념하는 것이 중요하다. 간호사, 사회복지사, 교사, 소아과의사 등 아동을 대상으로 일하는 전문가는 괴롭힘 피해 경험이나 가해행동에 관해 구체적으로 물어야 한다. 질문은 개방형으로 하되 괴롭힘을 자연스럽게 수용하여 학생들이 마음 편히 자신의 감정을 공개적으로 표현할 수 있는 조건을 조성하는 방식으로 해야 한다.

또래의 영향

또래는 아동·청소년의 사회성 발달에 없어서는 안 될 중요한 역할을 한다. 최근에 발표되는 연구에 의하면, 또래는 학교에서 괴롭힘의 피해와 가해를 지지하고 유지하는 데 필수적이다. 아동이 또래로부터 괴롭힘을 학습한다는 것을 보여 주는 몇 가지 주요 이론이 있다. 또한 괴롭힘 가해학생은 또래들 사이에서 인기가 많고 다른 학생으로부터 존경을 받는다. 비록 또래가 영향을 미치는 과정이 복잡할지라도 괴롭힘 가해와 피해를 예방하기 위해 또래를 어떻게 활용할 수 있는지에 대한 핵심만을 직접 제시하기 위해 여기에서는 주요 이론을 평이한 용어로 설명하고자 한다.

첫 번째 이론은 동종애(homophily, 同種愛, 유유상종)이론이다(Cairns & Cairns, 1994; Espelage, Holt, & Henkel, 2003). 이 용어는 많은 독자들에게 친숙하지 않을 수도 있지만 배경개념은 간단하다. 예를 들면, '깃털이 같은 새들이 같이 모인다.' 는 속담을 생각해 보라. 초등학교 고학년부터 고등학교 시기에 이르기까지 학생들은 태도, 흥미, 행동의 측면에서 자신과 비슷한 또래들을 선호하고 이들과 어울리거나 사귀는 경향이 있다. 어떤 학생들은 이런 특성의 유사성에 근거하여 서로를 선택하고 또래들이 집단의 내재적 규범에 따라 일정한 방식으로 행동하도록 서로를 사회화한다(Kandel, 1978). 이러한 동종애 가설을 지지하는 증거는 괴롭힘 문헌에서도 찾을 수 있으며 같은 친구 집단에 속하는 사람들은 괴롭힘 행동을 하는 수준에서도 비슷하다 (Espelage et al., 2003; Espelage, Green, & Wasserman, 2007). 간단히 말해 가해자는 가해자들과 어울린다는 것이다. 그러나 모든 또래집단이 처음부터 괴롭힘 가해행동을 하는 학생들로 구성되는 것은 아니다. 즉, 또래집단에서 사회적 지위가 높은 가해자가 친구들이 가해행동을 하도록 사회화한다. 집단구성원 개인의 괴롭힘 기초선 수준을 통제한 이후에조차 또래집단 내의 괴롭힘 수준이 장차 그 청소년들의 괴롭힘 행동을 예측하였다. 그리고 이러한 결과는 남녀 모두에서 비슷하게 나타났다.

[그림 1-1]에서 볼 수 있듯이, 사람들은 괴롭힘 가해자의 역할을 취하기도 하고 그 역할에서 빠지기도 한다. 지난 10년 동안 Salmivalli 등(1996)은 괴롭힘이 발생하면서 아동이 맡는 다양한 역할을 구체적으로 검토하였다. 연구자들은 사람이 단 한 명에 의해 괴롭힘을 당하지 않는다는 일관된 결과를 발견하였다. 오히려 괴롭힘은 다수의 능동적 또는 수동적 참여를 수반한다. 학생들은 가해학생을 위해 피해학생을 쫓아가 움직이지 못하도록 붙잡고 있는 등 괴롭힘의 과정을 돕는다. 또한 가해학생이 피해학생에 대해 공격적 행동을 계속하도록 격려하거나 피해학생을 놀려서 괴롭힘의 과정을 강화하기도 한다. 소수이기는 하지만 어떤 학생들은 가해학생을 말리려고 시도하거나, 피해학생을 위한 도움을 찾거나, 괴롭힘 사건이 끝나고 난 뒤에 심리적 지지를 해서 피해학생을 돕기도 한다. 마지막으로 어떤 학생들은 아웃사이더 또는 방관자(bystander)로 구분되는데, 이들은 괴롭힘 사건에 관여하지 않는 학생들이거나 괴롭힘 사건이 시작될 때 그 상황

을 떠나는 학생들이다(Salmivalli et al., 1996).

두 번째 이론은 동종애이론에서 제시되었듯이 한 아동이 괴롭힘에 대해 비슷한 마음을 가진 아동들과 어울리는 사회화가 어떻게 왜 발생하는지를 설명하는 지배성이론(dominance theory)이다. 공격성은 아동이 이루는 여러 집단에서 지배성을 확립하는 수단으로 오랫동안 인정받아 왔다. 발달심리학자들은 집단에서 높은 지위를 확보한 아동이 자원을 더 많이 얻을 수 있고 또래들에 대해 더 많은 통제와 영향력을 행사할 수 있음을 증명하였다(Bjorklund & Pellegrini, 2002; Boulton, 1992; Pellegrini & Long, 2002). 이러한 지위는 친애적인 방법(예, 리더십)이나 적대적인 방법(예, 괴롭힘)을 통해 달성될 수 있다(Hawley, 1999). 연구에 의하면, 지배성이 초등학교 후반기에는 적대적인 방법으로, 이후 중학교 시기나 또래집단이 수립되고 얼마간의 시간이 지난 후에는 친애적인 방법으로 수립된다(Pellegrini & Long, 2002).

지배욕구와 발달적 시기는 괴롭힘의 발생률이 학령기 동안 왜 변화하는지에 관한 관점을 제시한다. 좀 더 구체적으로 말하면 괴롭힘 가해는 보통 전환시기(예, 중학교 진학) 동안에 증가한다(Pellegrini & Bartini, 2001; Pellegrini & Long, 2002). 이러한 전환이 일어나려면 일차적 친애집단의 변화와 새로운 학교환경으로의 전환이 있어야 한다. 아동·청소년은 다른 학생에 대한 통제력을 확보하기 위해 그리고 또래집단에서 맡는 역할에 직접 영향력을 행사하기 위해 이 시점에서 종종 괴롭힘을 사용한다. 이러한 현상의 예를 들면 다음과 같다. 어느 학교구의 자료에 의하면, 학교 시스템에서 괴롭힘 행동이 5학년(초등학교 마지막 학년)에서 6학년(중학교 1학년) 사이에 극적으로 증가했다. 그래서 초등학교와 중학교 교직원과 학교구 직원들은 학생들이 6학년에 진급해도 5학년 때 팀을 그대로 유지시키기로 결정했다. 시간이 흐르면서 또래집단의 구조가 초등학교 마지막 학년과 중학교 일학년 사이에 일관성을 유지할 수 있게 되었고, 이는 6학년 동안에 발생하는 괴롭힘 행동을 감소시켰다. 또한 이 중학교에서는 (6학년 때 학교상담자가 7학년에서 다른 학교상담자로 바뀌고 8학년에서 또다시 바뀌어 학년마다 다른 학교상담자를 만나는 대신에) 각 학년의 학생들이 중학교에 재학하는 기간 내내 같은 학교상담자를 만날 수 있게 하였다. 이처럼 상담자를 학생들에게 일관성 있게 배정하여 그들이 중학교에 재학하는 내내 사회적 복잡성을 순조롭게 헤쳐 나갈 수 있게 하였다. 초등학교, 중학교, 학교구 교직원들의 협력이 괴롭힘 행동의 증가와 관련되어 온 지배성 변인을 완화하는 데 도움이 되었다.

세 번째 이론은 매력이론(attraction theory)이다. 이 이론은 어떻게 학교에서 또래들이 괴롭힘 가해에 영향을 미치고 괴롭힘 가해를 유지하는지를 이해하는 데 특히 적절하다. 매력이론은 청소년 자녀가 부모로부터 독립을 이루려고 시도하면서 독립성을 반영하는 특징(예, 비행, 공격성, 불순종)을 가진 청소년들에게는 끌리고 아동기를 묘사하는 특징(예, 순응, 순종)을 가진 청소년들에게는 덜 끌린다고 가정한다 (Bukowski, Sippola, & Newcomb, 2000; Moffitt, 1993). 연구자들은 청소년이 공격적인 또래에게 매력을 느끼면서 초등학교에서 중학교로 전환해 간다고 주장한다. 이러한 전환시기에 있는 217명의 남녀 학생을 연구한 Bukowski 등은 중학교에 진학하면서 남녀를 불문하고 학생들이 공격적인 또래에게 더 큰 매력을 느낀다는 것을 발견하였다. 이러한 증가는 여학생 집단에서 더 컸는데, 이는 중학교 졸업을 앞두고 가상의 파티에 갈 데이트 상대로 여학생은 '지배적인 남학생'을 지명한다고 보고한 Pellegrini와 Bartini(2001)의 결과와 일치한다.

인기에 관한 연구는 이러한 일련의 결과를 지지했다. 학생들은 괴롭힘 가해학생과 공격적인 또래를 항상 부정적으로만 보는 것은 아니다. 공격성 연구자들이 오래전에 인정했던 것처럼 괴롭힘 가해학생과 공격적인 또래가 반드시 사회적으로 거부당하는 것도 아니다. 오히려 어떤 경우에 초등학생들은 공격적인 아동과 가해아동을 인기아로 지명하며(Rodkin, Farmer, Pearl, & Van Acker, 2000), 인기도와 공격성에서 비슷하게 평가받는 또래들과 어울린다(Farmer, Estell, Bishop, O' Neil, & Cairns, 2003; Farmer et al., 2002). 또한 중학교에 진학하면서 공격적이고 거친 남학생은 다른 공격적인 남학생들과 일부 여학생들에 의해 멋진 학생으로 지명된다(Rodkin, Farmer, Pearl, & Van Acker, 2006).

한편, 어떻게 또래가 때로는 아동·청소년에게 막대한 지지원이 되는지를 이해하는 게 중요하다. 또래는 친사회적이며 배려하는 태도와 행동을 모델링할 수 있다. 예를 들면, 친구들에 비해 친사회적 행동의 수준이 낮은 6학년 학생은 친사회적이고 배려하는 친구들과 어울리면서 8학년 말에 친사회적 행동에서 향상된 모습을 보였다(Wentzel & Caldwell, 1997). 또한 또래들은 특정 학생이 괴롭힘의 피해를 받을 때 지지원이 될 수 있다(Demaray & Malecki, 2002). 예를 들면, 사회적 지지를 충분히 받고 있는 청소년에게는 괴롭힘 피해의 경험이 내재화 및 외현화 행동 문제와 관련되지 않는 것으로 나타났다(Hodge & Perry, 1999).

가족 변인

가족은 어린 아동을 사회화시키는 주요 주체다. 부모, 형제자매 및 기타 양육자는 아동에게 정서를 학습하고 조절하며, 갈등을 관리하고, 문제를 해결하며, 생활기술을 발달시키는 실제적인 예시가 된다. 그러나 간혹 불행하게도 이상적이지 못한 역할모델이 아동에게 제공되기도 한다. 또한 아동은 공격에 대한 호의적 태도를 학습하며, 정서를 식별하거나 조절하는 능력을 발달시키지 못하며, 괴로운 상황에 대해 제한된 범위의 정서적 반응(예, 분노)을 학습하며, 학교와 지역사회 안에서 상황을 관리하기 위해 필요한 문제해결이나 대처기술을 획득하는 데 실패한다. 가족의 풍토는 상당히 다르지만 괴롭힘 가해아동, 피해아동, 가해-피해아동을 둔 가족을 관찰하면 일반적인 공통점을 발견할 수 있다. 집단적으로 봤을 때 가해아동은 자신의 부모가 독재적이며, '대드는 것'을 묵인하며, 체벌을 사용한다고 보고하였다(Baldry & Farrington, 2000; Loeber & Dishion, 1984; Olweus, 1995b). 또한 이러한 가족의 애정은 불충분하며 구조화가 덜 되어 있고, 가족응집성이 낮고, 가족갈등이 높은 것으로 묘사되어 왔다(Oliver, Oaks, & Hoover, 1994; Olweus, 1993a; Stevens, De Bourdeaudhuji, & Van Oost, 2002).

부모에 대한 긍정적 또는 부정적 애착은 괴롭힘 가해와 피해의 발생에 중요한 변인으로 밝혀졌다. 구체적으로, 생후 18개월이 되었을 때 불안정 애착, 불안-회피 애착 또는 불안-저항 애착을 경험했던 아동은 안정 애착 양식을 가진 아동에 비해 4~5세 때 괴롭힘 가해행동을 더 많이 하였다(Troy & Sroufe, 1987). 반면에 McFadyen-Ketchum, Bates, Dodge와 Pettit(1996)는 공격적인 아동이 애정 어린 모자관계를 경험하게 되면서 공격적이고 파괴적인 행동이 유의하게 감소한다는 것을 발견하였다.

초등학교에서 중학교로 진학하는 과정 중에 발생하는 괴롭힘의 예언 변인을 검토한 최근의 한 연구에서 Espelage, Holt, Poteat와 Van Boven(인쇄중)은 5학년 동안의 괴롭힘 수준을 통제한 이후에도 5학년 때 교사와의 애착이 6학년 때의 낮은 괴롭힘 수준을 강력하게 예언하는 변인임을 발견하였다. 더구나 괴롭힘 행동의 사전 수준을 통제한 이후에도 교사와의 애착은 낮은 괴롭힘 수준의 가장 강력한 예언 변인인 반면에 여타의 변인들(예, 부모와의 애착, 사회적 수용, 심리적 기능)은 유의하지 않았다. 이러한 결과는 학생들이 힘든 전환시기를 거치면서 괴롭힘 행동에 연루되는 현상을 설명 · 예언하는 데 사회적 맥락이 중요하며 또래와의 상호작용뿐만 아니라 교사와의 상호작용도 중요하다는 추가적인 증거를 제공한다.

부모의 사회적 지지는 괴롭힘과 관련된 또 다른 변인이다. 괴롭힘 가해자로 분류된 중학생과 가해-피해자로 분류된 중학생은 그렇지 않은 학생에 비해 부모로부터 사회적 지지를 상당히 덜 받는다고 말했다(Demaray & Malecki, 2003). 그러나 가족 구조와 괴롭힘에 관한 여러 연구는 서로 불일치하는 결과를 보고했다. 어떤 연구에서는 온전하지 않은 가족과 사는 아동 · 청소년의 위험 수준이 높은 것으로 나타났고(Flouri & Buchanan, 2003), 다른 연구에서는 둘 사이에 관계가 없는 것으로 나타났다(Espelage et al., 2000). 마지막으로 가정폭력의 목격과 아동학대의 경험이 괴롭힘 가해와 관련된다(Baldry, 2003;

Shields & Cicchetti, 2001).

가족과 관련된 여러 독특한 특징은 괴롭힘 피해학생에게도 존재한다. 괴롭힘 피해학생의 가족은 응집성 수준이 높다(Bowers, Smith, & Binney, 1994). 또한 피해학생의 부모는 덜 권위적이며(Smith & Myron-Wilson, 1998), 가족의 협상 수준은 낮고(Oliver et al., 1994), 갈등 수준은 높다(Mohr, 2006). 가족의 구조와 수입이 괴롭힘 피해 경험과 관련됨을 시사하는 증거도 있다. 노르웨이 아동을 대상으로 수행된 한 연구에서 사회경제적 지위가 낮은 편부모가정에서 생활하는 아동이 괴롭힘 피해를 당할 확률이 높은 것으로 밝혀졌다(Nordhagen, Nielsen, Stigum, & Kohler, 2005). 더구나 Duncan(2004)이 요약했듯이 피해아동의 가족 관련 특징 중 일부는 아동의 성별에 따라 다르다. 예를 들면, 남자 피해아동은 종종 어머니와 지나치게 친밀한 관계를 맺는 반면, 여자 피해아동은 사랑을 주지 않는 어머니와 살고 있을 가능성이 높다. 마지막으로 괴롭힘 피해는 아동학대 등의 피해 경험과도 관련된다(Holt, Finkelhor, & Kaufman Kantor, 2007).

가해-피해아동의 부모가 괴롭힘에 관여하지 않는 아동의 부모에 비해 덜 따뜻하고, 더 과잉보호하며, 일관성 없는 훈육과 모니터링을 한다는 것을 시사하는 증거가 있지만(Schwartz, Dodge, Pettit, & Bates, 1997; Smith, Bowers, Binney, & Coie, 1993), 가해-피해아동의 가족환경에 초점을 맞춘 연구는 별로 없다. 또한 가해-피해아동의 가족은 응집성 수준에 있어 가해아동 가족만큼 낮지는 않아도 대체로 낮은 특징을 보인다(Bowers et al., 1994).

형제자매의 공격성이 미치는 영향을 강조하는 문헌도 많이 발표되고 있다. Duncan(1999)은 375명의 중학생을 조사했는데, 이 중 336명에게는 형제자매가 있었다. 42%의 학생들은 종종 형제자매를 괴롭힌다고 보고했으며, 24%는 형제자매에 의해 밀쳐지거나 매를 맞는다고 응답했고, 11%는 형제자매를 세게 때린 적이 있다고 말했다. 30%는 형제자매가 자신을 자주 괴롭힌다고 보고했으며, 22%는 형제자매에 의해 종종 매를 맞거나 난폭하게 다루어진다고 대답했고, 8%는 형제자매가 자신을 세게 때린다고 보고했다. 가해아동의 57%와 가해-피해아동의 77%가 형제자매를 괴롭힌다고 보고했다는 결과는 이와 관련된 논의와 일치한다. Bowers 등(1994)의 이전 연구에서도 이와 유사한 양상의 관계가 밝혀졌다. 즉, 다른 사람을 괴롭히는 가해아동은

형제자매와 부정적이고 양가적인 관계를 보고하며 자신보다 형제자매를 더 강력한 사람으로 여긴다. 그 반대의 결과가 피해아동에게서 나타났다. 이들은 형제자매와 지나치게 밀착된 관계나 긍정적 관계를 가진다고 보고하였다(Bowers et al., 1994).

학교 변인

사회적 통제이론(social control theory)은 친사회적 행동과 반사회적 행동의 발달을 설명하는 문헌에 등장하는 주요 이론이다(Hirschi, 1969). 이 이론은 사람들이 사회 안에 있는 전통적인 기관(예, 학교, 교회, 지역사회 조직)과 관계를 이루면서 나쁜 행동은 덜 하고 적절한 품행 규범을 더욱 내면화한다고 가정한다.

대부분의 아동이 어린 나이에 경험하는 전통적 기관은 학교다. 학생이 학교와 이루는 긍정적 유대관계는 물질남용, 무단결석, 기타 불량행위를 하게 될 위험이 낮은 것과 관련된다(Hawkins, Catalano, & Miller, 1992). 그러나 학교의 어떤 측면이 아동이 접하는 가족이나 지역사회의 부정적 변인을 완충하는 데 효과적인지에 대해서는 수십 년에 걸쳐 상당한 논쟁이 있어 왔다. 초기의 연구는 학교환경의 물리적 측면(예, 교사-학생 비율, 인구, 예산)에 초점을 맞추었는데(Griffith, 1996; Huber, 1983; Rutter, Maughan, Mortimore, Ouston, & Smith, 1979), 이러한 변인들과 학생의 학업성과 간 관계는 일관적이지 않았다.

최근의 연구는 학교의 영향력에 관한 연구의 범위를 확대하여 학교의 정책, 교사의 태도, 학교의 일반적 정신(ethos) 같은 더욱 광범위한 구성개념을 아동의 학업적, 사회적, 심리적 발달의 잠정적 예언 변인으로 포함시켰다. 지난 17년 동안 Kasen과 동료들은 학교풍토의 여러 변인 간 관계에 관한 다수의 연구를 발표하였다(Kasen, Berenson, Cohen, & Johnson, 2004; Kasen, Cohen, & Brook, 1998; Kasen, Johnson, & Cohen, 1990). 초창기 연구에서 Kasen 등(1990)은 학생-학생 간 갈등과 교사-학생 간 갈등의 수준이 높은 학교에 다녔던 학생(6~16세)이 적대적 문제, 주의집중 문제, 품행 문제를 유의하게 더 많이 보인 반면, 학습을 강조하며 '잘 조직되어 있고 조화로운 학교' 에 다녔던 학생은 이런 부정적 결과들을 적게 보인다는 것을 발견하였다. 이 표집을 대상으로 수행된 후속연구에서, 갈등 수준이 높은 학교에 다닌 학생은 6년 후 알코올 남용과 범죄 유죄판결을 받을 위험이 높은 것으로 나타났다(Kasen et al., 1998).

학교풍토는 괴롭힘 가해와 피해에 영향을 미치는 매우 중요한 변인이다. Kasen 등(2004)의 연구는 아마도 학교풍토가 언어적 및 신체적 공격, 분노, 학교에서 일으키는 문제 같은 지표의 변화에 미치는 영향력을 가장 종합적으로 검토한 연구일 것이다. 이 연구는 250개 학교에 재학 중인 500명의 아동(과 어머니)을 13.5세 때와 16세 때 조사하였다. 45개 문항으로 구성된 학교풍토 조사지에는 학교환경의 사회적 및 정서적 특징을 평가하는 여러 척도가 포함되었다. 갈등 척도(학급 통제, 교사-학생 갈등), 학습강조 척도, 사회적 촉진 척도, 학생권위 척도(학생이 정책과 계획에 발언권을 가진 정도의 평가)가 예언 변인으로 포함되었다. 결과 측정도구로는 학교 문제, 이탈, 반항, 분노, 신체적 및 언어적 공격, 괴롭힘을 재는 다양한 척도가 실시되었다. 개인의 기초선 공격 수준을 통제했을 때조차 갈등 수준이 높은 학교에 다니는 학생의 경우 언어적 및 신체적 공격이 증가하였다. 반대로 학습을 강조하는 학교를 다닌 학생의 공격성 및 기타 학교 관련 문제는 감소하였다. 특히 흥미로운 결과는 비공식적 관계가 높은 학교에서 2.5년 사이에 괴롭힘 가해가 증가하였으며 갈등과 비공식성이 동시에 높은 학교에서는 시간이 지나면서 괴롭힘이 가장 많이 증가했다는 점이다.

초등학교에서 중학교로 넘어가면서 성인의 감독이 감소하므로 학교풍토는 특히 중요하게 고려되어야 할 변인이다. 낮은 수준의 구조와 감독은 특히 운동장이나 학교식당 같은 장소에서 중학생들 사이에 괴롭힘 비율이 증가하는 현상과 관련된다(Craig & Pepler, 1997). 또한 괴롭힘은 복도에서 높은 비율로 발생하며(AAUW, 2001) 학생들이 안전하지 않다고 느끼며 두렵다고 보고하는 여타의 장소에서도 높은 비율로 발생한다(Astor, Meyer, & Pitner, 2001). Astor와 동료들(2001)은 어떻게 초·중학교 학생과 교사들이 학교 내 공공장소를 폭력이 발생하기 쉬운 장소로 지각하는지에 대한 추가적인 통찰을 제시하였다. 이 연구자들은 괴롭힘이나 기타 폭력적 행위가 누군가의 영역으로 규정된 장소(예, 교실)보다는 주인이 불확실한 공공장소(예, 복도, 계단)에서 더 잘 발생한다는 것을 주장하기 위하여 세력권이론(theory of territoriality)을 제시하였다. 이 연구의 일환으로 다섯 개 초등학교와 두 개 중학교에 재학하는 2, 4, 6학년 학생들에게 학교지도를 주고 안전하지 못하거나 위험하다고 느끼는 장소를 찾으라고 하였다.

질적 및 양적 분석은 학교풍토에 관한 초기 연구의 결과를 지지했으며 학교행정관리자에게 직접적인 예방의 시사점을 던지는 새로운 정보를 제공하였다. 모든 학교에서 학생들이 성인의 감독과 모니터링이 부족한 장소를 안전하지 못하다고 인식했으며, 그 이유로 밀집(crowding)과 괴롭힘을 일관성 있게 언급하였다. 중학생은 초등학생보다 덜 안전하다고 느끼며 어떤 성인에게 도움을 요청할 수 있는지 모르겠다고 대답하였다. 비슷하게, 중학교 교사는 공공장소를 모니터링하는 자신의 역할에 대해 더 많은 갈등을 보고하였다. 대부분의 불확실한 공공장소에서 중학생이 안전하지 못하다고 느낄지라도 초등학생은 중학생에 비해 운동장을 덜 안전한 곳으로 느낀다고 말하였다. 이러한 결과는 Astor 등(2001)의 지도 그리기(mapping) 절차를 통해 괴롭힘이 발생하는 장소를 이해하면 학교 안에서 괴롭힘을 감소시킬 수 있음을 시사한다. 지도 그리기를 통해 수집된 자료는 괴롭힘이 자주 발생하는 영역을 더 많이 모니터링하기 위해 활용될 수 있기 때문이다.

괴롭힘은 교실 안에서도 발생한다. 그렇기 때문에 교실의 관행과 교사의 태도 또한 괴롭힘 예방에 기여하는 학교풍토의 중요한 변인이 된다. 교실마다 드러나는 공격성이 다르고 어떤 경우에는 공격성이 지지되기도 한다. 예를 들면, 초등학교에서 공격성 수준이 교실마다 유의하게 다르며(Henry et al., 2000; Kellam, Ling, Merisca, Brown, & Ialongo, 1998), 공격적인 학생은 덜 공격적인 교실에 있는 학생에 비해 공격성을 지지하는 규범이 있는 교실에서 시간이 지나면서 더욱 공격적으로 되었다. 대부분의 아동이 활동에 포함되며(Newman, Murray, & Lussier, 2001), 교사가 아동에게 애정을 보이고 반응적이며(Olweus et al., 1999), 괴롭힘에 신속하고도 효과적으로 반응하는 교실에서(Olweus, 1993a, 1993b) 괴롭힘이 덜 나타나는 경향이 있다. 더구나 Hoover와 Hazler(1994)는 교직원들이 괴롭힘 행동을 묵인하고 무시하며 대충 처리해 버릴 때 피해학생이 내면화하게 되는 가치에 대해 암묵적 메시지를 전한다고 주장하였다. 또한 괴롭힘 가해학생은 주변에 성인이 없을 때 괴롭힘 행동을 하는 경향이 있다.

사회적 결과

확실히 괴롭힘 피해나 가해는 학교만의 독특한 현상이 아니라 직장과 교도소를 포함한 여타의 장소에서도 흔히 발생하는 것으로 확인되어 왔다. 최선을 다해 예방에 힘쓰더라도 괴롭힘은 쉽게 사라지지 않을 것이다. 그리고 이 장에서 논의한 여러 문헌에 기초해 볼 때 남을 괴롭히는 아동·청소년에게는 큰 보상이 주어지고 피해학생을 위한 지원은 별로 제공되지 못하고 있음이 분명하다. 중요한 사실은 괴롭힘 가해학생이 원하는 것을 얻기 위해 하는 공격적 행동이 간혹 효과적이며 친밀한 관계와 직업적 관계에까지 지속될 가능성이 있다는 점이다. 예를 들면, 초등학교 고학년 때 또래를 괴롭힌 아동은 중학교에서는 또래를 성희롱할 가능성이 높고(Pellegrini, 2002b), 이성관계에서는 상대방을 언어적 및 신체적으로 학대할 가능성도 높다(Connolly, Pepler, Craig, & Taradash, 2000). 비록 이런 형태의 공격성 간 관계를 확증하려면 상당히 많은 연구가 수행되어야 하겠지만, 예비적인 증거는 근본적으로 이러한 현상들에 유사점이 존재함을 시사한다. 다음 장에서는 괴롭힘을 사회적 관계의 문제로 논하면서 이러한 연구를 확대하여 기술할 것이다.

결론 및 제언

이 장에서는 괴롭힘 가해와 피해의 발달과 지속에 관련된 다수의 변인을 소개하고 약술하였다. 문헌에 의하면, 괴롭힘은 아동의 성격, 가정환경, 또래, 학교에서의 경험을 포함한 수많은 변인에 의해 초래되는 결과다. 괴롭힘 행동을 할 위험에 놓인 아동 · 청소년이나 괴롭힘 피해를 당할 위험에 놓인 아동 · 청소년은 다수의 위험변인을 경험하며 보호변인은 별로 가지고 있지 않다. 그러나 아동이 괴롭힘 가해자, 가해-피해자, 피해자가 되지 않게 하는 몇 가지 저지지점은 분명히 있다. 사회적 지지, 지지적인 친구, 긍정적인 학교풍토, 과외활동에의 참여, 지지적인 가족은 모두 괴롭힘의 경험과 표출로부터 아동을 보호하거나 완충하는 데 기여하며 유해한 행동이 미치는 심리적 영향을 최소화하는 데도 기여한다([그림 2-1] 참조).

사례 연구: 앤드류

앤드류는 1학년 때 학교에서 영재 프로그램에 선발되었다. 중학교에 진학할 때까지 모든 학업영역에서 잘 해냈다. 그러나 중학교에 진학한 후 성적이 떨어지기 시작했다. 학업과 학교에 대한 그의 열정은 급속도로 감소하였다. 또한 앤드류는 등교하는 날 복통과 두통을 호소하기 시작했다. 부모가 대화를 시도했지만 그는 항상 모든 게 괜찮다고 말했다. 학교에서 교사들은 앤드류의 문제를 간파하지 못했고 심지어 1학기 학부모 회의에서는 집에서 그에게 스트레스를 주는 게 무엇이냐고 묻기까지 했다.

이런 상황에 좌절한 앤드류의 부모는 그를 의사에게 데려가 건강검진을 받게 하였다. 의사는 앤드류의 건강이 좋다고 말했고 안과에 의뢰했다. 시력검사 결과도 좋았다. 의료 문제와 시력 문제를 배제한 이후 의사는 우울 등 심리적 문제의 가능성을 확인하기 위해 아동심리학자의 면담을 제안하였다. 처음에 부모는 심리학자를 만나 무엇을 해야 하는지 몰랐기 때문에 앤드류를 심리학자에게 데려가는 것에 대해 불편해했다. 앤드류도 문제가 없다고 주장하면서 심리학자를 만나는 것에 대해 매우 저항적이었다. 몇 과목에서 낙제점을 받은 첫 학기 성적표를 받아 본 후에야 비로소 부모는 심리학자와의 면담을 예약했다.

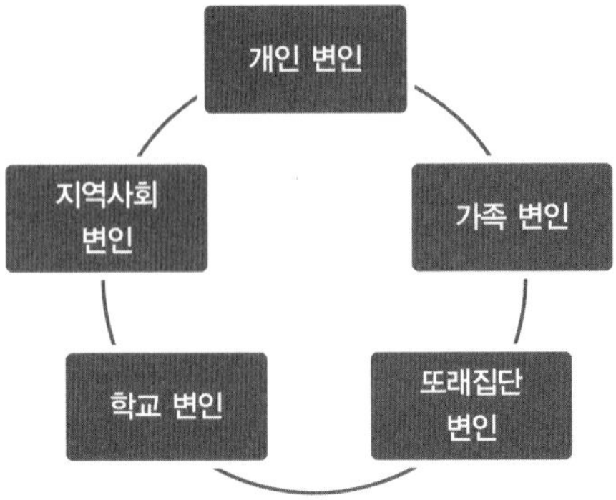

각 '저지지점'에서 당신이 시행할 수 있는 개입은 무엇인가?

사회-생태학적 변인	예/아니요	예/아니요	예/아니요	예/아니요	목록 작성
개인 변인	개인상담	집단상담	학교심리학자, 상담자, 사회복지사와 협력	건강한 문제해결과 갈등해결에 대한 교육	기타
가족 변인	부모/양육자와 협력	부모참여의 격려	의심되는 방임 또는 학대의 보고	부모를 위한 지지적 풍토의 조성	기타
또래집단 변인	괴롭힘의 부정적 결과에 대한 교육	또래집단에 적극적으로 개입, 부정적 집단과의 관계 종결	긍정적인 리더의 확인과 보상	학교에서 괴롭힘이 보상받지 않는 조건의 조성	기타
학교 변인	모든 성인과 학생을 존중	괴롭힘이 관찰될 때 성인이 일관성 있게 개입	괴롭힘 가해학생의 행동변화 방식에 대한 교육과 조력	긍정적 학교풍토	기타
지역사회 변인	긍정적 지역사회 조성을 위해 지역사회 리더와 협력	학교와 가족을 지원하기 위해 지역사회 자원의 활용	지역사회-학교 간 파트너십의 정착	지역사회의 활기찬 부분이 되는 학교	기타

[그림 2-1] 괴롭힘 가해 및 피해의 개입을 위한 사회-생태학적 모델

출처: Susan M. Swearer, Dorothy L. Espelage, & Scott A. Napolitano(2009). Guilford Press에 저작권이 있으며 이 책의 구매자가 개인적인 용도로만 이 양식을 복사하여 사용하는 것을 허락함(상세한 내용은 저작권 페이지 참조).

앤드류는 심리학자를 만나러 가는 것에 대해 처음에는 저항적이었지만 어쨌든 그의 부모는 앤드류가 치료를 받게 했다. 그는 점차 심리학자와 신뢰를 쌓기 시작했고 학교에서 자신을 괴롭히는 일에 대해 많은 대화를 나누기 시작했다. 작은 학급에 있는 대부분의 남자아이들이 여러 활동에서 앤드류를 제외시킨 것으로 나타났다. 이런 일은 학교 안과 밖에서 일어났다. 예를 들면, 한 남자아이는 파티를 열 계획이지만 앤드듀를 조대하지 않을 것이라고 말했다. 앤드류가 파티에 대해 물었을 때 그 친구들은 미안하지만 그를 초대하는 걸 잊었다고 말했다. 앤드류는 이런 일들이 단순한 실수라고 믿고 싶었다. 그러나 이런 식이 계속 반복되면서 단순한 실수가 아님을 깨달았다. 또 학교에서 앤드류는 점심시간에 어떤 테이블에는 앉을 수 없다거나 쉬는 시간에는 어떤 활동에 참여할 수 없다는 말을 종종 들었다. 그는 심리학자에게 수치스럽고 외로운 느낌에 대해 이야기했다. 처음에 앤드류는 이 일에 대해 학교 선생님들이나 부모에게 이야기하고 싶었지만 그들의 반응이 어떨까 걱정스러웠다. 자신이 '얼간이' 또는 '퇴짜 맞은 사람' 으로 여겨질까 걱정이 되었다. 앤드류의 부모는 친구가 많은 사람이어서 자신의 이러한 상황을 알면 난처해할 것이라고 생각했다.

앤드류의 사례에 관한 생각

점점 더 많은 수의 아동이 앤드류가 묘사한 것과 같은 상황에 처해 있다. 괴롭힘을 당하는 많은 아동은 자신에게 발생하는 일에 대해 당혹스러워한다. 그들은 종종 어떤 일이 벌어지고 있는지에 대해 부모나 교사에게 말하기를 꺼린다. 특히 남자아동은 괴롭힘을 당하는 사건을 자신의 허약함을 보여 주는 징조로 간주하는 경향이 있어서 더욱 수치스러워한다. 또한 이들은 고자질하지 말고 스스로 상황을 처리해야 한다는 교육을 받는다. 그래서 걱정이나 스트레스를 남에게 알리지 않을 수도 있고 종종 일상생활의 기능이 부정적인 영향을 받게 된다. 사실 우리가 걱정을 하거나 스트레스를 받거나 기분이 언짢을 때 자신의 잠재력을 발휘하는 수준에서 과제수행을 하기란 어려운 일이다. 앤드류는 급우들에게 괴롭힘을 당하고 있다는 사실에 너무나 몰두해 있었기 때문에 학교공부에 집중할 수 없었다고 말했다.

이런 유형의 상황에 대해 그의 부모는 어떻게 반응할까? 아동은 어렸을 때부터 상황이 어떻든지 간에 부모가 자녀의 목소리에 귀 기울여 듣고 자녀를 수용하기 위해 존재한다고 느낄 필요가 있다. 감정을 표현하고 감정에 대해 말하는 법을 학습하는 기회는 필수적이다. 아동의 우려에 맞춰 후속조치를 취하는 것이 중요하듯이, 감정의 개방적 표현을 모델링하고 아동이 집단에 수용되고 있다고 느낄 수 있는 환경을 조성하려고 노력하는 일도 매우 중요하다. 행동, 기분, 신체적 기능에서 눈에 띄는 중대한 변화는 종종 더 큰 문제를 암시한다. 앤드류의 사례에서 그의 부모는 모든 것이 괜찮다는 앤드류의 주장을 있는 그대로 받아들여서는 안 된다는 것을 본능적으로 알아차렸다. 비록 앤드류가 처음에는 상당히 저항적이었지만 부모는 다른 의사를 만나 보기 위한 후속조치를 취했다.

일단 앤드류가 심리학자를 만나 이야기를 나누고 자신의 문제를 공개하면서 사태도 호전되기 시작했다. 그는 어려운 상황을 다루기 위해 더욱 효과적인 대처기술을 학습할 수 있었다. 또한 긍정적인 또래관계를 시작하고 유지하기 위한 전략을 발달시킬 수 있었다.

후속 질문

1. 괴롭힘의 사회–생태학적 개념화는 괴롭힘 행동에 영향을 미치기 위해 상호작용하는 개인, 또래, 가족, 학교, 사회와 관련된 변인을 생각해 보게 한다. 앤드류의 사례에 영향을 미친 사회–생태학적 변인은 무엇인가?

2. 중학교에 진학한 이후에 앤드류의 성적이 떨어졌고 그는 신체증상도 경험하였다. 부모가 그의 행동에 변화가 있음을 알아차렸고 심리학자에게 데려갔다. 당신이 알고 있는 학생 중에서 행동의 변화를 보였던 학생을 떠올려 보라. 학교는 이런 학생을 위한 의뢰 체계를 갖추고 있는가?

3. 학생들은 학교에서 괴롭힘을 경험할 때 허약하고 거부당한 존재로 보일까봐 두렵기 때문에 성인에게 말하지 않는다고 한다. 학생이 자신의 감정에 대해 개방적으로 표현하도록 어떻게 성인이 도울 수 있는가? 당신의 학교나 가정에는 감정의 공유를 격려하는 어떤 체계가 갖추어져 있는가?

4. 『*Real Boys* (1998)』의 저자 William Pollack은 많은 수의 남자아동이 우울하고 외로움을 느끼며 우리 사회는 이들에게 자신의 진정한 감정을 억압하라고 강요한다고 썼다. 남자아동이 괴롭힘을 당하거나 다른 아동을 괴롭히는 것에 대해 자신의 감정을 말하도록 돕는 어떤 지원이 존재하는가? 강점, 힘, 지배성에 대한 보상을 주는 사회적 압력은 건강한 관계를 형성하고 모든 사람을 존중하는 것이 중요하다는 것에 대해 아동·청소년에게 모순된 메시지를 전한다.

03

사회적 관계의 문제로서 괴롭힘 이해하기

왜 아동들은 사이좋게 지낼 수 없는 것일까? 왜 서로를 존중하는 것은 아동발달의 매 시기마다 가르쳐야만 하는 것일까? 아동들이 서로를 격려하고 지지하는 대신 서로에게 모욕을 주고 난감하게 하며 위협하는 이유가 무엇일까? 이러한 질문들이 이 장에서 자세히 다루어진다. 이 장에서는 괴롭힘이 사회적 관계의 문제임을 전제한다. 더욱이 괴롭힘은 집합적인 사회적 관계 문제로서 간주될 필요가 있다. 괴롭힘 및 기타 형태의 괴롭힘은 학령기 아동의 부모뿐만 아니라 모든 사람들이 관심을 가져야 하는 태도와 행동이다. 이러한 전제는 괴롭힘이 모든 사람에게 영향을 미치는 사회적 문제임을 의미한다. 이 장에서는 학교와 지역사회에서 괴롭힘에 관여하게 만드는 주요 동기에 대해 정리한다. 가해자, 피해자 또는 가해-피해자로서 괴롭힘에 관여하는 것이 어떻게 아동·청소년들이 아무렇지도 않게 다른 사람에 대한 무례와 무시를 받아들이는 사회를 만드는지에 대해 논의한다. 아동·청소년은 이러한 무례에 너무 무감각하며 이는 사회적 관계의 문제로서 괴롭힘을 영속화시킨다(Pepler, Craig, & O'Connell, 인쇄 중). 이러한 무례는 학생들이 고등학교 졸업장을 받는 순간에 사라지는 것이 아니다. 이러한 태도와 행동은 데이트 관계, 직업환경, 가족 맥락 그리고 지역사회 속에서 나타난다. 이에 따라 괴롭힘을 단지 학교의 문제가 아니라 사회 전체의 문제로 개념화하고자 한다.

괴롭힘, 사회적 기술의 결함 그리고 마음이론

아동이 괴롭힘에 관여하는 것이 어떻게 사회적 문제인지를 이해하기 위해서는, 사회적 문제로서 괴롭힘의 기초를 이루며 미래의 건강하고 상호존중적인 우정과 대인관계 발달을 방해하는 인지적 및 정서적 측면에 대해 논의하는 것으로 시작해야만 한다. 수세기에 걸쳐 기초심리학과 응용심리학 문헌들은 가해자들이 사회적으로 무능력하며 그들이 관계를 시작하고 유지하는 능력을 가지고 있지 않기 때문에 공격성에 의존한다는 인상을 갖게 하였다. 이 모델에 따르면, 다른 사람들을 괴롭히는 사람은 낮은 지능과 사회적 상호작용을 조정하는 능력이 부족한 사람으로, 사회적 문제를 해결하는 다른 방법을 알지 못하기 때문에 공격성에 의존한다(Crick, 1999).

인지적 틀에서 봤을 때 사회적 정보처리 결함은 아동·청소년이 공격적이 되는 이유를 설명한다(Dodge, Pettit, McClasskey, & Brown,

1986). 사회기술 결함 모델은 공격적인 사람들이 사회적 정보처리의 어떤 단계에서든 문제를 더 많이 보인다는 것을 발견했던 연구들에 기초한다. 부호화(encoding)와 관련된 문제는 '적대적 귀인편향(hostile attribution bias)'으로 심리학 문헌에 잘 알려져 있으며(Crick & Dodge, 1995) 공격적인 사람들이 모호한 사회적 단서를 적의적인 것으로 해석하는 경향이 더 많다는 연구결과에 기초한다. 표상(representation)과 처리(processing)와 관련해서 일반적으로 공격적인 아동들은 다른 사람들의 정신 상태에 대해 잘 이해하지 못하며, 자기조절력이 저조하고 판단에 결함이 있으며, 이러한 특성들은 충동적이며 잠재적으로는 폭력적인 행동을 낳는다(Berkowitz, 1993).

이러한 기술이 가해자나 가해-피해자 일부의 특성을 정확하게 집어내기는 하지만 사회기술 결함 모델이 모든 종류의 공격성, 특히 괴롭힘의 일반적인 모델로서 포용되어야만 하는지는 의문이다. 다시 말하면, 이러한 사회기술 결함 모델(Dodge & Coie, 1987)은 심리학에서 여전히 우위를 차지하고는 있지만, 가해 예방에 대한 연구자와 임상가들 사이에서 이 모델이 괴롭힘에 관여한 모든 사람들에게 맞아떨어지지는 않는다는 인식이 증가하고 있다. 괴롭힘 행동의 주요 하위집단을 이해하는 데 유용한 또 다른 대안은 마음이론(theory of mind)의 틀을 사용한 접근이다(Sutton, Smith, & Swettenham, 1999). 마음이론은 3, 4세경에 발달하기 시작하는 것으로 알려져 있다. 두 개의 서로 다른 실재(사실과 상상)가 있을 수 있음을 이해하는 능력과 그것들을 조작(예, 가장)할 수 있는 능력은 마음이론의 발달에 필요한 조건, 즉 선행단계다.

아동의 마음이론 발달에 대한 연구들은 여러 해 동안 행해졌다

(Astington, Harris, & Olson, 1988). 이러한 연구는 속임수와 이야기하기 방법을 사용하여 평균적 지능을 가진 아동과 발달지연을 보이는 아동, 자폐증상이 있는 아동들을 비교해 왔다. 이러한 연구들에 따르면, 4세 이상의 아동들은 4세 이하의 아동들에 비해 속임수와 이야기하기 과제에서 우수하며 발달지연이 없는 아동들은 자폐아와 정신지체를 지닌 아동들보다 더 나은 수행을 보인다. 발달지연이 없는 아동들은 이야기에 포함된 주인공들의 정신적, 정서적 상태를 더 깊이 이해하며 이러한 능력은 연령의 증가와 함께 향상된다.

이제 마음이론이 괴롭힘과 어떻게 관련되어 있는지를 이야기해 보자. 괴롭힘이 무엇을 수반하는지 생각해 보는 것은 중요하다. 괴롭힘은 한 명 또는 여러 명의 가해자와 한 명의 선택된 피해자 간의 힘의 불균형에 기초한 반복적인 행위다. 이러한 행위는 비교적 영속적인 학생집단 내에서 흔히 일어난다는 점에서 본질적으로 사회적이다. 괴롭힘에 대한 마음이론 접근은 괴롭힘이 본질상 사회적이며 가해자가 자신의 희생양을 적극적으로 찾는다는 것을 인정한다(Sutton et al., 1999). 많은 연구에 의하면, 대부분의 피해자는 많은 또래들이 싫어하는 아동이다. 일부 아동들이 희생당할 위험을 증가시키는 신체적, 성격적 특징을 지니고 있다고 말하는 것은 부적절하지만 사실이다. 다른 사람들을 괴롭히는 아동 · 청소년들은 희생자를 매우 신중하게 고른다. 이러한 선택 또는 선발은 피해자의 약점과 피해자에 대한 급우들의 지각을 정확하게 이해하여 내린 판단의 결과일 것이다. 다른 말로 하면 정신 상태에 대한 정확한 귀인의 사용과 강화된 마음이론은 가해자와 피해자가 한 짝을 이루는 데 기여한다(Sutton et al., 1999).

가해자들이 정신 상태를 잘 이해한다는 것의 또 다른 측면은 자신들이 다른 사람들을 통제하고 '힘이 센' 것처럼 행동하여 또래들 사이에서 의도적으로 명성을 쌓고자 한다는 사실이다(Salmivalli et al., 1996). 간접적 또는 관계적 형태의 괴롭힘을 사용할 때 가해자는 거짓 소문, 의견 조작, 빈정댐 그리고 놀림 등 피해자에게 상처를 주기 위한 미묘한 방법들을 동원하며 이 모든 방법들은 피해자가 사회집단에서 배척되도록 만든다. 이런 종류의 괴롭힘이 '성공'하기 위해서는 다른 사람들의 신념과 서로 다른 관점을 잘 이해하고 있어야 한다. 가해자들은 다른 사람들의 태도와 지각이 속임수와 상처 주는 행동을 통해 어떻게 변화되고 조작될 수 있는지 이해한다.

Sutton과 동료들의 주장에서 가장 중요한 시사점은 괴롭힘을 설명하는 이론은 관여된 사람들의 인지적 능력에 주의를 기울이는 것뿐만 아니라 모든 참여자들의 정서와 가치를 고려해야만 한다는 것이다(Sutton et al., 1999). 만약 가해자들이 자신의 환경을 읽고 다른 사람들을 조작할 능력을 가지고 있다면 이렇게 뛰어난 능력을 왜 다른 사람들을 해치는 데 사용하려 하는지를 밝혀내야만 한다. Sutton과 동료들은 가해자들이 친사회적 태도와 행동을 가치 있게 생각하지 않는다고 주장한다. 가해자, 가해-피해자 그리고 다른 관여자들은 피해자에 대한 공감을 가지고 있지 않은 듯하다(Sutton et al., 1999). 예를 들어, 공격성에서 정서의 역할에 초점을 둔 Borg(1998)의 연구를 살펴보자. 이 연구는 가해자들의 49.8%만이 피해자에게 미안함을 보고하며, 가해 사건에 대해 40.6%는 무관심을, 20.9%는 만족스러움을 보고하였다. 흥미롭게도 11~14세의 중학생들은 더 어린 아동들에 비해 무관심하거나 만족스러움을 더 많이 보고하였다(Borg, 1998).

또 다른 연구는 괴롭힘에 관여된 사람들의 감정과 관계된 지각을 검토하였다. 이 연구자들은 학생들에게 괴롭힘의 에피소드들을 비디오로 보여 주고 그들에게 시나리오에 포함된 가해자와 피해자의 감정을 기술하도록 요청하였다. 9~11세의 아동들은 또래 지명에 의해 가해자, 피해자, 관여되지 않은 집단으로 분류되었다. 관여되지 않은 집단과 피해자 집단의 30%만이 비디오에 등장한 가해자가 행복을 느낀다고 묘사한 것과 달리, 가해자 집단에서는 80%에 달하였다. 반면 관여되지 않은 집단과 피해자 집단의 53%와 가해자 집단의 27%만이 피해자가 불행하다고 기술하였다(Smith et al., 1993).

보다 최근 연구에서 Menesini와 동료들(2003)은 도덕적 정서에 대한 귀인과 가상의 괴롭힘 상황에서 이러한 귀인으로 이끄는 추론에 관해 가해자, 피해자, 관여되지 않은 학생들의 차이를 비교하였다. 9~13세의 참여자들은 참여자 역할 질문지(participant roles questionnaires, Salmivallie et al., 1996) 수정본을 사용해서 가해자, 피해자, 방관자(outsider) 집단으로 분류되었다. 전형적인 괴롭힘 상황(예, 가해자와 피해자 간의 힘의 불균형이 일관되게 유지되는 상황)을 묘사하는 10개의 만화 세트를 사용하여 학생들에게 괴롭힘 이야기를 제시하였다. 그리고 "만약 네가 가해자라면 어떤 감정을 느낄까? 그 이유는 무엇일까?" 라고 질문하였다. 아동들의 반응은 6개의 범주로 구분되었다. 즉, 자아중심적 책임감(예, "만약 내가 가해자라면 나중에 선생님한테 벌을 받을 것이기 때문에 죄책감을 느낄 거예요."), 관습적 규칙 (예, "만약 내가 가해자라면 내가 나쁜 짓을 했기 때문에 죄책감을 느낄 거예요."), 피해자에 대한 공감, 자아중심적 이탈(예, "그것은 농담이었으니까 나는 죄책감을 느끼지 않을 거예요."), 일탈적 규칙(예, "다른 아이들도 똑같이 그럴 걸요.") 그리고 피해자에 대한 공감의 결여가 그것이다. 다른 사람들을 괴롭혔던 학생들은 피해자나 관여되지 않은 학생들에 비해 더 많은 해방감을 보고했고, 이 학생들은 피해자와 관여되지 않은 학생들에 비해 죄책감, 수치심을 동반한 자아중심적 책임감을 더 많이 보고하였으며, 도덕적 이탈을 정당화하기 위한 자아중심적 이탈을 더 많이 언급했다. 심지어 피해자들에 대한 부정적 효과를 알고 있는 가해자의 30%가 처벌과 같은 개인적 결과에 대해 더 걱정하였다 (Menesini et al., 2003).

이러한 결과는 다른 사람들을 괴롭히는 일부 학생들은 정서적으로 자기중심적이고, 피해자에 대한 동정심을 가지고 있지 않으며, 후회를 하지 않는다고 보고한다. 그러므로 괴롭힘의 인지적 구성요소에 더해 정서적 측면을 고려해야 할 필요가 있다. 이러한 발견은 가해자들이 사회적 능력에서 반드시 부족한 것은 아니며 더 잘 발달된 인지능력을 지니고 있을 수 있음을 시사한다. 그들은 옳고 그름의 차이를 이해하는 듯 보이며 단지 다른 사람들을 존중하는 것에 별 관심이 없을 뿐이다. 처벌을 받는다는 생각에 직면하면 그들은 속임수와 자기보호를 사용할 것이다. 그렇다면 하나의 사회로서의 우리는 아동·청소년들에게 나타나고 있는 이러한 태도와 무관심을 어떻게 변화시킬 것인가?

공감, 관심 그리고 개입 의지

이 책에서는 다른 사람을 괴롭히는 사람들이 피해자에게 관심을 보이고 공감할 수 있게 가르치는 것의 중요성을 강조한다. 이는 가해자 일부에게 분명히 적합한 전략이다. 그러나 새로운 아이디어는 아니다. 따라서 우리는 괴롭힘과 공감의 관계에 대한 연구를 살펴보고자 한다. 연구에 따르면, 공감과 공격성 간에는 부적 관계, 공감과 친사회적 능력 간에는 정적 상관이 있다(Feshbach & Feshbach, 1982; Kaukianen et al., 1999; Mehbrabian, 1997; Miller & Eisenberg, 1988). 공감은 다른 사람의 상태에 대한 정서적 반응으로서 지각된 정서 상태를 간접적으로 경험하는 것을 포함한다(Mehbrabian & Epstein, 1972). 연구자들은 공감적 반응이 인지적 과정과 정서적 과정 둘 다에 의존한다는 데 일반적으로 동의한다. 인지적 구성요소는 다른 사람들의 관점을 취하는 것과 관련이 있으며(Davis, 1983) 정서적 차원은 다른 사람들의 정서 상태에 대한 감정적 반응을 뜻한다(Feshbach & Feshbach, 1982).

공격성, 친사회적 행동, 공감의 관계는 인지적 요소와 정서적 요소의 구분이 중요함을 시사한다. 예를 들어, 공격성과 공감 간의 부적 상관은 인지적 공감을 측정했던 연구들보다는 공감의 정서적 요소에 초점을 두었던 연구들에서 더 강하게 나타났다(Endresen & Olweus, 2001; Mehrabian, 1997). Davis(1983)에 따르면, 공감적 관심(empathic concern, 예, 다른 사람에 초점을 두고 그 사람의 정서적 상태에 대해 감정적으로 반응)은 도움행동과 관련이 있었지만 조망수용(perspective taking)은 그렇지 않았다. 유사하게 Hoffman(2000)은 높은 수준의 조망수용능력을 가지고 있지만 지각된 다른 사람들의 감정을 나누려 하지 않거나 나눌 수 없는 아동은 부도덕하게 교활해지기 쉽다고 주장하였다. 예방을 위해서는 아동·청소년에게서 나타나는 공감능력의 개인차를 보다 정확하게 인식할 필요가 있다.

공격성(괴롭힘을 포함해서)과 공감의 관계는 성차에 의해 더 복잡해진다. 일반적으로 여자가 남자보다 공감 측정도구에서 더 높은 점수를 얻으며(Cohen & Strayer, 1996; Endresen & Olweus, 2001) 특히 공감의 정서적 측면을 측정하는 도구를 사용했을 때 그러하다(Cohen & Strayer, 1996). 부수적으로 공격성과 공감의 관계는 남자보다는 여자의 경우에 다르게 나타난다(Cohen & Strayer, 1996; Espelage, Mebane, & Adams, 2004). 예를 들어, Espelage의 연구팀은 여자의 경우 공감적 관심이 괴롭힘보다는 관계적 공격성과 더 강력한 부적 상관을 이룬다는 것을 발견하였다. 반면 남자의 경우 공감적 관심은 관계적 공격성보다는 괴롭힘과 더 높은 부적 상관을 보였다. 조망수용이 여자의 경우에만 유의하게 괴롭힘을 예측하였다는 것도 흥미로운 발견이다(Espelage et al., 2004). 이러한 결과는 괴롭힘을 감소시키기 위해서는 공감에서의 성차를 민감하게 고려한 예방활동이 필요함을 시사한다.

이는 어떤 점에서 괴롭힘에 대한 가치 또는 태도 문제로 되돌아가도록 한다. Endresen과 Olweus(2001)는 공감과 괴롭힘의 관계를 구체적으로 탐색하는 연구를 수행하였으며 괴롭힘에 대한 태도라는 중요한 세 번째 변인을 소개하였다. 6~9학년(13~16세) 학생 2,289명으로 구성된 표집에서 공감적 관심은 괴롭힘과 중간 정도의 부적 상관을 보였지만 괴롭힘에 대한 긍정적 태도와는 더 강력한 상관을 이루었다. 연구자들은 괴롭힘에 대한 태도가 공감과 괴롭힘의 관계를 매개할 수 있다고 제안하였다. 최근 연구에서 Espelage의 연구팀(2004)은 괴롭힘에 대한 긍정적인 태도는 남자의 경우 공감적 관심과 괴롭힘의 관계를, 남녀 모두의 경우 조망수용과 괴롭힘의 관계를 부분 매개함으로써 발견하였다.

이러한 연구결과는 괴롭힘에서 인지적 요소뿐만 아니라 공감, 가치, 태도와 같은 다른 요소들도 중요하다는 Sutton의 생각을 지지한다. 가해자가 높은 수준의 마음이론을 가지고 있는 경우 감정과 정서적 발달의 역할이 괴롭힘의 이해에 특히 중요하다. 이러한 상황에서 합당한 질문은 단순히 피해자의 마음과 정서를 이해하는 것과 가해자가 피해자에 대한 동정심을 느껴서 해를 주는 행동을 멈추도록 하는 것 간의 차이를 만드는 것이 무엇인가다. 연구문헌에서는 다른 사람들과 함께 감정을 느끼는 것(feeling with others)으로서의 공감(empathy)과 다른 사람들을 위해 감정을 느끼는 것(feeling for others)으로서의 동정(sympathy)을 구분해 왔다.

감정에 대해 고려해야만 하는 또 다른 측면은 가해자가 가지고 있는 가치, 공격성을 보는 방식, 제공받는 잠재적 강화의 유형과 관련된다. 과거의 연구들에서 공격적인 사람들은 공격성이 사회적으로 수용될 만한 행동이라는 신념을 지니며, 공격적 행동의 표현은 이러한 긍정적 신념을 지지하고, 따라서 그 행동을 반복할 가능성을 증가시킨다는 것을 보여 주었다(Anderson & Bushman, 2002). 이러한 발견을 괴롭힘의 사회화 측면과 공격적 아동 · 청소년이 동성과 이성의 또래들에 의해 매력적으로 간주된다는 사실(제2장에서 더 자세히 설명되었듯이)과 묶어서 생각해 보자. 그러면 가해자로 명명되는 것에 많은 '영광'이 따른다는 것이 이상해 보이지 않는다.

실제로 최근에 출판된 편저 *Aggression and Adaptation: The Bright Side to Bad Behavior*(Hawley, Little, & Rodkin, 2007)라는 책에 따르면, 공격성 연구자들은 '언제 공격성이 적응적인가?' 라는 질문을 취한다. 심리학, 사회학, 생물학 문헌은 공격성은 적응적일 수 있으며 적응적이라고 일관되게 보고해 왔다. 역사학자들은 국가, 정부, 산업의 발전에서 드러난 폭력과 공격성의 중요성에 대해 숙고할 필요도 없었을 것이다. 그러나 어떤 이유에서인지 부모, 교사, 심리학자들은 공격성이 적응적이지 않다고 주장해 왔다. Smith(2007)는 공격성 또는 괴롭힘이 적응적 또는 부적응적이라고 보는 상이한 방식에 대해 멋지게 논지를 펼쳤다. 그는 중학생들의 경우 괴롭힘과 관계적 공격성이 또래집단 내 지배성, 인기도 그리고 데이트 인기도의 증가와 관련이 있다는 생각을 지지하는 많은 이론을 정리하였다. Smith는 많은 학문 분야의 연구자와 임상 실무자들이 공격성과 괴롭힘을 사회적 일탈로 명명했지만 발달적 일탈이 아님을 지적하면서 두 가지 일탈을 구분하였다.

이러한 주장에 덧붙여서 Rodkin과 Wilson(2007)은 공격성이 적응적이라는 틀은 발달심리학자들에 의해 사실상 무시되어 왔다고 주장한다. 반대로 사회인지나 선택적 정보처리의 결함 등과 같은 공격성과 괴롭힘의 부적응적인 측면을 파악하는 것에 연구의 초점을 두어 왔다. Rodkin과 Wilson은 공격성의 부적응적인 측면에 초점을 맞추는 것이 부모, 교사 그리고 학교행정관리자 등 잠재적 예방 프로그램의 소비자들의 구미에 더 맞는다고 설명한다. 아마도 많은 괴롭힘 프로그램이 효과적이지 않은 이유는 부분적으로는 이러한 공격성 유형이 적응적이며 아동의 사회적 지위를 개선하는 데 중요한 역할을 한다는 것을 무시하기 때문일 것이다. 따라서 이 장에서는 괴롭힘이 정확하게 정의되어 오지 못했음을 지적한다. 우리가 계속해서 괴롭힘을 부적응적인 것으로 잘못 정의하면, 괴롭힘의 사회적 본질을 고려했을 때 이러한 행동을 진정 중단시키기 위해 어떠한 예방노력이 효과적일 수 있는지를 이해할 기회를 잃게 될 것이다.

부적응적인 것으로서의 공격성에 대한 초점 때문에 괴롭힘의 가해행위가 우리의 학교, 가정, 지역사회 그리고 작업장에서 제거되지 못했다는 것은 놀라운 사실이 아니다. 이는 방관자(bystanders)들이 학교에서 괴롭힘을 지속시키는 중요한 역할을 하는 것과 학생들이 개입하기를 꺼려하는 것과도 관련되어 있을 것이다. 최근 연구에서 Espelage의 연구팀은 6~8학년 학생 565명을 대상으로 성별, 공감, 괴롭힘에 대한 태도, 개입하려는 의지, 또래집단 내에서의 괴롭힘 현상 간의 관계를 검토하였다(Espelage & Green, 인쇄 중). 상관분석에 따르면, 공감적 관

심과 조망수용이 높을수록 자기보고된 괴롭힘, 싸움이 적었으며 괴롭힘에 대한 긍정적 태도는 개입하기 꺼려하는 정도와 관련이 있었다. 회귀분석 결과에 따르면, 공감(공감적 관심과 조망수용)은 괴롭힘에 대한 긍정적 태도와 개입하려는 의지를 매개하는 역할을 한다.

또래집단은 사회적 네트워크 분석을 통해 파악되었으며 위계적 선형 모델링(hierarchical linear modeling)은 공감과 괴롭힘에 대한 태도가 또래집단 내에서 개입하려는 의지와 높은 상관이 있다는 상관분석의 결과를 지지하였다. 부수적으로 남자 또래집단의 경우 집단수준의 괴롭힘은 개입하려는 의지를 추가로 설명하였지만 여자 또래집단의 경우 이러한 또래효과가 없었다. 따라서 예방 프로그램들은 청소년 또래집단에 의해 강화되는 개입의지 결여를 다룰 필요가 있다.

학교에서 괴롭힘을 감소시키지 못하고 괴롭힘이 청소년기와 성인기의 문제행동, 즉 품행 문제, 성희롱, 데이트 폭력, 술과 약물사용 등과 관련된다는 것은 더욱 걱정스러운 일이다. 아동 · 청소년이 다른 사람에 대한 기본적인 공감능력을 가지고 있지 않다면 그들이 다른 유형의 일탈된 행동에 관여할 수 있다는 것을 상상하기란 그리 어렵지 않다. 사실 다른 학생들을 괴롭히는 학생들은 또래에 비해 외현화 행동에 더 많이 관여하며, 품행 문제를 더 많이 겪고, 비행 청소년이 되기 쉽다(Haynie et al., 2001; Nansel et al., 2001). 게다가 괴롭힘을 사회 전체의 문제 그리고 사회적 문제로 그려 본다면 우리는 아동들이 앞으로의 생활 경험들을 다루기 위해 필요한 기술(예, 대인관계에서의 협상방법)들을 갖추지 못한 채 괴롭힘 경험을 마친다는 것을 깨달아야 한다. 게다가 괴롭힘은 술과 약물사용 모두와 강력하게 관련되어 있다. Pepler, Craig, Connolly와 Henderson(2002)의 연구에 따르면, 5~8학년 가해자들은 남녀를 불문하고 비가해자들보다 5배나 더 많이 술을 마시고 7배나 더 많이 약물을 사용한다.

괴롭힘과 성희롱의 연관성

또한 여러 연구는 또래폭력과 성폭력의 연관성을 확립해 나가고 있다. 괴롭힘의 가해자가 더 나아가 또래를 성적으로 희롱하거나 성적 공격에 개입하게 되는지의 여부는 더 연구되어야 하겠지만(제2장에 설명했듯이) 괴롭힘과 성폭력이 공유하는 변인들이 존재한다. 성적 공격에 가담하는 청소년들은 폭력에 대해 긍정적인 태도를 가지고 있으며 폭력을 모델링하는 가정배경을 지니고 있고, 관계에서 지배 또는 통제의 요구를 지니며, 일반적으로 낮은 수준의 공감을 가지고 있다. 분명히 이러한 행동들을 예측하는 변인들 간의 중첩에 대한 논의는 현재의 문헌연구에서 잘 다루어지고 있지 않다. 그러나 괴롭힘과 성폭력 가해가 서로 연결되어 있다는 몇몇 증거가 있다. 문헌조사에 따르면, 세 가지 경험적 연구가 또래 공격성과 다양한 유형의 성폭력 간의 관계를 증명해 주었다.

Ozer, Tschann, Pasch와 Flores(2004)는 16~20세 멕시코계 미국인과 유럽계 미국인 남녀를 종단적으로 연구했다. 그들은 또래폭력(예, 십대 청소년과의 싸움)과 성적 공격성(원하지 않는 애무와 성교를 포함)에 초점을 두었다. 남자의 경우 또래폭력 가담이 1차 시기와 2차 시기(1년 후)에 조사된 성적 공격성 가해와 관련되었으며 1차 시기의 성폭력 가해는 2차 시기의 또래폭력 가해와 중간 정도 관련되었다. 비록 이 연구는 1차 시기의 또래 공격성과 2차 시기의 성적 공격성의 유의한 관계를 증명하지 못했지만 또래폭력과 성폭력 가해가 관련되어 있다는 증거를 제시하였다. 다른 연구들 또한 괴롭힘과 성희롱이 관련되어 있음을 보여 주었다(DeSouza & Ribeiro, 2005; Pepler et al., 2006).

DeSouza와 Ribeiro(2005)는 브라질 고등학생 표본을 연구하여 남녀 모두의 경우 괴롭힘이 동일한 또래에 대한 성희롱과 관련되어 있음을 발견하였다. Pepler와 동료들(2006)은 학생들 간의 괴롭힘과 성희롱 가해 간의 정적 관계를 보고하였다. 961명의 초등학생(6~8학년)과 935명의 중학생(9~12학년)을 대상으로 한 횡단연구에서 성희롱 가해는 다른 사람들을 괴롭혔던 학생들 사이에서 그렇지 않았던 경우보다 더 흔했다. 또래 괴롭힘과 성희롱의 관계에 대한 종단연구에서 Pellegrini(2001)는 6학년 초기에 또래를 괴롭혔던 소년들은 7학년 말기에 또래를 성적으로 괴롭히는 경향이 있었지만(γ= .44, p < .0001) 두 변인 간 관계는 6학년 말에 자기보고된 높은 데이트 빈도에 의해 매개되었다. 우리가 아는 바로는 현재까지 어떤 연구도 괴롭힘과 성희롱을 넘어서는 다른 유형의 성폭력(즉, 원하지 않는 애무, 강간, 강간 시도) 간 관계를 검토한 적은 없다.

결론 및 제언

이 장은 독자들이 괴롭힘을 사회적 관계의 문제인 공격성의 한 유형으로 생각하게 하는 연구들을 제시하였다([그림 3-1] 참조). 괴롭힘은 가해자를 이롭게 하며 또래집단에서 리더인 가해자 주변의 사람들을 사회화시키는 상호작용의 한 스타일이다. 최근 연구에 따르면, 가해자는 사회적으로 능숙하며 정상 수준 또는 이보다 높은 수준의 마음이론을 가지고 있고 어떤 경우에는 또래집단 내에서 인기 있는 것으로 간주될 수 있다. 많은 예방 프로그램은 괴롭힘을 예방하기 위해 공감 훈련에 초점을 두어 왔다. 그러나 이러한 실무는 가해자 모두가 공감을 결여하고 있지는 않지만 그들이 친사회적 행동을 가치 있게 생각하지 않음을 증명한 연구결과를 반영하고 있지 않다. 그러므로 예방 프로그램은 공감과 조망수용 훈련과 함께 괴롭힘에 대한 긍정적 태도를 변화시키는 것에 초점을 두어야 한다. 또한 괴롭힘 예

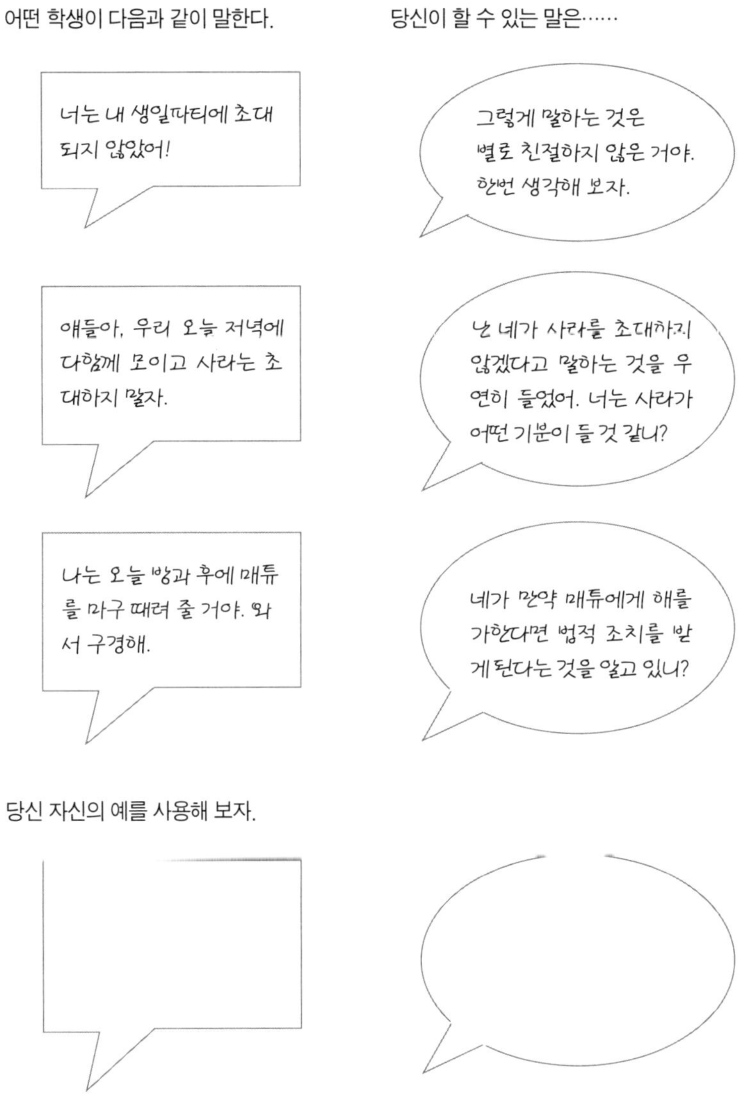

[그림 3-1] 건강한 의사소통을 모델링하기 위한 제안

출처: Susan M. Swearer, Dorothy L. Espelage, & Scott A. Napolitano(2009). Guilford Press에 저작권이 있으며 이 책의 구매자가 개인적인 용도로만 이 양식을 복사하여 사용하는 것을 허락함(상세한 내용은 저작권 페이지 참조).

방 프로그램의 효과를 극대화시키기 위해 괴롭힘에 개입하려는 학생들의 의지를 막는 장벽을 찾아내야 한다. 괴롭힘 가해는 학생들이 고등학교를 입학할 때 사라지지 않으며 고등학교를 졸업할 때도 사라지지 않는다. 연구는 괴롭힘 가해가 다른 유형의 폭력과 비행에 관련되어 있음을 보여 준다. 따라서 괴롭힘은 학생이 성인이 되었을 때 다른 유형의 공격성과 폭력에 가담할 위험에 처하게 하는 특수한 형태의 폭력으로 간주되어야 한다.

사례 연구: 조지

조지는 책을 많이 읽었다. 3학년이지만 고등학교 수준의 책을 읽을 수 있고 뛰어난 기억력을 가지고 있었다. 그는 〈스타워즈〉에 대해 당신이 알고 싶은 모든 것에 대해 말해 줄 수 있었다. 모든 등장인물을 알고 있었고 영화의 거의 모든 대사를 기억했다. 그러나 그는 적절한 또래관계를 발달시키지는 못하는 듯 보였다. 사회적 단서를 읽는 데 어려움이 있었고 학급친구들은 그가 성가시다고 여겼다. 학교에 입학한 이래 그는 점차 더 많은 놀림을 받았고 또래들로부터 괴롭힘을 당했다. 그가 운동에 대한 소질이 전혀 없다는 점은 문제를 더 악화시켰다. 그는 몸놀림이 매우 눈하고 어색하였다.

이러한 변인들은 그가 다니는 작은 학교에서 조지를 급우들로부터 괴롭힘과 공격의 대상으로 만들었다. 아이들은 쉬는 시간에 보통 '게이 더럽히기' 라는 게임을 했는데 조지는 항상 '더럽혀지는' 아이였다. 아이들은 그의 바지에 흙을 퍼부었고 야유했다. 부모는 조지가 사회적 관계에서 어려움이 많다는 것을 알고는 있었지만 그가 악몽을 경험하기 시작할 때까지 그의 어려움이 어느 정도인지는 알지 못했다. 그는 아침에 학교에 등교하기 전 토하기 시작했다. 그는 학교가 싫다고 말했지만, 부모는 그의 어려움이 얼마나 심각한 것인지 깨닫지 못했다.

조지의 부모는 모든 일이 잘 풀려 나갈 것이라고 확신했고 교사와 교장과 상담하기 위해 학교에 갔다. 그들은 괴롭힘이 조지의 행동 탓이라는 학교 측의 비난에 상당한 저항을 하였다. 교장은 조지가 쉬는 시간에 다른 소년들과 어울릴 수 있도록 운동기술을 개발할 것을 제안하였다. 게다가 학교는 '게이 더럽히기' 같은 게임이 이 또래의 소년들이 흔히 하는 활동이라고 말하면서 이러한 게임에 대해서도 방어적이었다. 그들은 또한 조지가 교실 안에 있는 것이 더 편하다면 쉬는 시간에 밖에 나오지 않을 수 있다고 했다. 조지의 부모는 좌절했고 학교와 협력하려는 시도를 반복했지만 효과를 거두지 못했다.

많은 숙고 끝에 조지의 부모는 아들을 전학시키기로 결정하였다. 그러나 그들이 살고 있는 작은 마을에 다른 학교는 없었다. 따라서 그들은 대안이 생길 때까지 홈스쿨링을 하기로 계획했다. 이러한 생각을 학교에 알렸을 때 그들은 충격적이게도 조지를 등교시키지 않는다면 아동방임으로 보고될 수 있다는 설명을 들었다.

홈스쿨링을 시작한 지 몇 주 후에 조지의 악몽은 멈추었고 기분도 나아지기 시작했다. 그들은 예전의 조지가 돌아오고 있음을 보았다. 그러나 당연히 조지를 도와야 했고 자신들이 낸 세금이 쓰이고 있고 그들이 신뢰했던 학교 시스템에 대해 여전히 화가 나 있었고 배신감을 느꼈다. 게다가 그들은 조지가 더 많은 사회화의 기회를 필요로 하며 홈스쿨링은 아들을 위해 장기적인 해결책이 아니라는 것을 알고 있었다.

조지의 사례에 대한 생각

조지의 부모가 놓인 상황은 드문 것이 아니다. 부모들이 그들의 자녀를 위해 존재해야 한다고 느끼는 바로 그 학교 시스템은 많은 경우 괴롭힘이 일어나고 있다는 사실을 솔직하게 인정하지 않는다. 많은 아동과 부모들은 아동이 괴롭힘을 당할 때 비난의 화살이 자신에게 돌려짐을 경험한다.

후속 질문

1. 우리는 괴롭힘이 관계의 문제라고 주장한다. 조지의 경우 그는 다른 학생들과는 '다르다'고 간주되며 잘 어울리지 못하였다. 당신의 학교는 보통과는 다른 학생들을 어떻게 지원하고 있는가? 교사 또는 부모로서 당신은 차이에 대한 존중과 모든 사람들에 대한 관용을 어떻게 가르치는가?

2. 사회적으로, 운동장에서 학생들은 조지와 잘 놀지 못하였다. 당신이 일하고 있는 학교는 운동장에서 벌어지는 행동들을 어떻게 모니터링하는가? 당신은 학생들에게 사회적으로 건강한 관계를 발달시키고 유지할 수 있는 방법을 가르치는 것을 어떻게 돕는가?

3. 학교는 '게이 더럽히기'라는 게임이 단지 전형적인 아이들의 놀이라고 말하면서 묵과하였다. 학교, 가정, 지역사회의 어른들이 부정적이고 고통을 주는 행동을 지지하면 아동들은 적절한 행동이 무엇인지에 대한 혼란에 빠진다. 당신은 어떻게 학생들에게 적절한 행동을 모델링할 것인가?

4. '게이 더럽히기'라는 게임의 이름은 모욕적이고 동성애를 혐오하는 이름이다. 모욕적이고 동성애 혐오적인 이름을 명백하게 또는 암묵적으로 수용하는 것은 어떤 영향력을 가질까? '퀴어(queer)'나 '게이'라고 말하는 학생을 바로잡았던 경험이 있는가? 이러한 용어들은 당신의 학교와 지역사회에서 흔한 것인가? 어떻게 하면 부정적이고 모멸적이고 수치심을 일으키는 단어들과 맞서 싸울 수 있을까?

5. 조지와 그의 부모들은 학교가 자신들의 상황에 지지를 제공했다고 느끼지 않았다. 가족과 학교 간에 갈등이 있었던 예를 생각해 보자. "탱고를 추기 위해서는 두 사람이 필요하다."는 옛 금언은 상당히 설득력이 있다. 교직원은 어떻게 학교와 가족 간의 적대적 관계를 줄일 수 있도록 도울 수 있을까?

04

효과적인 괴롭힘 금지 정책 개발과 시행

Susan M. Swearer, Susan P. Limber, & Rebecca Alley

2008년 7월 이래로 괴롭힘 금지법(anti-bullying laws)이 33개 주에서 시행되어 왔다(제5장)[1]. 학령기 청소년들 간의 괴롭힘은 대중에게 잘 알려져 왔기 때문에 이러한 법적 주세는 50개 주 모두가 괴롭힘 금지법을 채택할 때까지 계속될 것이다.

그러나 특정 주가 괴롭힘 금지법을 의무화하든 아니든 간에 모든 학교는 괴롭힘 금지 정책을 개발해서 시행해야만 한다. 모든 학교와 지역사회의 독특한 환경과 고유한 구조를 반영하는 지역 정책을 만들어 내는 것은 특히 중요하다.

각주

1) 법은 급격하게 변하므로 독자들은 가장 최신의 정보를 얻기 위해 각 주의 웹사이트를 살펴보기 바란다. Susan P. Limber 박사는 사우스 케롤라이나 주 클렘슨 시에 위치한 클렘슨 대학 가족 및 이웃생활 연구소의 부교수다. Rebecca L. Alley는 법학박사로 클렘슨 대학 연구준수처의 기관 연구윤리 위원회(IRB) 조정관이다.

괴롭힘 정책의 이로운 점

잘 설명된 괴롭힘 정책은 적절한 행동에 대한 기대와 괴롭힘 행동의 결과에 대해 명확하게 의사소통하는 기초를 마련할 수 있다. 정책은 괴롭힘의 결과에 대한 의사결정을 안내하며 교직원, 부모, 학생들이 기대와 결과에 대해 일관되게 의사소통하도록 돕는다. 시간을 내서 괴롭힘 정책을 개발하고 시행하는 것은 지역사회에 괴롭힘의 심각성에 대해 알리는 길이기도 하다. 역사적으로 미국에서는 차별, 희롱(harrassment), 총기를 금지하는 법안이 이러한 문제들이 심각한 사회적 우려임을 전달하는 기초가 되어 왔다. 마찬가지의 추세가 괴롭힘에서도 나타나고 있는 듯하다.

괴롭힘 금지 정책은 학생 보호에 대한 내용을 담고 있어야 하며 이러한 정책은 또한 학교 내 성인들을 보호하는 학교구 정책(district policies)과도 일관성이 있어야 한다. 직장 괴롭힘과 학교 괴롭힘 정책 모두를 수립하는 것의 중요성은 괴롭힘의 심각한 본질을 더 잘 전달하게 될 것이다. 예를 들어, 오하이오 주 교육청(2007)의 '희롱 금지, 위협 금지 또는 괴롭힘 금지 모델 정책'에 따르면, "이 정책은 오하이오 주 학교들은 모든 학생과 교직원을 위해 물리적으로나 정서적으로 안전한 환경을 마련해야만 한다는 신념에 기초한다." (p. 3) 따라서 이 정책은 학교사회 내 학생과 성인 모두를 위한 조항을 포함한다.

분명히 괴롭힘 금지 정책이 이로움에도 불구하고 많은 학교, 학교구, 주는 이러한 정책을 가지고 있지 않다. 최근의 괴롭힘 워크숍에서 참가자들은 '당신이 일하고 있는 학교가 괴롭힘 금지 정책을 가지고 있는가?' 라는 질문을 포함한 설문조사를 받았다. 44명의 참가자 중, 11명은 '예', 12명은 '아니요', 21명은 '잘 모르겠다' 로 답하였다. '예' 라고 응답한 11명 중 일부가 학교의 정책에 대해 쓴 코멘트는 다음과 같다. 학교의 정책이 '모호하게 쓰여 있고 희롱 정책과 서로 엉켜 있다.' '실제로 사용되거나 시행되지 않는다.' '절대 허용하지 않음(no tolerance)' '그냥 하지 마라.' '관용불허 정책(zero tolerance policy), 그러나 자세한 것은 알 수 없다.' 그리고 '첫 번째 잘못 = 하지 마라! 두 번째 잘못 = 하지 마라! 그리고 &$#*@$ (알 수 없는 말들의 연속)' 이라고 설명하였다. 이처럼 참가자들의 일반적인 경험은 학교가 괴롭힘 금지 정책을 가지고 있지 않고, 가지고 있다고 해도 모호하며 정책의 세부사항에 대해 잘 알지 못한다는 것이었다.

참가자들 중 몇몇은 그들의 학교가 괴롭힘에 대해 관용불허 정책을 채택하고 있다고 언급하였다. 그러나 관용불허 정책이 괴롭힘 행동을 감소시키는 데 효과적이지 않다는 명확한 증거가 있다(APA Task Force on Zero Tolerance, 2007; Casella, 2003). 학교 내 정학, 학교 밖 정학 그리고 퇴학은 학생들에게 다른 사람을 괴롭히지 말라고 가르치는 전략은 아니다. 실제 관용불허 정책은 자신을 가르치도록 되어 있는 바로 그 기관에 의해 자신이 거부당했음을 그 학생들에게 알려 줄 뿐이다. 관용불허 정책은 실패한 정책이다(Skiba & Knesting, 2002). 이는 사회적 관계의 문제를 고치는 데 도움이 되지 않기에 괴롭힘은 계속되며 심지어 더 심각해진다.

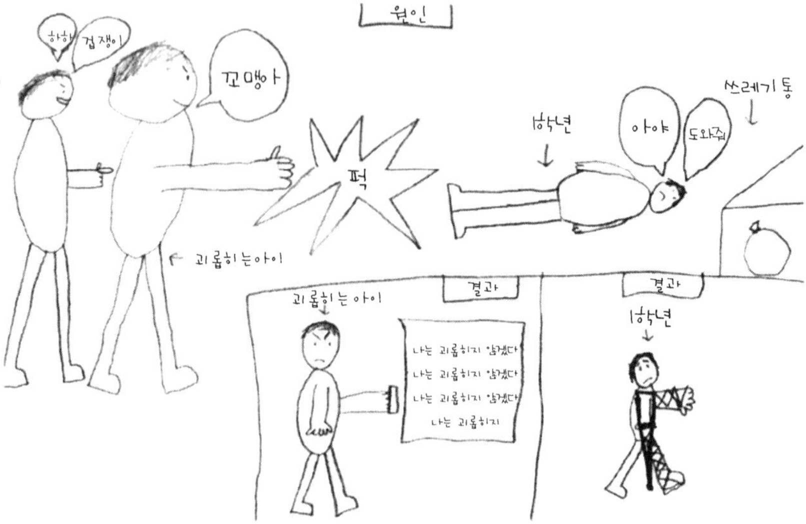

관용불허 정책이 괴롭힘 행동을 감소시키는 데 효과가 있다는 증거가 부족하기 때문에 우리는 오하이오 주 교육청의 정책과 같은 괴롭힘 금지 정책을 개발할 것을 옹호한다. 오하이오 주 교육청의 정책은 학생들에게 자신의 행동을 변화시킬 수 있는 방법에 대해 가르치는 개입 전략을 포함한다. 우리는 괴롭힘을 사회적 관계의 문제로 간주하며(제3장 참조) 학생들에게 건강한 사회적 관계를 발달시킬 방법을 가르치는 것에 초점을 둔 전략을 채택해야만 한다.

정책은 괴롭힘 행동을 줄이는 데 도움이 될까? 최근에 어느 학교행정관리자는 "정책은 행동을 변화시키지 않는다. 주(state)의 법령은 단지 학교들에게 더 많은 일을 줄 뿐이다."라고 단언하였다. 정책이 더 많은 추가적 업무를 만들어 낸다는 흔한 믿음에도 불구하고 우리는 (그리고 다른 사람들은) 정책이 변화를 촉진한다고 믿는다(Soutter &

McKenzie, 2000). 우리는 너무나 자주 괴롭힘 금지 정책이 없고, 따라서 괴롭힘을 당하는 사람들을 위한 보호를 의무화하고 그러한 변화를 촉진하기 위한 기제가 없는 학교에 자문을 제공해 왔다. 이 장에서는 정책 개발과 시행에 대해 논의할 것이다. 모든 학교가 괴롭힘 금지 정책을 개발하고 시행해야만 한다.

정책 개발

우리는 네브라스카 주의 괴롭힘 금지 법안(Nebraska Unicameral, 2008)의 과정을 한 예로 사용한다. 지난 3년간 네브라스카 주 의회의 몇몇 의원들은 괴롭힘 금지 법안을 제안해 왔고 매년 그 법안은 승인되지 못하였다. 그러나 2008년에 네브라스카 주 입법부는 괴롭힘 금지 법안을 통과시켰고, 2009년 1월경에는 네브라스카 주의 모든 학교구가 괴롭힘 금지 정책을 개발하고 시행해야만 하며 그 정책이 매년 평가받도록 의무화하였다. 그러나 앞에 제시된 어느 학교행정관리자의 말을 전체 믿음의 일부만을 반영하는 것으로 간주한다고 해도 이 법령이 과연 네브라스카 주의 모든 학교구에서 제대로 운영이 될까? 모든 학교와 지역사회는 그들의 학교구가 효과적인 괴롭힘 금지 정책을 개발하고 시행하는지 어떻게 확신할 수 있을까? 부모, 학교 이사회 그리고 학교행정관리자들은 괴롭힘 금지 정책을 개발하고 시행하는 데 지원을 제공하고 적극적인 노력을 해야 한다. 이 장에서 우리는 효과적인 정책 개발과 시행을 위한 단계들을 살펴본다.

1단계: 괴롭힘 행동을 정의하기

괴롭힘의 명확하고 적절한 정의는 대부분의 지역사회 괴롭힘 정책에 결정적인 요소가 된다. 괴롭힘 정책을 개발할 때 학교행정관리자들은 그들 주의 법규에 제시된 괴롭힘 정의를 사용해야 한다는 것이 일반적 규칙이다. 이는 혼동이나 주 법과의 불일치를 피하게 할 것이다. 법규의 정의가 불명확하거나 너무 제한적이라고 생각되는 경우 학교행정관리자는 그들 정책에 사용되는 괴롭힘의 정의를 명확히 하거나 확장하기 위해서 법적 도움을 받기를 원할 것이다. 예를 들어, 뉴저지 의회의원들은 희롱, 위협 또는 괴롭힘이 "인종, 피부색깔, 종교, 조상, 출신국가, 성, 성 지향성(sexual orientation), 성 정체성과 표현, 정신적, 신체적, 감각적 장애 같은 실제 또는 지각된 특성들에 의해서 또는 그 밖의 독특한 속성들에 의해 동기화된다."(New Jersey Statues Annotated, 2006)는 조항을 포함시켰다.

자신들이 만든 모델 정책에서 이러한 정의의 제한점을 인정한 뉴저지 주 교육청(2007)은 학교구가 법규에 명시된 요소들에 의해 동기화되지 않는 괴롭힘 행위도 고려해야 한다고 지적하였다. "괴롭힘의 어떤 행동들은 단순히 한 아이가 다른 아이에게 힘과 통제력을 발휘하는 것이다." (p. 4) 그들은 더 나아가 "만약 학교구가 법규에 명시된 요소에 의해 동기화되지 않는 괴롭힘 행위를 고려하기로 한다면 [이러한] 요소들의 확장이 판례법, 연방정부와 주정부의 법규, 규제 및 정책, 위원회에 의해 승인된 학교구의 정책 및 절차와 일치하는지 여부를 확실히 할 수 있어야만 한다."(p. 4)고 경고한다.

관련된 주 법이 없거나 법규가 괴롭힘을 정의하지 않는다면 지역

학교 임원들이 연구자와 실무자들에 의해 사용된 정의와 일치하고 (제5장 '정의' 에 대한 논의 참조) 괴롭힘의 외현적 형태뿐 아니라 간접적 형태도 포함하는(Limber & Small, 2003) 정의를 학교 정책에 포함하도록 권유해야 한다. 예를 들어, 캘리포니아 주 교육청의 예시 정책(날짜 미상)은 괴롭힘이 '때리기나 밀치기와 같은 직접적인 신체적 접촉, 놀리기나 욕설하기 같은 언어적 공격 그리고 사회적 고립과 교묘한 조정'을 포함한다고 언급한다.

괴롭힘은 희롱과 동일시되어서는 안 되며 괴롭힘이 피해자의 지각된 또는 실제 특성(성, 인종, 피부색깔, 출신국가나 장애, Limber & Small, 2003)에 의해 동기화되어야만 한다고 암시하는 언어도 사용해서는 안 된다. 지역 정책 입안자들은 그 정책이 미국 헌법 수정 제1조(First Amendment)에 의해 보호받는 학생의 표현권을 금지하려는 의도가 아님을 명확히 하고자 할 것이다. 워싱턴 주 학교안전센터(2002)의 예시 정책은 "표현이 교육환경을 실질적으로 붕괴시키지 않는다면 정책은 종교, 철학 또는 정치적 견해의 표현을 금지하려고 의도하지 않는다."고 명시한다. 메인 주 학교관리연합회의 예시 정책(날짜 미상)은 다음과 같이 명료화한다.

> 이 정책의 목적을 위해 괴롭힘은 단순한 놀림, 비하, '거친 말을 하는 것', 모욕을 주고받는 것 또는 친구들 간의 이와 유사한 상호작용을 의미하지 않으며, 생각이나 신념의 표현이 외설적이고 불경하며 학생의 학습 기회, 교수 프로그램 또는 학교의 기능을 방해하지 않는 한 그러한 표현을 포함하지 않는다(p. 2).

2단계: 가용한 모델 정책 참고하기

학교와 학교구의 괴롭힘 정책 수립을 안내하기 위해서 현재 미국 내 11개 주의 법령은 주 교육청이 모델이 되는 괴롭힘 금지 정책을 만들 것을 요구한다. 다음 부분에서 논의가 되겠지만 이러한 요구는 주 교육청이 학교와 학교구에 괴롭힘 금지 정책을 제공할 것이라거나 그러한 정책 자료가 지역사회 학교행정관리자들이 법규를 따르려 할 때 도움이 될 것을 반드시 보장하지는 않는다.

모델 정책

현재 11개 주에서만 주 교육청이 모델이 될 만한 괴롭힘 금지 정책의 수립을 공식적으로 요구하고 있긴 하지만, 많은 다른 주(또는 주 정부기관)들도 지역 행정관리자들을 안내하기 위하여 모델 정책이나 예시 정책을 만들어 사용해 오고 있다. 주 교육청 직원과의 대화뿐 아니라 웹사이트 검색을 통해서 16개의 그러한 정책들이 발견되었다(정책 리스트와 웹사이트 정보를 위해서는 〈표 4-1〉을 참조). 대략 반 정도는 '모델' 정책으로, 반 정도는 '예시' 정책으로 언급되고 있다. 이러한 용어들 간에 의미 있는 차이가 있는지는 불명확하다. 그러나 모델 정책이라는 용어의 사용은 지역사회 교육가들이 그 정책을 사용하도록 권고된다는 것을 강조한다.

모델 정책이나 예시 정책(이하 '모델/예시 정책')은 더 큰 모델 정책의 일부로 괴롭힘에 대해 매우 간략하게 진술하는 것부터(예, 미시간 주) 주제에 대해 깊이 있게 논의하는 것까지 다양하다. 예를 들어, 뉴저지 주 교육청(2007)은 11개의 법적 요구사항에 대해 상세한 정보를 제공하며, 각각에 대한 (적절하다면) 모델 언어를 제시하고, 각 요구사항에 대해 "학교구가 자신의 독특한 상황에 맞게 그리고 기존의 정책들과 일관성 있게 정책을 개발할 때 고려해야 하는 이슈들" (p. 2)을 지적한다.

다음으로 우리는 모델/예시 정책의 요소들을 요약하고 의견을 제시한다. 뉴저지 주의 접근과 마찬가지로 우리는 학교행정관리자들이 주법 그리고 가능하다면 모델/예시 정책과 부합하며 또한 괴롭힘과 지역 특유의 이슈와 문제점을 다루고 예방하는 '최상의 실무'에 대해 현재 알려진 지식을 잘 고려한 정책을 개발할 것을 권유한다. 이러한 이유로 우리는 행정관리자들이 어떤 모델/예시 정책을 문자 그대로 채택하는 것은 장려하지 않는다. 오히려 행정관리자, 교사, 교직원, 부모와 학생을 포함하는 모든 관계자들의 의견을 충분히 고려하는 대화를 통해서 지역 정책을 개발할 것을 권장한다. 기존의 모델/예시 정책의 언어는 이러한 논의를 위한 유용한 출발점이 될 것이다.

〈표 4-1〉 괴롭힘 금지 법안, 정책, 인터넷 출처

주	법령	교육청 모델/예시 정책	교육 이사회 정책	모델/예시 정책에 대한 인터넷 출처
앨라배마				
알라스카	√	√		www.eed.state.ak.us/tls/SchoolSafety/bullying.htm
아리조나	√			
아칸사	√	√		arkedu.state.ar.us/commemos/static/fy0203/attachments/Policy_Writing_Recs.doc
캘리포니아	√	√		www.cde.ca.gov/ls/ss/se/samplepolicy.asp
콜로라도	√	√		www.colorado.edu/cspv/safeschools/bullying/bullying_casbpolicy.html

코네티컷	√			
델라웨어	√			
컬럼비아 특별구				
플로리다				
조지아	√			
하와이				
아이다호	√		√	www.sde.idaho.gov/site/safe_drugfree/docs/HarrassmentFall2001.pdf
일리노이	√			
인디애나	√			
아이오와	√	√		www.iowa.gov/educate/content/view/942/1106
캔사스	√			
켄터키				
루이지애나	√			
메인	√		√	www.maine.gov/education/bullyingprevention/management.rtf
메릴랜드	√			
매사추세츠				www.mass.gov/Cago/docs/Community/SSI/Children_PolicyMASchoolDistricts.rtf
미시간		√	√	www.michigan.gov/documents/ModelCode_75513_7.pdf
미네소타	√			
미시시피				
미주리	√			
몬타나			√	
네스라스카			√	
네바다	√			
뉴햄프셔	√			
뉴저지	√	√		www.state.nj.us/njded/parents/bully.htm
뉴멕시코				

뉴욕	√			
노스 캐롤라이나			√	
노스다코타				
오하이오	√	√	√	www.ode.state.oh.us/GD/Templates/Pages/ODE/ODEDetail.aspx?Page=3 TopicRelationID=1287 Content=44259
오클라호마	√			
오레건	√			
펜실베니아				
로드 아일랜드	√	√		www.ride.ri.gov/psi/docs/child_family/substance/bullying%20guidance%20and%20modelpolicy%2011-21-03.pdf
사우스 캐롤라이나	√			ed.sc.gov/agency/offices/ssys/safe_schools/sdfsc/documents/ModelBullyingPolicy_.doc
사우스다코타				
테네시	√			
텍사스	√			
유타				
버몬트	√	√		www.state.vt.us/educ/new/pdfdoc/pgm_safeschools/pubs/bullying_prevention_04.pdf
버지니아	√	√		www.doe.virginia.gov/VDOE/Instruction/Sped/stu_conduct.pdf
워싱턴	√	√		www.k12.wa.us/SafetyCenter/pubdocs/ProhibitionofHarassementIntimidationandBullyingSampleProcedure3207P.doc
웨스트 버지니아	√	√	√	twvde.state.wv.us/policies/p4373.html
위스콘신				
와이오밍				

※ 이 웹사이트들은 2008년 7월 19일에 마지막으로 확인되었다. 주 교육청과 여러 집단들은 자주 웹사이트를 개정하기 때문에 이러한 인터넷 출처의 정확한 주소는 시간에 따라 변경될 수 있다.

학생에 대한 학교구의 의무조항 및 괴롭힘 금지 진술

대부분의 모델/예시 정책은 학교구가 학생들을 위해 안전한 학습환경을 제공해야 한다는 의무를 강조하는 첫 문장으로 시작한다. 이러한 문장 다음에는 보통 괴롭힘에 대한 명백한 금지와 괴롭힘을 다루려는 목적에 대한 진술문이 나온다. 예를 들어, 괴롭힘 금지 정책을 수립하는 것에 대한 권고에서 아칸사 주 교육청(날짜 미상)은 다음과 같이 언급한다.

> 학교구는 학생들 개개인을 위한 안전한 학습환경을 제공해야 하는 의무를 가지고 있다. 학생 성취는 정서적, 신체적 위협에 대한 공포가 없는 환경에서 가장 잘 달성될 수 있다……. 이러한 학교는 괴롭힘의 정의하에 분류되는 어떤 행동도 용인하지 않을 것이며 그러한 행동을 없애기 위해 필요한 모든 단계를 취할 것이다.

아이오와 주 정책은 다음과 같이 기술한다.

> 이사회는 모든 학생에게 안전하고 질서가 잡힌 학교환경을 제공하기 위해 헌신해야 하며 그러한 환경에서는 학교사회의 모든 구성원이 존엄과 존경으로 대해진다. 그러한 목적을 위해, 이사회는 괴롭힘과 희롱을 감소시키고 제거하기 위해 고안된 정책, 절차, 실무를 갖추어야 하며 괴롭힘과 희롱사건을 다루기 위한 처리과정과 절차에 대해서도 준비를 해 두어야 한다(Iowa Department of Education, 2007, p. 1).

많은 모델/예시 정책은 어디에 그 정책이 적용되는지에 대한 설명을 제공한다(캘리포니아, 콜로라도, 아이오와, 메인, 오하이오, 로드 아일랜드, 버몬트 등을 참조). 캘리포니아의 예시 정책은 실례가 된다.

> 이러한 정책은 학교구 내의 학생들에게, 학교 또는 학교가 지원하는 활동으로 가거나 다시 돌아오는 동안, 학교 캠퍼스 안이든 밖이든 간에, 점심시간 동안 그리고 학교가 지원하는 활동 중에 있는 학생들에게 적용된다(California Department of Education, 날짜 미상, p. 1).

몇몇 주(예, 아이오와, 메인)의 예시 정책은 학교구 내에서 벗어난 곳에 있거나 학교가 지원한 행사에 관련되지 않는 경우에도 그러한 정책이 적용될 수 있음을 명시하는데 괴롭힘 행동이 학업 프로그램, 학교의 관리, 학생의 복지를 실질적으로 손상시킬 경우에 그러하다. 로드 아일랜드 주의 정책은 괴롭힘을 시작한 학생들뿐만 아니라 그 외의 학생들에게도 괴롭힘 금지를 확장시킨 점에서 주목할 만하다. 주의 교육청 관리는 "괴롭힘 행위를 목격하고 그것을 격려한 학생들도 역시 괴롭힘에 관여한 것이다."라고 인정하고 있다(Rhode Island Department of Education, 날짜 미상, p. 1). 방관자(bystanders)가 괴롭힘 행동을 지지하는 데 기여하는 역할을 인지하기 때문에(Hanish, Kochenderfer-Ladd, Fabes, Martin, & Denning, 2004; Olweus et al., 1999; Pelligini, 2002a; Salmivalli et al., 1996) 우리는 학교행정관리자들이 그들 정책에 유사한 내용을 포함시킬 것을 권장한다.

우리는 또한 학교사회 내 성인에 의한 괴롭힘을 금지하는 내용을 포함할 것을 권장한다. 예를 들어, 아이오와 주의 예시 정책(Iowa Department of Education, 2007)은 "학생, 교직원 그리고 학생과 직접 접촉하는 자원봉사자들에 의해서 발생하는 학생들에 대한 괴롭힘과 희롱"을 명백하게 금지한다(p. 1). 매사추세츠 주의 예시 정책은 아마도 가장 진보적인데 "이 정책은 그 행위가 학교구 내 또는 학교와 관련된 활동에서 발생하는 경우 모든 학생, 학교 위원회 구성원, 교직원, 독립적인 계약자, 학교 자원봉사자, 부모, 학생의 법적 양육권자, 학교구 소속 학교 방문자에게 적용된다." (Mass. Gov., 날짜 미상, pp. 1–2) 이는 학교가 모든 괴롭힘 행동을 심각하게 받아들인다는 강력한 메시지를 학생과 성인 모두에게 전달할 수 있다.

괴롭힘에 대한 금지의 일부로 몇몇 모델/예시 정책은 괴롭힘이 야기할 수 있는 해로움을 효과적으로 강조한다. 아칸사 주 모델 정책은 "괴롭힘은 학교가 바탕을 두고 있는 근본적인 원리들을 약화시키는 파괴적인 행동"이라고 언급한다. 메인 주 학교관리연합회의 괴롭힘 예시 정책(날짜 미상)은 괴롭힘의 잠재적인 유해 효과를 가장 구체적으로 설명하는 것 같다.

> 괴롭힘은 학생의 학습과 성취를 저해한다. 그것은 학생을 교육시켜야 하는 학교의 사명을 방해하고 학교의 운영에 지장을 준다. 괴롭힘은 목표가 되는 학생들뿐만 아니라 그러한 행동에 참여하고 목격하는 학생들에게도 영향을 준다(p. 1).

3단계: 사건 보고를 명료하게 서술하기

알려진 괴롭힘이나 의심되는 괴롭힘의 보고는 괴롭힘을 다루려는 어떤 노력에서든지 중요한 요소다. 따라서 어떤 지역의 괴롭힘 정책에서든 명확한 보고 절차가 설명되어 있어야 한다. 현재 18개 주가 교직원이 (그리고 어떤 경우에는 학생들이) 괴롭힘 사건을 보고할 수 있도록 하는 절차를 요구하거나 권상한다. 이를 인식하기에 우리는 지역의 정책 입안자들이 만든 절차가 주 법(state law)과 일치될 수 있도록 그들이 주 법을 신중하게 검토할 것을 권고한다. 대부분의 주 모델/예시 정책은 학생과 교직원이 괴롭힘을 보고하는 것에 대한 지침을 제공한다. 뉴저지 주의 모델은 좋은 예시다.

> 모든 교직원은 이 정책의 위반이라고 의심되는 것을 교장 또는 교장 대리인에게 보고하도록 요구된다. 학생, 부모, 자원봉사자와 방문자를 포함한 학교사회의 모든 구성원은 이러한 정책의 위반일 수 있는 어떤 행위이든 보고할 것이 촉구된다(State of New Jersey, Department of Education, 2007, p. 10).

직접 목격한 괴롭힘뿐 아니라 의심이 가는 괴롭힘(또는 '추정된 위반[alleged violations]')의 보고를 격려하는 것이 중요하다. 보고 시에 사용하는 언어를 개발하면서 뉴저지 주 행정관리자들은 정책입안자들이 다음을 고려할 것을 촉구했다.

> 보고 절차의 목적은 추정된 위반을 보고할 수 있도록 격려하

> 는 것으로, 이는 보고 절차가 단순하고 위협적이지 않을 때 가능하다. 학교구는 보고를 촉진할 수 있도록 만드는 모든 기제를 고려해야만 하는데 그 예로는 웹기반 보고 방식을 사용하거나 다른 사람에게 보이지 않게 보고를 제출할 수 있는 학교 내 장소에 자물쇠가 채워진 상자를 비치하는 것이 있다(State of New Jersey, Department of Education, 2007, p. 10).

몇몇 주의 모델 정책은 학생에 의한 직접 보고 및 익명 보고 모두를 위한 시스템을 제공함으로써 그러한 우려를 고려한다(예, 뉴저지, 아이오와, 버몬트). 많은 모델 정책이 의심이 가는 괴롭힘을 보고하는 사람에 대한 처벌을 명백히 금하고 있으며(예, 아칸사, 캘리포니아, 아이오와, 메인, 뉴저지, 로드 아일랜드, 사우스 캘리포니아) 보고를 의도적으로 날조하는 사람은 징계처분을 받게 될 것임을 명시한다(예, 아칸사, 메인, 뉴저지, 로드 아일랜드, 사우스 캘리포니아, 워싱턴).

보고는 괴롭힘 금지 정책의 주요 요소다. 그러나 고소를 적절히 조사하고, 괴롭힌 아동들에게 합당한 결과를 받게 하며, 괴롭힘을 당한 아동에게 지지를 제공하지 않는다면 보고 그 자체만으로는 괴롭힘을 제대로 다룰 수 없을 것이다(Limber & Small, 2003). 조사, 징계처분, 괴롭힘을 당한 아동에 대한 개입과 관련된 모델 정책의 조항들은 다음에 다루어진다.

4단계: 수사와 징계처분을 명확히 하기

매사추세츠 주의 예시 정책(Mass Gov., 날짜 미상)에서는 비공식적,

공식적 소송 절차를 통해 불만을 해결하는 매우 자세한 과정을 기술한다. 다른 모델/예시 정책에는 보고서를 받아서 검사하는 교직원의 책임에 대해 간략하고 명확한 진술이 들어 있다. 예를 들어, Vermont 주의 정책(Vermont Department of Education, 날짜 미상)은 지정된 학교 관리가 다음을 하도록 요구한다.

> 익명의 보고서를 포함하여 괴롭힘에 대한 모든 보고서를 받아서 검토해야 한다. 만약 최초 조회 후에 익명의 보고나 구두 보고 결과 추가적인 수사가 필요한 것으로 판단된다면 학교구는 그러한 수사를 즉각 계속해야 한다(p. 2).

거의 모든 모델/예시 정책은 학교가 가해학생들에 대해 징계처분을 내릴 수 있으며 취해진 특정한 처분은 관여 학생과 상황의 성질에 달려 있음에 주목한다. 예를 들어, Maine 주의 예시 정책(Maine School Management Association, 날짜 미상)은 다음과 같이 명시한다.

> 가해행동에 관여한 학생들에 대한 적절한 반응을 결정할 때 학교행정관리자는 관여된 학생들의 연령과 성숙도, 행동 유형, 행동의 빈도와 패턴, 사건이 일어났던 맥락 그리고 다른 관련된 상황을 고려해야만 한다. 결과는 긍정적인 행동 개입부터 정학, 퇴학 또는 경찰에 보고하는 것까지 다양할 수 있다(p. 3).

5단계: 괴롭힘 피해자에 대한 지원을 포함하기

주의 모델/예시 정책에서는 괴롭힘의 피해자에게 지원을 제공하는 것에 대해 놀라울 정도로 거의 주의를 두고 있지 않다. 우리는 검토했던 정책의 극소수에서만 그러한 지지에 대한 언급을 발견하였다. 로드 아일랜드 주의 예시 정책(날짜 미상)은 다음과 같이 말한다.

> 만약 피해자의 정신건강이 위험에 처해 있다면 적절한 의뢰가 이루어져야 한다. 만약 괴롭힘이 폭력적 범죄행위를 포함했다면 피해자는 연방정부의 낙오학생방지법(No Child Left Behind: NCLB, 2001)에 의해 다른 학교로 전학갈 수 있는 권리를 가진다는 것을 전달받아야 한다(p. 6).

콜로라도 주 교육위원회연합회(Association of School Boards, Center for the Study and Prevention of Violence, 날짜 미상)의 예시 정책은 각 교육감이 괴롭힘을 다루는 종합적 프로그램을 개발할 것을 요구한다. 그 프로그램은 '개인상담과 또래상담을 제공하여 괴롭힘의 피해자들을 지원하는' 등 다양한 목적을 달성할 수 있도록 구성되어야만 한다.

연구자들이 지속적으로 괴롭힘의 부정적인 정서, 신체 그리고 학업적 결과에 대해 보고하기 때문에(Limber, 2006 참조) 지역 정책입안자들은 괴롭힘으로부터 발생할 수 있는 잠재적인 문제에 대해 괴롭힘 피해자들을 평가하고 필요하다면 지원과 의뢰를 제공할 수 있도록 교직원을 안내하는 내용을 그들의 지역 괴롭힘 정책에 포함시키도록 권장된다.

6단계: 훈련과 예방 절차를 포함하기

대부분의 주 모델/예시 정책은 훈련과 예방 전략의 필요성을 논하지만 그러한 정책들은 강조점과 구체성의 수준에서 차이가 있다. 캘리포니아 주의 예시 정책(날짜 미상)은 학교구가 "괴롭힘 예방에 대한 교직원 연수 훈련을 제공할 것이며 이는 안전하고 건강한 학습환경을 유지하기 위한 각 학교의 능력을 증가시킬 것이다."라고 단순히 언급하고 있을 뿐이다.

적어도 두 개의 모델/예시 정책(콜로라도와 뉴저지)은 괴롭힘 예방에 대한 종합적 접근을 요구하거나 권장한다. 예를 들어, 콜로라도 주 교육위원회연합회의 모델 정책은 다음과 같다.

> 교육감은 다양한 목적을 달성시킬 수 있도록 모든 학교 수준에서 종합적인 프로그램을 개발해야 하며 이러한 프로그램은 괴롭힘의 발생을 예방하기 위한 사전 단계를 취하도록 교직원과 학생을 훈련시키는 것, 괴롭힘이 없는 환경을 유지할 수 있도록 부모와 지역사회 구성원들의 생산적인 협력관계를 촉진하는 것, 또래 지지 네트워크를 개발하도록 돕는 것 그리고 학생들의 긍정적이고 지지적인 행동을 항상 서로 인정하고 칭찬하는 것을 포함한다.

이와 유사하게 뉴저지 주의 모델 정책(State of New Jersey, Department of Education, 2007)은 괴롭힘에 대한 개인과 '기관' 의 대처를 강조하는데 "기관의 대처는 학교와 지역사회 설문조사부터 포커스 그룹, 연구에 기초한 괴롭힘 예방 프로그램 모델의 채택, 훈련, 부모 및 기타 지역사회 구성원과 조직의 참여에 이르기까지 다양하다." (p. 11) 이 모델 정책의 해설에 따르면, 뉴저지 주 행정관리자들은 학교구가 "개인, 학급, 학교나 학교구 수준의 대처" (p. 12)를 포함하는 괴롭힘에 대한 다양한 대처방법을 확립할 것을 권장한다.

안타깝게도 어떤 예시/모델 정책에서는 괴롭힘을 예방하기 위한 노력에 대해 전혀 기술하고 있지 않다. 대부분의 경우에는 정책이 괴롭힘의 금지, 보고 절차와 처벌에만 주로 초점을 두기 때문에 예방적 노력은 거의 관심을 받지 못한다. 앞서 제시되었듯이 보고와 개별적 개입에만 전적으로 초점을 둔 학교 기반 노력들은 효과적이지 않을 가능성이 크다(Limber & Small, 2003 참조). 전국 괴롭힘 예방 캠페인의 일부로서 건강자원 및 서비스 행정부(Health Resources and Services Administration, 날짜 미상)는 학교에서 괴롭힘을 다루는 최상의 실무가 지닌 10개 요소를 강조한다([그림 4-1]에 제시된 이 리스트의 수정된 형태 참조). 그러한 요소는 학교 전체 환경의 사회적 규범을 변화시키기, 평가, 전체 교직원 훈련, 학교의 노력을 조정하기 위한 팀의 개발, 교직원과 학부모 참여, 괴롭힘에 관여하거나 지지하는 것에 대한 명확한 규칙과 결과, 성인의 감독 증가, 관여된 학생에 대한 지속적인 개별 개입, 괴롭힘과 또래관계에 초점을 맞춘 학급 시간, 지속적 노력을 포함한다(Health Resources and Services Administration, 날짜 미상). 우리는 많은 학교가 지닌 재정 문제를 잘 알고 있지만 그럼에도 불구하고 종합적 예방노력의 중요성을 명확히 인식하는, 연구에 기반한 지역 정책을 채택할 것을 강력히 권고한다. 또한 이러한 지역적 노력을 지속적으로 평가할 것을 촉구한다. 두 개의 예시 정책(아이오와와 메인)은 학교구에서의 예방, 개입, 훈련 노력에 대한 주기적 평가를 명시하며 지역 정책입안사들이 그들의 예를 따를 것을 권장한다.

학교 풍토 변화시키기

괴롭힘 가해/피해 평가하기

전체 교직원을 훈련시키기

괴롭힘 금지 자문팀을 만들기

교직원, 학부모, 학생들을 적극적으로 포함하기

명확한 규칙과 결과에 대해 알리기

성인의 감독을 증가시키기

일관된 개별 개입을 제공하기

사회정서학습에 초점을 맞춘 수업시간을 갖기

이러한 노력들을 해마다 계속하기

[그림 4-1] 학교를 위한 상위 10가지 정책 실무

출처: Susan M. Swearer, Dorothy L. Espelage, & Scott A. Napolitano (2009). Guilford Press에 저작권이 있으며 이 책의 구매자가 개인적인 용도로만 이 양식을 복사하여 사용하는 것을 허락함(상세한 내용은 저작권 페이지 참조).

정책 시행

학교구가 괴롭힘 금지 정책을 개발하도록 '강요' 하기 위해서는 여러 측면에서 주 정부의 명령은 필수적이다. 그러나 효과적인 정책의 실행은 어려울 수 있다. 80/20 원리(Koch, 1998)를 고려한다면, 즉 만약 특정 프로그램에 대해 수용적인 교사, 학부모, 행정관리자, 학생이 80%가 안 된다면 그 프로그램이 성공할 가능성은 경미하다. 따라서 학교는 괴롭힘 금지 정책과 절차에 대해 행정관리자와 교사의 강력한 지지를 받을 필요가 있다.

정책 시행의 첫 단계는 학교와 지역사회의 핵심 인물들을 포함한 괴롭힘 금지 대책위원회를 구성하는 것이다. 이상적인 대책위원회는 그 학교구의 괴롭힘 금지 정책을 개발했던 위원회에 속해 있는 구성원들을 포함시켜야 한다. 정책은 쉽게 이용 가능해야 하고 학교는 일반인들이 살펴볼 수 있도록 정책의 사본을 만들어 두어야 한다. 학교행정관리자와 교직원은 그들의 정책이 무엇을 이야기하고 있는지를 알 필요가 있다. 앞부분에서 언급했듯이, 교직원 연수 워크숍에 참가한 교직원의 50%는 그들 학교가 괴롭힘 금지 정책을 가지고 있는지를 전혀 알지 못하였다. 학교의 정책과 절차에 대한 검토를 포함한 교직원 연수 훈련은 매해 정기적으로 있어야만 한다. 괴롭힘 금지 정책의 핵심 요소는 모든 학급에서 채택되어야 하며 이러한 정책은 학급의 정책과 절차를 지원해야만 한다. 이상적으로 괴롭힘 금지 정책은 괴롭힘 행동에 대한 공통된 언어와 일련의 효과적 개입 절차를 제공해야만 하며 교직원, 학생 및 학부모에게 전달되어야 한다. 효과적인 정책 개발과 시행은 학교에서 괴롭힘 행동을 영구적으로 감소시키기 위한 기반을 다질 것이다.

결론 및 제언

우리는 모든 학교가 괴롭힘 금지 정책을 개발하고 채택하며 매해 모니터링해야 한다고 확고하게 믿고 있다. 안타깝게도 주정부나 연방정부 법으로 의무화되지 않으면 많은 학교구는 괴롭힘 금지 정책을 만들고 채택하거나 시행하지 않을 것이다. 우리는 역사적으로 인종차별, 희롱 그리고 무기 사용에 대해 주어진 관심이 이러한 이슈와 관련된 정책과 실무에 극적으로 영향을 주어 왔음에 주목한다. 우리의 관찰과 경험에 따르면, 동일한 경향이 괴롭힘에서도 일어날 수 있다. 따라서 괴롭힘이 다른 중요한 사회적 갈등과 마찬가지로 관심을 받게 되기를 바란다.

괴롭힘은 학교와 지역사회에서 유의미한 문제이지만, 관용불허 정책과 처벌 위주의 전략은 괴롭힘 행동을 감소시키는 데 효과적이지 않다는 사실 또한 논의하였다. 다음 장에서는 괴롭힘 가해/피해에 관련된 법적 이슈들을 논의할 것이다.

사례 연구:
케빈-나쁜 것은 듣지도 보지도 말하지도 말라

케빈은 부모님이 그를 치료에 데리고 왔을 때 매우 수줍어하였다. 처음 의뢰 문제는 불안 및 우울과 관련이 있었다. 사실 케빈은 우울과 사회적 불안으로 진단을 받았다. 그러나 치료를 계속해 나가면서 케빈이 괴롭힘 문제를 겪고 있었다는 것이 분명해 졌다.

케빈은 학교에서 집으로 걸어가고 있는 동안 다른 학생이 그를 때려눕히겠다고 위협했던 최근의 경험을 이야기했다. 이는 전에도 여러 번 일어났었지만 이번에는 다른 학생이 몇 블록을 지나오는 동안 그를 따라왔고 그를 향해 돌을 던졌다. 케빈은 다치지는 않았지만 상당한 위협을 느꼈다. 상황을 더 악화시킨 것은 이 학생이 케빈과 같은 반 학생이라는 사실이었다. 케빈은 집에 와서 어머니에게 무슨 일이 있었는지를 이야기했고 다음 날 학교 가는 것이 무섭다고 말했다.

케빈의 어머니는 그에게 모든 일이 괜찮아질 것이며 다음 날 교장과 말하겠다고 안심시켰다. 학교가 시작하기 전 케빈의 어머니는 교장과 만났다. 너무나 놀랍게도 교장은 그 사건이 학교 밖에서 일어났고 학교는 학교 내에서 일어난 사건들에만 반응할 수 있는 정책을 가지고 있으므로 학교가 할 수 있는 일은 아무것도 없다고 말했다. 케빈의 어머니는 혼란스럽고 화가 났다. 이 학생은 그날 케빈과 한 반에 있게 될 것이다. 그녀는 케빈이 그 학생과 같은 교실에 있어야 한다면 그 학생이 아들로부터 멀리 떨어져 있어야 하며 교사가 그 상황에 대해 알고 있어야만 한다고 주장하였다. 마지못해 교장이 동의했고 케빈은 교실에 돌아갈 수 있을 정도로 편안해졌다.

케빈의 사례에 대한 생각

이 사례는 부모가 자녀를 위해 옹호자로 행동해야 할 중요성을 강조한다. 모든 학교는 학생의 행동을 위한 정책을 가지고 있지만 모든 학부모가 그 정책을 알고 있지는 않다. 흔히 행정관리자는 개입하기를 주저하는데 특히 괴롭힘이 학교 밖에서 일어났을 경우에 그러하다. 그러나 교직원은 학교 건물 내에 있는 한 모든 학생들을 위해 안전한 환경을 만들어야 하는 의무가 있다. 학교 밖에서 일어나는 사건들도 학교에서 학생이 안전함을 느끼는 것과 관련이 있다.

후속 질문

1. 당신이 일하는 학교는 괴롭힘 금지 정책을 가지고 있는가? 당신은 그 정책이 무엇을 의무화하는지 알고 있는가?

2. 당신의 학교가 괴롭힘 금지 정책을 가지고 있다면 당신의 행동은 그 정책을 따르고 있는가? 학급 내에서 그 정책을 사용하고 있는가?

3. 당신 학교나 학급의 학생들은 괴롭힘 금지 정책이 무엇인지 알고 있는가? 학생의 행동에 개입하고 행동을 개선하기 위해 어떻게 그러한 정책을 효과적으로 사용할 수 있을까?

4. 학교 밖에서 괴롭힘을 당한 Kevin과 같은 많은 학생들은 그들을 괴롭히고 있는 학생들이 학교에 있기 때문에 학교에 가는 것이 무섭다고 말한다. 이는 학교행정관리자에게 어떤 딜레마를 제공하는가? 학생들에게는? 학부모에게는? 괴롭힘 금지 정책은 괴롭힘이 일어나는 장소에 대해서도 언급해야하는가? 만약 그렇다면 사이버 괴롭힘(cyber bullying)은 어떠한가?

05

교직원을 위한 법적 쟁점

Rebecca Alley, Susan P. Limber

미국 학생들 사이에서 일어나는 괴롭힘은 교실이라고는 하나뿐인 학교 건물에 학생들이 처음 모였을 때부터 있었던 일이며 많은 교육자, 부모 및 학생들은 오랜 시간 동안 이 문제를 놓고 분투해 왔다. 그러나 정책입안자들과 일반 대중이 괴롭힘에 대해서 관심을 갖게 된 것은 매우 최근의 현상이다. 콜럼바인 고등학교에서 있었던 비극적인 총격 사건 이후 몇 년 동안 괴롭힘 문제는 매스컴을 장식하게 되었다. 이 주제에 대한 연구도 급격히 증가하여 학교에서 사용할 수 있는 수많은 괴롭힘 프로그램과 참고자료들이 발행되어 왔다. 더구나 최근에 괴롭힘 관련 주 법령 제정이 확대되고 많은 소송판례들이 공공연히 가시화되면서 교육자들 사이에서 자신들의 학교에서 괴롭힘을 예방하고 다루는 가운데 그들의 법적 선택권과 책임은 무엇인지에 대하여 관심이 증가하게 되었다.

이 장에서는 미국에서 괴롭힘 관련 법령이 어떻게 발달되어 왔는지를 알아보고 현재의 법 조항들을 요약하고자 한다. 대부분의 주 법령은 괴롭힘에 대한 지역 학교구 차원의 정책 수립을 의무화하고 있기 때문에(그리고 다수의 주 교육청은 학교행정관리자들이 따라야 할 모델 정책을 제시하고 있기 때문에) 제4장에서 이미 설명한 이러한 정책들의 공통적 요소를 언급한다. 또한 주 법령뿐 아니라 연방법 하에서 학교, 학교구 및 개별 교직원을 대상으로 제기된 소송 등을 포함하여 괴롭힘과 관련된 최근 소송판례들을 검토할 것이다. 괴롭힘으로 인해 자살한 어린 소녀의 사례를 인용하고 왜 그녀의 부모는 소송을 선택하지 않았는지에 대해 탐색해 보면서 이 장을 마칠 것이다.

괴롭힘에 대한 주 법령

미국의 경우 학생들과 학교를 관할하는 연방법이 존재하기는 하지만 일상적인 공립학교 운영은 주로 주 수준이나 지역 수준에서 조절된다. 특히 주 의회는 학생, 교사 및 학교행정관리자들의 권리와 책임을 지정하는 막강한 권한을 가지고 있다. 주 의회는 또한 주 성문법을 통해서 괴롭힘을 포함하여 다양한 교육 문제에 대한 학교 및 학교구 정책을 위한 일반적인 지침을 제공한다.

10여 년 전까지만 하더라도 학교 괴롭힘을 다루는 주 법령은 미국 내에 존재하지 않았다. 1999년에 와서야 조지아 주 의회가 한 중학생의 죽음을 초래한 괴롭힘 사건이 주목받은 것에 자극을 받아 학교에서의 괴롭힘을 구체적으로 다루는 법령을 최초로 제정하기에 이르렀다. 다른 주 의회들도 곧이어 이러한 선례를 따르게 되었고 일부는 개별 주에서 발생한 유사한 폭력 사건이 계기가 되기도 하였다. 이들 사건 중 지금까지 가장 유명했던 사건은 1999년 4월 20일에 발생한 콜로라도 주 리틀톤 근처에 위치한 콜럼바인 고등학교에서의 총격 사건이다. 그날 아침, 두 명의 십대 소년이 그들의 학교에서 무자비한 총격을 가하여 12명의 학생과 1명의 교사를 사살하였고 24명의 다른 사람들에게 상해를 입히고는 자살하였다. 이 총격 사건 이후에 두 소년은 학교에서 괴롭힘을 당해 왔고 이러한 사실이 그들의 범행에 영향을 미쳤을 수 있다는 증거가 제시됨에 따라 학교에서 발생하는 괴롭힘의 문제가 중대한 국가적 이슈가 되었다. 이러한 괴롭힘의 위험성에 대한 새로운 국가적 인식은 콜로라도 주 의회뿐 아니라 다른 주 의회들 또한 자극하여 이후 7여 년 동안 괴롭힘 금지 법안을 통과시키는 계기가 되었다.

현재 33개 주가 괴롭힘 금지법을 실행하고 있으며 적어도 10개의 다른 주들은 유사한 법규를 통과시킬 것을 고려 중에 있다[1](괴롭힘을 금지하는 주 법령이 수립된 33개 주는 〈표 5-1〉과 같다). 이 법령들은 구체적인 면에서는 다소 차이가 있지만 주 혹은 지역 관리들이 각 주의 공립학교에 재학하는 학생들 간의 괴롭힘을 금지하는 정책의 수립을 의무화하고 있다. 33개 주 중에서 대다수는 학교구 수준에서의 괴롭힘 금지 정책을 의무화하고 있으며, 4개 주(캘리포니아, 인디애나, 메인, 버몬트)는 개별 학교가 괴롭힘 금지 정책을 수립하도록 의무화하고 있고, 그 외 나머지 두 주(메릴랜드, 네바다)는 괴롭힘 금지 정책 수립을 주 교육청에 의탁하고 있다. 각 주별 괴롭힘금지법에 대한 안내를 보려면 〈표 5-1〉을 참조하고 가장 최근의 정보를 보려면 각 주의 웹사이트를 확인해 보라.

각주

1) 2008년 7월 16일 현재 자료

〈표 5-1〉 주별 괴롭힘 금지법

주	괴롭힘 금지 정책의 입안 책임자	괴롭힘 정의	정책 필수요건 및 권장사항*	모범 정책 의무화
알래스카	학교구	√	• 교직원과 학생들의 보고 의무화 • 기록 과정 • 훈육 절차	√
아리조나	학교구		• 교직원의 보고 의무화 • 수사 의무화 • 기록 과정 • 훈육 절차	
아칸소	학교구		• 교직원의 보고 의무화 • 훈육 절차	
캘리포니아	학교			
콜로라도	학교구	√	• 기록 과정	
코넥티컷	학교구	√	• 교직원의 보고 의무화 • 수사 의무화 • 부모 통지 의무화 • 기록 과정 • 개입 절차	
델라웨어	학교구	√	• 교직원의 보고 의무화 • 수사 의무화 • 훈육 절차 • 부모 통지 의무화	
조지아	학교구	√	• 부모 통지 의무화 • 훈육 절차	
아이다호	학교구	√		
일리노이	학교구		• 부모 통지 의무화 • 개입 절차	
인디애나	학교	√	• 보고 의무화 • 수사 의무화 • 부모 참여 의무화 • 개입 절차	

아이오와	학교구	√	• 훈육 절차 • 보고 절차 • 수사 절차 • 기록 과정	
캔사스	학교구	√		
루지애나	학교구	√		
메인	학교			√
메릴랜드	주		• 보고 절차 • 기록 과정	
미네소타	학교구			
미주리	학교구	√	• 교직원의 보고 의무화 • 훈육 절차	
네바다	주		• 보고 의무화 • 기록 과정	
뉴 햄프셔	학교구		• 교직원의 보고 의무화 • 부모 통지 의무화 • 기록 과정	
뉴저지	학교구	√	• 보고 절차 • 교직원의 보고 의무화 • 부모 통지 의무화 • 기록 과정 • 수사 절차 • 훈육 절차	√
뉴욕	학교구			
오하이오	학교구	√	• 보고 절차 • 교직원의 보고 의무화 • 부모 통지 의무화 • 기록 과정 • 수사 절차 • 훈육 절차	√
오클라호마	학교구	√	• 훈육 절차	

오레곤	학교구	√	• (보고 절차) • (수사 절차) • (훈육 절차)	
로드 아일랜드	학교구	√	• 보고 조항	√
사우스 캐롤라이나	학교구	√	• 교직원 및 학생의 보고 의무화 • 수사 절차 • 훈육 절차	√
테네시	학교구	√	• (보고 절차) • (수사 절차) • (훈육 절차)	
텍사스	학교구	√		
버몬트	학교	√		√
버지니아	학교구			√
워싱턴	학교구	√		√
웨스트 버지니아	학교구	√	• 교직원의 보고 의무화 • 수사 절차 • 부모 통지 의무화 • 기록 과정 • 훈육 절차	√

* 권장 조항은 괄호 안에 제시되어 있음.

정 의

어떤 법규의 내용과 범위를 이해하기 위해서는 핵심 용어를 이해해야 한다. 따라서 괴롭힘 금지 법안의 경우 '괴롭힘' 용어의 정의는 괴롭힘 금지 법안을 진정으로 이해하고 또 적절히 적용하는 데 필수적이다. 괴롭힘 금지 법안을 가진 33개 주 중에서 22개의 주만이 괴롭힘을 명백히 정의하고 있다. 메릴랜드와 네바다는 '괴롭힘' 이라는 용어를 명시적으로 사용하지 않는 대신 학생 대 학생의 '희롱(harassment)' 을 금지하는 정책을 의무화하며 이 용어를 정의하고 있다. 나머지 9개 주(아리조나, 아칸소, 캘리포니아, 일리노이, 메인, 미네소타, 뉴 햄프셔, 뉴욕, 버지니아)는 괴롭힘 행동의 요소들을 정의하지 않은 채 괴롭힘 금지 정책을 의무화하고 있다. 따라서 이들 주에서는 지역 학교 및 학교구 행정관리자들이 어떤 행동이 괴롭힘 금지법에 포함될 것인지를 추측해야 한다.

연구자와 실무자들은 보통 괴롭힘을 의도적이고 반복적이며 권한 혹은 힘의 불균형을 포함하는 공격적 행동으로 정의한다(Nansel et al., 2001; Olweus, 1993a; Stop Bullying Now, 날짜 미상). 괴롭힘에 대한 22개 주의 정의를 보면 이러한 정의와 일치하는 정도나 각각의 정의가 서로 일치하는 정도가 매우 다양하다. 가령 14개의 주는 괴롭힘을 가해아동 쪽에서의 의도적인 행위에 국한시킨다. 예를 들면, 워싱턴 주의 정의를 보면 "학생에게 신체적인 상해를 입히거나 학생의 소유물을 손상시키는⋯⋯ 혹은⋯⋯ 학생의 교육을 실질적으로 간섭하거나⋯⋯혹은⋯⋯너무 심각하고 지속적이며 만연돼 있어서 위협적이고 위험한 교육환경을 만들거나⋯⋯혹은⋯⋯학교의 질서 있는 운영을 심각히 저해하는⋯⋯의도적인 언어적 혹은 신체적 행위" (Washington Revised Code, 2006)로 규정하고 있다. 2개의 주(코넥티컷, 버몬트)는 괴롭힘의 정의를 시간에 따라 반복되는 행위에 국한시키고 있으며 1개의 주(조지아)는 그 정의를 성질상 신체적인 행위에만 국한시키고 있다. 또한 6개의 주가 괴롭힘이 일어나는 위치를 명시하고 있다. 예를 들면, 콜로라도 주는 괴롭힘을 '학교 안, 학교 부지 위, 학교 차량 안, 학교버스 승강장 혹은 학교활동 혹은 인가받은 행사에서' 일어나는 행위들만을 포함하는 것으로 보고 있다(Colorado Revised Statutes, 2005).

아마도 가장 문제의 소지가 있는 법률적 정의는 11개의 주(알래스카, 아이오와, 루지애나, 뉴저지, 오하이오, 오클라호마, 오레건, 로드 아일랜드, 사우스 캐롤라이나, 워싱턴, 웨스트 버지니아)가 채택하고 있는 것인데 괴롭힘을 희롱 및 협박(intimidation)과 동의어로 정의하는 경우다. 예를 들면, 오클라호마의 괴롭힘 금지법은 괴롭힘을 다음과 같이 정의하고 있다(School Bullying Prevention Act, 2005).

> 학교 괴롭힘 예방법에서 사용되듯이 '희롱, 협박 및 괴롭힘'은 분별력 있는 사람이면 누구나 알 수 있게 다른 학생을 해치거나, 그의 소유물을 손상시키거나, 그로 하여금 상해나 소유물 손상에 대해 온당한 두려움을 갖게 하거나, 아니면 학교의 교육적 사명이나 어떤 학생의 교육이든 교육을 방해하거나 저해하는 방식으로 한 학생이나 일군의 학생들을 모욕하거나 품위를 떨어뜨리는 몸짓, 서면표현, 구두표현 혹은 신체적 행위를 의미한다.

이러한 정의와는 반대로 희롱은 보호대상자에 대한 차별적 행동을 포함한다(Limber & Small, 2003). 즉, 괴롭힘의 가해자는 피해자에게 어떤 이유에서든 혹은 아무런 이유 없이 공격적 행동을 할 수 있지만 희롱의 가해자는 피해자의 특징을 토대로 차별적 방식으로 행동한다.

학교 괴롭힘의 법적 금지는 비교적 새로운 것인 반면에 인종, 종교, 출신국가, 성 혹은 장애에 근거한 학생 희롱 금지는 미국 법안에 확고히 자리를 잡고 있다. 더욱이 괴롭힘 법안이 현재로서는 주 수준에서만 존재하는 새로운 움직임인 것과는 대조적으로 희롱에 대한 금지 조항은 주 및 연방 수준 모두에서 존재하고 있다. 연방법은 학교가 연방기금을 받기 위해서는 인종, 성 혹은 장애에 근거한 희롱 등과 같이 특정한 유형의 희롱 금지를 의무화하고 있다(예를 들면, 1964년에 제정된 공민권법(Civil Rights Act)의 제6장(Title VI)은 인종에 의한 차별을 금지하고 있고, 1972년에 제정된 교육개정법(Educational Amendment Act)의 제9장은 성에 의한 차별을 금지하고 있으며, 1973년에 제정된 재활법(Rehabilitation Act)의 제504절(Section 504)은 장애에 근거한 차별을 금하고 있다). 미국의 연방 대법원은 희롱 행동을 관장하는 연방법이 괴롭힘에는 적용되지 않음을 시사해 왔다(Davis V. Monroe County Board of Education, 1999 판례 참조). 판결문에서 법정은 다음과 같이 쓰고 있다. "학교에서 학생들은 자주 피해학생을 정서적으로 동요하게 만드는 모욕, 놀림, 조롱(teasing), 떠밀기, 밀치기, 성특정적 행동 등을 보일 수 있으나 학생들 사이에서 일어나는 조롱과 욕설 같은 단순한 행위에 대한 손해배상은 유효하지 않다."[2] 따라서 오클라호마 같은 주는 '괴롭힘, 희롱 및 협박' 에 대해서 동일한 정의를 제시함으로써 이들 용어들 간의 중요한 실제적 및 법적 차이를 혼동시키고 있다. 자신의 학교에서 발생하는 괴롭힘과 희롱에 대한 법적 책임을 피하고자 하는 학교행정관리자들에게 있어서 이러한 구분의 중요성에 대해서는 이 장의 '소송' 절에서 자세히 논의할 것이다.

각주

2) 물론 법정이 이러한 그리고 다른 괴롭힘 행동을 '단순한 행위' 로 서술한 것에 대해 항의할 수 있을 것이다.

정책 필수요건 및 권장사항

주 법령이 괴롭힘과 희롱에 대한 정의를 제시하는 것으로만 지역의 학교 관리들로 하여금 괴롭힘 금지 정책을 수립하도록 도운 것은 아니다. 가령 20개 주의 법령들은 훈육 및 보고 절차 등과 같은 구체적인 정책 필수요건을 명시하고 있어서 이러한 절차들이 괴롭힘 금지 정책에 포함되어야 한다. 그 외 다른 3개의 주(오레곤, 테네시, 워싱턴)는 구체적인 정책 권장사항을 제시하고 있어서 이들이 법에 의한 필수요건은 아니지만 개별 학교와 학교구에게 정책 수립을 위한 어느 정도의 지침을 제공하고 있다. 그러나 나머지 10개의 주(캘리포니아, 아이다호, 캔사스, 루이지애나, 메인, 미네소타, 뉴욕, 텍사스, 버몬트, 버지니아)에서는 주 법령이 학교나 학교구가 괴롭힘 금지 정책을 수립하는 것을 의무화하고는 있지만 이러한 정책을 위한 구체적인 필수요건이나 권장사항은 제시하고 있지 않다.

사건 보고

구체적인 정책 필수요건이나 권장사항을 제시하는 23개 주 중 18개 주는 괴롭힘 사건의 보고 절차를 의무화하거나 권장한다. 그러한 18개 중에서 10개 주(알래스카, 아리조나, 아칸소, 코넥티컷, 델라웨어, 미주리, 뉴 햄프셔, 오하이오, 사우스 캐롤라이나, 웨스트 버지니아)는 학교 혹은 학교구 교직원들의 괴롭힘 사건 보고를 의무화하거나 학교의 괴롭힘 정책에 그러한 보고 절차를 포함하도록 의무화하고 있다. 예를 들면, 알래스카는 "어떤 학생이 언어적, 신체적으로 희롱, 위협 혹은 괴롭힘을 당하는 것을 목격하거나 이러한 사실에 대한 신뢰할 만한 정보를 가지고 있는 교직원, 학생 혹은 자원봉사자는 그 사건을 적절한 학교 관리에게 보고할 것"(Alaska Session Laws, 2006)을 요구하고 있다. 이러한 주들 중에서 4개 주(알래스카, 아리조나, 코넥티컷, 사우스 캐롤라이나)는 유사한 방식으로 학생 보고 조항도 의무화하고 있다. 예를 들면, 아리조나의 경우 학교구의 괴롭힘 금지 정책은 학생이 학교 관리들에게 희롱, 위협 혹은 괴롭힘 사건들을 비밀보장하에서 보고하는 절차를 포함시켜야 할 것을 의무화하고 있다(Arizona Revised Statutes, 2005).

면책특권

흥미롭게도 18개 주는 괴롭힘 사건을 선의에서 보고한 교직원 및 다른 사람들에 대해서 면책특권을 부여할 목적으로 일종의 면제조항을 제시한다. 예를 들면, 웨스트 버지니아의 괴롭힘 금지법은 "교직원, 학생 혹은 자원봉사자가 ① 희롱, 협박 혹은 괴롭힘 사건을 선의에서 신속히 보고하고, ② 정책에 의해 지정된 적절한 학교 관리에게 보고하며, ③ 정책에 명시된 절차를 준수하여 보고한다면 그 사건을 보고함으로써 일어날 수 있는 손해배상 소송의 원인에서 개인적으로 면책된다."(West Virginia Code Annotated, 2006a)고 진술하고 있다. 이런 조항은 학교 혹은 학교구의 괴롭힘 금지 정책하에서 사건을 단순히 보고함으로써 교직원들이 괴롭힘 사건에 대한 그들의 민사적 책임을 피할 수 있는 것처럼 보이지만 사실 이것은 부정확한 가정이다. 주 법령의 면책조항은 주 법령에 따라서 교직원의 책임을 피할 수 있게는 하더라도 연방법에 따른 교직원의 책임에는 아무런 효과를 미치지 못한다. 더군다나 대부분의 주 헌법은 주 법령이 주 고용인들에게 부여하는 면책권의 정도를 제한하고 있다. 주 괴롭힘 금지법의 면책 조항이 하나 또는 그 이상의 주 헌법 조항과 상충되는 경우 그러한 법령은 실효성이 없다. 요컨대 학교 및 학교구의 교직원들은 일부 괴롭힘 금지 법령에서 제시하는 소위 면책특권이 결코 절대적인 것이 아니며 주법 및 연방법 모두의 제한을 받는다는 것을 인식해야 한다.

수 사

보고 필수요건에 추가하여 11개의 주(아리조나, 코넥티컷, 델라웨어, 인디애나, 아이오와, 뉴저지, 오하이오, 오레곤, 사우스 캘리포니아, 테네시, 웨스트 버지니아)는 괴롭힘 사건의 수사 조항을 의무화하거나 권장하고 있으며 11개의 주(알래스카, 아리조나, 콜로라도, 코넥티컷, 델라웨어, 아이오와, 메릴랜드, 네바다, 뉴 햄프셔, 오하이오, 웨스트 버지니아)는 괴롭힘 사건의 보고 및 문서화를 의무화하고 있다. 예를 들면, 코넥티컷의 경우 "각 학교는 학교 내에서 일어난 입증된 괴롭힘 행위의 수에 대한 정보를 유지하여 공적인 조사 목적으로 그러한 리스트를 검토할 수 있게 해야 한다."(Connecticut Public Acts, 2006) 추가적으로 16개 주는 괴롭힘 정책에 훈육 혹은 개입 절차에 관한 조항을 포함할 것을 의무화하거나 권장하고 있다. 예를 들면, 테네시는 "희롱, 협박 혹은 괴롭힘 행위를 하는 사람에 대한 결과 및 적절한 교정 조치에 대한 진술"을 포함시킬 것을 학교구에 권고하고 있다(Tennessee Code Annotated, 2005).

통 지

다른 정책 필수조건 및 권장사항들과 비교해 볼 때 비교적 적은 수의 주(7개 주)만이 학생이 괴롭힘 사건에 관여된 경우 부모에게 통지하도록 의무화하고 있다. 이들 7개 주 가운데 3개 주(뉴 햄프셔, 오하이오, 웨스트 버지니아)는 관여된 모든 아동의 부모에게 통지하도록 요구하고 있으며 뉴 햄프셔의 경우는 학교 교장이 모든 사건을 48시간 내에 부모에게 전화와 서면으로 통보할 것을 구체적으로 요구하고 있다. 코넥티컷과 델라웨어의 경우에도 비슷하게 가해학생 및 피해학생의 부모에게 통지할 것을 필수조건으로 하고 있으며 일리노이의 경우는 어떤 부모에게 통지해야 하는지 구체적인 언급 없이 부모통지를 의무화하고 있다. 마지막으로 조지아는 가해학생의 부모에게만 그리고 사건이 학교버스에서 발생한 경우에만 통지를 의무화하고 있다. 이러한 부모통지 필수요건과 관련하여 인디애나는 "학교 조직의 위원회가 채택한 훈육규칙은…… 괴롭힘을 금지하고…… 교육, 부모 참여, 보고, 수사 및 개입에 관한 조항을 포함할 것"을 의무화하고 있다. 따라서 인디애나의 법령에 따르면, 괴롭힘 정책이 여타의 조항은 물론이고 '부모 참여' 조항을 포함해야 한다고 규정하고 있지만 그 조항이 어떠해야 하는지에 대한 구체적인 사항은 제시하고 있지 않다.

괴롭힘 가해학생에 대한 훈육 절차

17개 주 법령이 또래를 괴롭히는 아동들에 대한 훈육의 중요성을 강조한다. 그러나 대부분 특정 훈육 조치를 처방하지는 않는다. 가령 뉴저지 법령에 따르면, 지역의 괴롭힘 정책은 "희롱, 협박 및 괴롭힘 행위를 하는 사람에 대한 결과와 적절한 교정 조치를 포함시켜야 한다."(New Jersey Statutes Annotated, 2006) 단연코 가장 처벌의 성격을 지닌 법령은 조지아 주의 것으로, 이 법령은 지역 학교 위원회로 하여금 "학생이 한 학년 동안 괴롭힘 관련 규칙을 세 번째 위반하였을 경우 즉시 그 학생을 다른 대안학교에 배치할 것"(Georgia Code Annotated, 2006)을 요구하고 있다.

훈련과 예방

앞에서 언급한 괴롭힘 금지 정책의 필수요건 및 권장사항 이외에도 15개 주는 괴롭힘 예방 및 관련 괴롭힘 금지 정책에 대해 교직원 훈련을 의무화하거나 그러한 훈련을 위한 지침을 제공한다. 이들 15개 주가 괴롭힘 훈련과 예방을 규정한 조항의 성질과 범위는 다양하다. 가령 미주리 주 법령은 단순히 "학교구 [괴롭힘 금지] 정책은 교직원 훈련을 학교구 정책의 필수요건으로 다루어야 한다."고 진술한다(Mo. SB 894, 2006). 이와 대조적으로 웨스트 버지니아 주 법령의 경우 "학교와 카운티 위원회가 교직원, 학생, 교사, 행정관리자, 자원봉사자, 법 집행 담당자 및 지역사회 성원을 포함하는 괴롭힘 예방 특별위원회, 프로그램 및 기타 대책안을 구성하는 것을 권장하지만 필수요건은 아니다."라고 진술함으로써 그러한 훈련을 의무화하기보다는 권장하고 있다(West Virginia Code Annotated, 2006b). 그러나 웨스트 버지니아 법령은 "희롱, 협박 혹은 괴롭힘을 금지하는 카운티 위원회의 정책에 대한 정보는 각 학교의 현재 교직원 훈련 프로그램에 포함될 것"을 지시하고 있다(West Virginia Code Annotated, 2006b). 부가적으로 일부 주는 훈련과 예방 목적의 기금을 별도로 할당한다. 예를 들면, 인디애나는 다른 것들 중 특히 '학교안전기금' 을 할당하여 "교직원에게…… 괴롭힘의 확인…… 예방…… 및 개입에 대하여 교육적 지원활동과 훈련을 제공한다." (Indiana Code Annotated, 2006)

모델 정책

개별 학교 및 학교구의 괴롭힘 금지 정책 수립을 안내하기 위해서 11개 주 법령은 현재 주 교육청이 모델 정책을 개발하도록 의무화하고 있다. 이러한 모델 정책은 제4장에서 자세히 다루었다.

소 송

괴롭힘에 대한 법적 관심이 주 법령에 따른 조치들에만 국한되어 온 것은 아니다. 최근에는 괴롭힘과 관련된 소송 사건의 수와 성공적인 소송 사건의 수가 증가한 것에 대한 많은 고찰이 있었다(예를 들면, Seper, 2005). 콜럼바인 고등학교의 총격 사건을 비롯한 다른 학교폭력 사건들에 대한 뉴스 보도가 괴롭힘에 대한 관심을 증가시켰지만 소송의 실질적인 증가와 그 추세는 몇 가지 이유에서 가늠하기가 쉽지 않다. 첫째로, 대부분은 아니겠지만 이러한 부류의 많은 소송 사건들은 법정 밖에서 해결된다. 즉, 그러한 소송 사건에 대한 법정 기록은 매우 드물며 전혀 포괄적이지 않다. 가령 합의계약서의 일부로 양측이 합의한 금액을 비밀에 부치기로 동의할 수 있다. 비록 그러한 비공개 동의가 많은 액수의 합의금이 이후에 다른 소송의 제기를 조장할까 두려워 하는 피고측 학교구에게는 매우 매력적인 방안이겠지만 소송 추세를 추적하는 데에는 어려움을 초래한다. 둘째, 학교폭력 사건과 관련되는 법정 소송을 계수하고 추적하는 전국 차원의 시스템이 존재하지 않는다. 즉, 지역 수준에서의 관리들이 그러한 소송의 증가를 보고할 수는 있겠지만 전국적 수준에서의 추세는 결정하기 어렵다. 셋째, 변호사 및 법률학자들이 의존하는 주요 법정 데이터베이스는 항소심에서 이루어진 법정 결정만을 포함하고 있다. 즉, 사실심 법정 수준에서 결정되고 항소심 법정에까지 가지 않은 판례들은 이러한 데이터베이스에는 포함되지 않는다. 따라서 이러한 데이터베이스는 '숨겨진' 판례들은 과잉대표하는 반면, 법정 바깥에서 해결되거나 항소심까지 가지 않은 '쉬운' 판례들은 과소대표하는 편향을 가질 수 있을 것으로 가정해 볼 수 있다.

이러한 문제를 감안하더라도 지난 몇 년에 걸쳐 일부 소송 사건에서 거론된 많은 양의 합의금과 재정액은 교직원 및 행정관리자들 편에서 괴롭힘 소송의 비용에 대한 우려를 제기하게 한다. 2004년 캔사스의 통가녹씨 학교구는 또래들로부터 동성애자로 인식되어 괴롭힘을 당하고는 학교를 자퇴한 한 고등학생이 제기한 소송에 대한 합의금으로 44만 달러를 지불했다(WIBW.com, 2005). 같은 해에 알래스카의 앵커리지 학교구와 학교에서 괴롭힘을 당한 후에 자살을 시도한 중학생 가족 간의 분쟁 해결을 위해 450만 달러에 합의하였다(Pesznecker, 2004). 2005년에는 뉴저지 항소 법정은 지각된 성적 성향에 기초하여 또래들로부터 언어 · 신체적으로 학대받은 한 고등학생에게 5만 달러를 지불하라는 배심원 재정액을 확정하였다(Mikle, 2005). 이러한 결과를 피하기 위해 학교 전문가들은 괴롭힘 사건과 연관되어 자신들을 상대로 제기될 수 있는 서로 다른 유형의 소송에 대해서 잘 인식하고 있어야 한다.

소송당사자(소송을 제기하는 사람으로 흔히 괴롭힘 피해자 혹은 피해자의 부모)는 연방 법정이나 주 법정에서 소송을 제기할 수 있다. 법정을 결정하는 문제는 소송당사자가 연방법에 따라 청구하느냐 아니면 청구가 주 법령에 국한되느냐에 의해 결정된다. 전자의 경우는 연방 법정에 소송을 제기할 수 있으며 후자의 경우는 주 법정에 제기해야 한다. 원고라고도 부르는 소송당사자는 몇 가지 법률적 청구를 하나의 소송에 포함시킬 수도 있다. 사실 그러한 복합적 청구는 학교 괴롭힘과 관련된 소송에서 매우 흔하다. 예를 들면, 한 메사추세츠 판례에서 괴롭힘 피해자와 그녀의 부모는 의도적인 정서적 고통 부과를 금지하는 메사추세츠 주 법령뿐 아니라 재활법, 공민권법 제9장 및 재활법 1983절에 따라 시, 학교구 및 괴롭힘 가해자들을 대상으로 소송을 제기하였다(Doe v. Town of Bourne, 2004). 또한 괴롭힘 사건에 기초하여 손해배상 소송을 제기하는 소송당사자는 괴롭힘 가해학생들과 그의 부모들뿐 아니라 학교, 학교구, 다양한 학교 관리들 및 학교구 고용인들을 포함하여 다수의 서로 다른 사람들을 대상으로 소송을 제기할 수 있으며 또 제기해 왔다(Ray v. Antioch Unified School District, 2000; Snelling v. Fall Mountain Regional School Distrcit, 2001; Theno v. Tonganoxie Unified School District No. 464, 2005).

연방법에 따른 배상청구

현재 괴롭힘 그 자체를 금지하는 연방법은 없지만 괴롭힘 피해자 및 그의 부모는 보호대상 집단의 성원들에 대한 희롱을 금지하는 다수의 연방법에 따라 손해배상을 청구할 수 있다. 가령 인종에 근거하여 학교에서 반복적으로 조롱을 당하거나 구타를 당한 학생은 자신이 괴롭힘을 당했다는 사실에 근거하여 연방법에 따라 소송은 제기할 수 없겠지만, 인종에 근거하여 희롱을 금하는 1964년에 제정된 공민권법의 제6장에 따라 특정한 조건이 된다면 손해배상을 청구할 수 있다. 학교 괴롭힘 사건에 근거한 소송 사례에서 가장 자주 영향을 미치는 연방법들은 성, 인종 혹은 장애에 따른 희롱이나 연방법상 보호된 학생의 권리 박탈과 관련된다. 이러한 법규들과 이들이 괴롭힘에 어떻게 관계되는지는 다음 부분에서 논의하고자 한다.

학교와 학교구를 상대로 한 배상청구

학교와 학교구를 상대로 한 배상청구는 성희롱과 성, 인종 및 장애에 따른 희롱에 근거한 것일 수 있다.

성희롱이나 성에 따른 희롱

성희롱 혹은 성차별에 근거한 배상청구는 흔히 1972년의 교육개정법 제9장에 기초를 둔다. 흔히 간단히 제9장이라고 부르는 이 연방법에 따르면, "미국의 어떤 사람도 성에 근거하여 연방정부의 재정적 지원을 받는 어떤 교육 프로그램이나 활동에 참여를 제한받거나, 그러한 프로그램의 혜택을 거부당하거나 혹은 차별을 받을 수 없다."(Education Amendment Acts of 1972, 2006) Davis v. Monroe County Board of Education의 중대 판례에서 미국의 연방 대법원은 제9장에 따라 학생 대 학생의 성희롱에 대해 어떤 상황에서는 학교와 학교구가 책임이 있다고 명확히 판결하였다. 구체적으로 법정은 "매우 심각하게 만연돼 있으며 객관적으로 매우 모욕적이어서 제9장이 보호하도록 되어 있는 교육평등권을 침해하는" 희롱에 대해서 학교나 학교구가 "고의적으로 무관심하게" 대처했다면 제9장에 따라 학교 혹은 학교구가 또래 성희롱 대해 책임이 있을 수 있다고 판결하였다.

이러한 판결은 후속되는 소송 사례에서 소송당사자가 넘어야 하는 몇 가지 장애물을 제시한다. 첫째, 피고측 학교 혹은 학교구가 "고의적으로 무관심하게" 대처했는지를 찾아내기 위해 법정은 피고가 희롱에 대해 실제로 알고 있었으며 취한 반응이 "알려진 상황에 비추어 볼 때 명백히 무분별했다."는 점을 발견해야 한다. 둘째, 희롱 그 자체가 특정한 수준으로 발생해야만 한다. 이 점에 대해 Davis 판례에서 법정은 다음과 같은 점을 지목하였다.

> 한 학생이 '조롱을 당했다' 혹은 '모욕적인 욕을 들었다'는 증거를 제시하는 것으로는 충분하지 않다. '다른 아이들이 뚱뚱하다고 놀리기 때문에 체육시간을 거부하는 비만아동' '네눈박이 라는 놀림을 피하기 위해서 안경 쓰기를 거부하는 학생' '학교에서 쉬는 시간에 괴롭힘 가해학생이 자신을 겁쟁이라고 불러서 등교를 거부하는 아동' 등에 비교하는 것은 부적절하며 오해를 불러일으킬 수 있다 [인용문헌 생략](Davis v. Monroe County Board of Education, 1999).

마지막으로 법정은 학생의 교육평등권에 미치는 영향은 '단순한 학업성적의 하락' 이상의 증거로 뒷받침되어야 한다는 점을 강조하였다.

또래 성희롱 판례에서 소송당사자가 넘어야 하는 높은 장애물을 세워 놓은 것 이외에도 Davis 판례의 판결은 제9장에 따른 배상청구가 제기될 수 있는 잠재적 피고인의 수를 분명히 제한하였다. 즉, 법정은 제9장에 따른 배상청구는 학교와 학교구 같은 연방기금의 수혜자를 대상으로 제기될 수 있지, 학교 교사나 행정관리자 등과 같은 개인을 상대로는 제기될 수 없다고 언명하였다. 실제적으로 이러한 제한은 많은 소송당사자에게 넘어야 할 또 하나의 높은 장애물이 된다. 즉, 소송당사자는 특정한 교사, 체육 코치, 교직원이 문제의 희롱에 대해 알고 있었다는 것을 보여 줄 수는 있지만 학교 혹은 학교구 수준에서 알고 있었다는 것을 보여 주기 위한 충분한 증거를 갖고 있지는 않을 것이다. 더욱이 학교나 학교구 내에서 괴롭힘에 대해 알고 있었다는 것은 누가(예, 교감, 교장, 교육감) 알고 있어야 하며 그러한 앎을 구성하는 것이 무엇인지에 대해서는 주마다, 심지어는 판사마다 다를 수 있다.

전반적으로 Davis 판례에서 내려진 결정은 연방법 수준에서 희롱을 이해하는 데 핵심적이다. 이는 이 판례가 또래 성희롱에 있어서 학교의 책임에 대한 표준을 제시할 뿐 아니라 법정이 종종 다른 유형의 또래 희롱(예를 들면, 인종, 성 혹은 장애에 근거한 또래 희롱)에 근거한 배상청구에 Davis 판례가 설정한 표준을 적용하기 때문이다. 가령 또래 성희롱 이외에도 또래 희롱의 희생자가 제9장에 호소할 수 있는 다른 두 맥락이 있다. 첫째, 여학생에게 남학생 혹은 여학생 또래가 성(gender)에 근거하여 성적이지 않은(nonsexual) 희롱을 가하는 경우다(예를 들면, 성에 근거한 욕설). 둘째, 남학생 혹은 여학생이 '성 고정관념과 들어맞지 않거나' (예를 들면, 여성적인 특성을 보이거나 전통적으로 여성적인 활동에 참여하는 남학생) 그들의 지각된 혹은 실제 성적 성향 때문에 희롱을 당하는 경우다. 많은 법정이 제9장을 후자 형태의 희롱을 금하는 것으로 해석하지는 않았으며 이러한 이유로 성적 성향에 근거한 희롱으로 인해 제기된 제9장 배상청구를 각하해 왔다. 그러나 법정이 이러한 유형의 청구를 고려하는 경우라면 전형적으로 Davis 판례의 표준을 적용한다.

인종적 희롱에 따른 배상청구

1964년 제정된 공민권법 제6장은 "미국의 누구도 인종, 피부색 혹은 출신국가에 근거하여 연방 지원금을 받는 프로그램 참여에서 제외되거나, 그러한 프로그램의 혜택을 거부당하거나, 차별을 받을 수 없다."고 규정하고 있다. 제6장에 따른 청구는 제9장에 따른 청구와는 다른 연방법에 근거하고 있지만, 법정은 흔히 피해학생의 인종이나 출신국가에 근거한 학생 대 학생의 희롱과 관련하여 학교나 학교구의 책임을 결정할 때 Davis 판례의 표준을 적용한다(Curley v. Hill, 2000 참조). 즉, 제6장에 따른 또래 간 인종적 희롱에 대해서 학교나 학교구로부터 손해배상금을 지급받기 위해서는, 소송당사자는 피고인의 학교나 학교구가 매우 심각하게 만연돼 있고 객관적으로도 모욕적인 희롱에 대해서 의도적인 무관심으로 대처함으로써 피해학생의 교육 기회를 박탈하였다는 점을 보여 주어야 한다.

장애인 희롱에 따른 배상청구

피해학생의 신체적 · 정신적 장애에 근거한 또래 희롱에 대한 배상청구에 몇 가지 연방법이 관련되어 있다. 이러한 연방법에는 1973년에 제정된 재활법 제504절 및 미국장애인법(Americans with Disability Act: ADA)의 제2장이 포함된다. 1973년에 제정된 재활법 제504절은 "자격을 갖춘 장애인은 오직 장애를 이유로 하여 연방 지원금을 받는 프로그램 참여에서 제외되거나, 그러한 프로그램의 혜택을 거부당하거나, 차별을 받을 수 없다."고 규정하고 있다. 비슷하게 미국장애인법 제2장은 "자격이 있지만 장애를 가진 개인이 그러한 장애를 이유로 하여 공공 단체의 서비스, 프로그램, 활동 참여에서 제외되거나 이들의 혜택을 거부당하거나 이러한 공공 단체에 의해 차별을 받지 않아야 한다."고 규정하고 있다. 이러한 조항들의 요구조항과 범위가 매우 유사한 관계로 법정은 종종 이러한 법령에 근거한 배상청구를 함께 고려한다(K. M. v. Hyde Park Central School District, 2005).

앞에서 언급한 대로 이러한 유형의 청구를 고려하는 법정은 종종 Davis의 판례에서 유추하여, 학교 혹은 학교구가 매우 심각하고 만연되어 있으며 객관적으로 모욕적이어서 피해학생이 교육 자료와 기회를 평등하게 누릴 수 있는 권한을 거부당한 희롱에 대하여 학교 혹은 학교구가 '의도적 무관심'으로 대처했을 때, 피해학생의 장애에 근거한 학생 대 학생의 희롱에 대해 학교 혹은 학교구의 책임이 있다고 판단한다(예, K. M. v. Hyde Park Central School District, 2005 참조). 성과 인종에 따른 희롱과 마찬가지로 이러한 표준을 만족시키기에 적합한 장애에 근거한 희롱 행동의 유형(예, 신체폭력, 욕설)은 법정에 따라 차이가 있다. 그러나 다른 유형의 또래 희롱 피해자들과는 달리 정신적 장애를 가진 피해아동의 경우는 좀 더 낮은 충족 요건을 가질 수 있다는 일부 증거가 있다. 구체적으로 발달장애를 지닌 피해아동이 관여된 일부 판례에서 법정은 언어적 조롱 혹은 사회적 따돌림 같은 비신체적 행위도 Davis 판례의 표준을 만족시킬 만큼 심각한 것으로 간주하려는 강한 의지를 표명해 왔다(예, K. M. v. Hyde Park Central School District, 2005 참조).

연방법은 분명히 소송당사자가 재활법과 ADA를 토대로 연방기금을 받는 학교 및 학교구를 상대로 배상청구를 제기할 수 있도록 허락하지만 개인적 책임의 문제는 현재로서 해결되어 있지 않다. 즉, 일부 사법권 내의 법정은 학교 교사, 교장 혹은 그 외의 다른 교직원 같은 개인이 재활법과 ADA에 따라 책임이 있을 수 있다고 판결해 온 반면, 많은 다른 사법권은 소송당사자로 하여금 개인 피고인을 대상으로 하는 그러한 배상청구 제기를 허용해 오지 않았다(Doe v. Town of Bourne, 2004 참조).

교직원 개인을 상대로 한 배상청구

공민권법 제1983절은 시민이 연방법에 따른 자신의 권리를 박탈한 학교 교사, 행정관리자 및 기타 학교구 고용인 같은 주 관리들을 상대로 손해배상 소송을 제기할 수 있게 하는 연방법이다. 앞에서 논의한 법령들과는 대조적으로 제1983절은 특별히 개인을 상대로 소송을 제기할 수 있게 허용하며 이러한 유형의 배상청구는 학교나 학교구 전체를 상대로는 제기될 수 없다. 이러한 연방법에 근거한 배상청구는 보통 간단하게 제1983절 배상청구라고 부른다. 여기에 관여된 연방법상의 권리는 다양하다. 괴롭힘 사건들과 관련된 소송에서 종종 문제가 되는 연방법상의 권리는 미국 헌법의 개정 제14조(Fourteenth Amendment)다.

개정 제14조의 두 조항이 이 점에 있어서 매우 중요하다. 첫째, 개정 제14조의 적법 절차(due process) 조항은 "주는……사람의 생명, 자유 혹은 소유를 법의 적법 절차 없이는 박탈할 수 없다."고 규정한다. 적법 절차 그 자체는 종종 두 구성요소, 곧 실체적 적법 절차와 절차적 적법 절차를 가지고 있는 것으로 본다. 전자가 괴롭힘 사건에 근거한 소송에 흔히 내포되는 요소다. 실체적 적법 절차는 개인의 보호된 권리를 침해하는 주 법안 및 기타 정부의 조치로부터 개인을 보호하며 주 관리가 개인의 양심에 충격을 줄 만한 매우 나쁜 행동을 할 때 위배된다(County of Sacramento v. Lewis, 1998). 이는 만족시키기 어려운 높은 표준이다. 태만하여 가해진 해는 결코 실체적 적법 절차를 위반할 수 없다(County of Sacramento v. Lewis, 1998). 사실 법정은 한 학생이 다른 학생, 즉 제삼자에 의해 해를 입는 것을 막지 못한 책임을 주 관리들에게 부과하기 위해 실체적 적법 절차를 따르는 것을 일반적으로 꺼려한다(DeShaney v. Winnebago County Department of Social Services, 1989). 법정이 한 개인이 제삼자에 의해 해를 입는 것을 막지 못한 것에 대한 책임을 기꺼이 주 관리에게 묻게 될 두 가지 상황이 있으며 이에 주목할 가치가 있다. 하나는 주정부가 보호관리를 맡고 있는 사람들이 관여된 사례이고, 다른 하나는 주정부가 창출한 위험이 관여된 사례들이다. 그러나 법정은 이러한 특수상황은 보통의 학교 맥락에서는 흔하지 않다는 것을 발견해 왔다. 심지어 일부 법정은 학교폭력의 맥락에서 또래 간의 희롱이나 공격행위에 대한 책임을 묻기 위해서 학교 관리 편에서의 '의도적 무관심'에 대한 증거를 요구하기도 하였다(Stevenson v. Martin County Board of Education, 2001 참조).

가끔 괴롭힘 사건에 관련된 소송에 영향을 끼치는 개정 제14조의 두 번째 조항은 동등보호 조항이다. 동등보호 조항에 따르면, "주는…… 그 사법권 내에 있는 사람이면 누구나 법에 의하여 동등하게 보호받을 권리를 거부할 수 없다." 공민권법 제1983절에 따른 동등보호 청구를 유지하기 위해 소송당사자들은 "피고인들이 주 법령하에서 행동할 때 확인가능한 집단의 성원들을 차별하였고 그러한 차별이 의도적이었다는 것"을 보여 주어야만 한다(Flores v. Morgan Hill Unified School District, 2003). 차별은 성, 인종, 종교, 성적 성향, 장애 등 확인가능한 집단특성에 근거한 것일 수 있다. 원고가 차별을 증명해 보이기 위해서는, 학교 관리가 다른 모든 학생들을 보호하기 위한 희롱 금지 정책을 실행하였지만 동성애자 학생들에 대한 희롱을 예방하기 위한 희롱 금지 정책은 실행하지 않은 경우와 같이, 피고인인 학교 관리가 원고를 유사한 처지에 있는 다른 개인들과는 다르게 취급했다는 증거를 제시해야 한다.

전반적으로 학교 괴롭힘 사건으로 초래되는 상해에 대하여 연방법정에 소송을 제기하는 소송당사자들은 수많은 높은 장애물을 넘어야 한다. 그럼에도 불구하고 일부 소송당사자들은 소송에 성공한다. 피해학생이 심한 손상을 입었고 학교 관리가 피해아동에 대한 가해학생의 괴롭힘 패턴에 대해 알고 있었지만 가해학생을 처벌하거나 이러한 사건을 예방하기 위해 아무런 조치를 취하지 않거나 조치를 거의 취하지 않은 경우에는 특히 그러하다. 그러나 많은 괴롭힘 피해학생들의 경우 그들이 연방법에서 요구하고 있는 보호받는 집단의 성원이 아니기 때문에 연방법에 따른 구제 방법은 존재하지 않는다. 따라서 이러한 피해학생들은 다음 절에서 논의하는 대로 주정부 법에 따라서 소송을 제기할 수 있다.

주정부 법에 따른 배상청구

학교에서 발생하는 괴롭힘 사건과 관련된 주정부 법 판례는 미국 연방법 판례와 대조적으로, 상당히 광범위한 주정부 법(사생활권법, 부주의로 인한 과실, 정서적 고통의 의도적 가해, 차별법, 다양한 교육조항 등)에 기초한다. 이러한 법령의 유효범위와 시행가능성은 법령의 정확한 표현과 법령에 대한 주 법원의 해석에 따라서 주마다 많이 다르다. 주정부 법에 따른 구제 방법은 연방정부 법에 따른 구제 방법만큼 소송당사자들에게 매력적이지 않을지라도 주정부 법에 따른 배상청구가 괴롭힘 피해자들(이들은 보호받는 집단의 구성원이 아니어서 연방정부의 희롱법에 의해 보호되지 않음)에게 유일한 선택일 수 있다. 괴롭힘 피해자들은 인종, 성별, 장애 같은 독특한 특징을 가지고 있기 때문이 아니라 단지 그 장소에 있었기 때문에 피해를 당한다는 연구결과에 비추어 볼 때, 연방정부 법에 존재하는 이러한 공백은 특히 주목할 만하다.

미국에서 주정부 법은 이러한 공백을 메우는 데 도움이 되며, 한 가지 방법은 주정부의 괴롭힘 금지법을 통하는 것이다. 앞에서 상세히 논했듯이 최근 미국의 여러 주정부가 괴롭힘 금지법을 마련하는 추세에 있고, 소송 당사자들이 이 법을 준수하지 않는 학교나 공무원을 상대로 배상청구를 할 수 있는지의 질문이 제기되었다. 현재 이 질문은 대체로 미해결로 남아 있다. 그러나 적어도 한 법정은 이 질문에 관심을 가졌다. 워싱턴 대 피어스(Washington v. Pierce) 판례

(2005)에서 미국의 버몬트 주 대법원은 자신의 학교가 버몬트 주의 괴롭힘 법조항(학교가 괴롭힘 금지 정책을 수립할 것을 요구하는 조항)을 위반했다고 주장하는 한 여학생의 배상청구를 검토했다. 비록 법정은 학교의 정책이 법의 요구조건을 충족시키지 못했다며 증거가 불충분하다는 판결을 내렸지만, 법정이 그러한 배상청구를 고려했다는 사실은 주정부의 괴롭힘 관련 법령에 기초한 배상청구를 허용할 의향이 있음을 시사한다. 여타의 주에서 이 판결을 따를지는 아직 확실하지 않다.

결론 및 제언

최근 괴롭힘과 이로 인해 초래될 수 있는 수많은 해악에 대한 관심이 고조되면서 괴롭힘에 대해 그리고 효과적인 예방 및 개입 접근(제2, 3, 6, 7장 참조)에 대해 가능한 한 많이 배우는 것이 교육자가 지켜야 할 의무가 되었다. 동시에 교육자들은 괴롭힘에 관한 주정부 법과 주정부 차원의 모델 및 정책에 대해 잘 알고 있어야 한다. 주정부 법이 요구하든 안 하든 우리는 지역 교육위원회나 기타 관련된 정책입안자들이 모든 학년을 위한 괴롭힘 정책을 개발할 것을 촉구한다. 이러한 지역 차원의 정책은 주정부 법 및 주정부 차원의 정책에 일치해야 하며 매년 시행되는 학교 전체의 종합적인 노력을 통해 괴롭힘이 가장 잘 다루어진다는 것을 보여 주는 현재의 연구결과를 반영한 것이어야 한다(Vreeman & Carroll, 2007). 지역 차원의 정책은 모든 관련 당사자들(교육자, 부모, 학생 포함)로부터 의견을 수렴하는 과정을 통해 개발되어야 하며 학교구에 있는 모든 괴롭힘 예방 노력에 대해 계속 평가를 실시하라는 조항을 포함해야 한다. 그러나 어떤 모범적인 정책을 있는 그대로 채택할 것을 권장하지는 않는다. 그런 정책이 정책입안자들에게는 유용한 지침을 제공할지 몰라도 지역 차원의 정책은 지역사회의 독특한 자산과 요구를 반영할 때 가장 효과적이기 때문이다. 괴롭힘 예방에 초점을 맞추는 올바른 정책을 개발하고 시행하는 일은 학교와 학교구에 대해 법적 소송이 제기될 확률을 감소시킬 것이다. 뿐만 아니라 가장 중요하게는 아동이 학교에서 괴롭힘을 당하고 그로 인해 고통을 겪을 가능성도 감소시킬 것이다.

사례 연구:
어머니가 보고한 제시의 사례

제시는 아버지를 매우 좋아하는데 그의 아버지는 명석한 과학자이며 내성적인 사람이다. 그녀의 어머니는 외향적이고 선물가게를 소유 · 운영하고 있으며, 여가시간에는 말을 훈련시키고, 자선활동을 한다. 어렸을 때 그녀는 에너지 넘치는 토끼, 매우 외향적인 아이, 삶을 사랑하는 아이, 사람을 매료시키는 조숙한 아이, 통찰력이 뛰어난 아이로 종종 불렸다. 아주 어린 나이에 그녀는 "영혼은 사라질 수 없다."라고 쓴 적도 있다.

매일 아침 제시의 부모는 그녀를 학교에 데려다 주고 하교 시에는 주로 어머니가 데려온다. 제시는 마치 삶의 흥분이 온 몸을 채운 것처럼 활기차게 뛰어다녔다. 그녀는 항상 함께 나눌 흥미진진한 이야깃거리를 많이 가지고 있었기에 어머니는 학교에서 그녀를 데려오는 일을 기대하며 기다렸다. 제시는 하루 일과에 대해 하나도 빠짐없이 활기차게 이야기했다.

초등학교 시절 어느 날 제시를 기다리고 있던 어머니는 항상 쾌활했던 그녀가 고개를 떨어뜨리고 생기를 잃었다는 것을 알아차렸다. 땅바닥을 보면서 터벅터벅 어머니를 향해 걸어온 그녀가 차 앞좌석에 타사 어머니는 안 좋은 일이라도 있었느냐고 물었다. 어머니가 알고 있던 행복하고 명랑 쾌활한 딸이 아니었기 때문에 매우 걱정스러웠다. 제시가 "선생님이 말씀하시길 우리는 무가치한 사람들이래요. 나는 쓸모가 없는 사람이고 아무도 나를 원하지 않는다고 말했어요. 선생님은 우리 가족을 싫어하고 우리 가족이 선생님의 삶을 지옥에 사는 것처럼 만들었다고 말했어요."라고 대답했다. 제시의 눈에는 눈물이 차오르기 시작했다. "선생님들이 거짓말을 하나요? 만일 나에게 나쁜 일이 생기면 선생님에게 와서 말하라고 말씀하셨어요. 그런데 만일 선생님이 나에게 소리를 지른다면 또 내가 말썽쟁이고 아무도 나를 좋아하지 않는다고 말하면 나는 어떻게 해야 하나요? 선생님은 내가 고자질쟁이라고 말했고 모든 사람들이 나를 비웃었어요." 그녀의 말을 들으면서 어머니는 너무나 화가 나서 집에 도착하자마자 친구에게 전화를 걸어 제시를 돌보아 달라고 부탁하고는 선생님에게 따져 묻기 위해 다시 학교로 갔다.

그날 오후 어머니는 교실에 들어갔고 서류를 살펴보고 있는 선생님을 발견했다. 선생님은 어머니를 보고는 놀랐다. 어머니는 선생님이 그녀에게 그런 말을 했는지 물었다. 선생님은 충격을 받은 듯 보였고 제시는 정말 훌륭한 학생이라고 대답했다. 선생님은 그런 말을 했다는 것을 부인하지 않았지만, 제시에게 그런 말을 한 적은 없다고 말했다. 운동장에서 사건이 발생했지만 제시나 그녀의 학급과 관련된 일은 아니었다고 말했다. 어머니는 딸이 예민한 아이라서 운동장에서 관찰한 사건을 자신의 일로 생각했다고 추측했다. 선생님은 제시가 기쁨을 주고 도움이 되는 학생이라고 덧붙여 말했다. 그녀는 선생님이 가르쳤던 어떤 학생보다도 성숙한 학생이라고도 말했다. 어머니는 딸에 대해 자부심을 느끼면서 그 자리를 떠났다.

그 다음에 발생한 일에 대하여 오늘까지도 어머니는 자신이 표현할 수 있는 그 어떤 것보다 더 큰 고통을 느끼고 있다. 어머니는 그런 치명적인 약속을 하지 않았다면, 그리고 이사를 했었다면 딸이 죽지 않았을 거라고 여긴다. 초등학교 시절 어느 날 어머니는 딸을 친구 집에서 데려왔고 그녀는 행복해보였다. 그녀는 양로원 노인들을 방문하기 위해 꽃을 가져가고 싶다고 말했다. 어머니는 일요일에 그렇게 하자고 대답했다. 방문 일정을 잡기 위해 제시는 근처에 있는 양로원에 전화를 걸었다. 그날 밤 제시와 어머니는 저녁 식사 후에 늘 하듯이 함께 독서를 했다. 다음 날 아침에 그녀는 평상시처럼 행복한 아이였고 학교에 간다는 것에 대해 매우 즐거워했다.

학교가 끝난 후에 어머니는 제시를 기다렸고 그날 생긴 일에 대해 그녀가 활기차게 이야기해 줄 것을 기대하고 있었다. 자동차로 뛰어오는 동안 그녀의 고개는 또다시 축 처져 있었다. "제시야, 무슨 일이 있는거니?" 어머니는 그녀의 목소리에서 뭔가 심상치 않음을 느꼈다. 그녀가 눈물을 흘리면서 대답했다. "말할 수 없어요." 어머니는 "엄마한테 말할 수 없다니 무슨 말이야?"라고 다그쳤다. 그녀는 "제발, 엄마, 제발이요! 내가 말하면 사태가 더 나빠질 거예요."라고 말했다. 이제 눈물은 그녀의 아름다운 갈색 눈을 채우고 뺨으로 흘러 넘쳤다. 어머니는 그녀에게 무슨 일인지 말하라고 간청했다. 그리고 선생님에게 가서 말하겠다고 했다. 제시는 소리를 치면서 그렇게 하지 말라고 애원했다. 아직 학교 앞에 주차된 차 안에서 두 사람 모두 눈물을 흘리고 있었고 마침내 그녀가 "엄마가 약속하면 엄마한테만 말할 수 있어요."라고 말했다. 어머니가 "뭐라고? 무슨 약속을? 왜?"라고 물었다. 제시는 "엄마, 지킬 수 없다면 절대로 약속하면 안 된다는 걸 기억하세요?"라고 물었고 어머니가 그렇다고 대답했다. 그러고 나서 그녀는 다음과 같이 말했다. "엄마, 만일 엄마가 선생님을 더 이상 찾아가지 않을 거라고 약속하면, 누구한테도 심지어 아빠한테도 말하지 않을 거라고 약속하면 말할 수 있어요. 엄마가 약속을 안 하면 나는 아무 말도 할 수 없어요." 어머니는 약속을 했고 지금은 그 약속을 하지 않았더라면 하는 후회를 하면서 여생을 살고 있다. 어머니는 딸의 자살이 자기 탓이라고 느끼고 있다.

그날 아침 제시가 학교에 간 후, 선생님은 교실 안에서 일어난 일을 부모에게 말하지 않도록 학생들을 가르치기 위해 제시의 예를 들었다. 제시가 '엄마에게 고자질하는 아이'의 예로 언급된 것이다. 이후 모든 아이들이 그녀를 놀려댔고 교실에서 일어난 언어적 괴롭힘에 관해 부모에게 말한다면 어떤 일이 닥칠 것인지를 알게 되었다. 그녀가 어머니에게 말했다. "모든 아이들이 나를 놀려댔어요. 그리고 쉬는 시간에는 모든 아이들이 나를 때렸어요." 어머니는 그녀의 부어오른 팔을 보았고 학교에 가서 선생님에게 따져 물으려 했다. 그녀는 울면서 애원했고 어머니가 학교에 가지 않을 거라고 약속하지 않았느냐고 말했다. 그녀는 어머니에게 상황을 더 나쁘게 만들지 말아 달라고 애원했다. 부모는 제시를 전학시키길 원했다. 그들은 심지어 교육감에게도 말했다. 슬프게도 제시의 말이 맞았다. 괴롭힘이 더욱 악화되었다. 그녀는 다양한 이유로 괴롭힘을 당했다. 그녀는 그 학교에 다니는 유일한 유태인 학생이었고, 그녀의 가족은 부유해 보였으며, 그녀는 괴롭힘을 당하는 다른 학생들을 보호해 주었고, 지역사회는 '이방인들' 을 경계했다. 지속적인 괴롭힘에도 불구하고 그녀는 학교를 떠나기를 원하지 않는다고 말했다. 계속되는 괴롭힘에 대해 아버지에게 말하지 말라고 애원했고 어머니는 이에 동의했다. 어머니는 남편에게 말하지 않았고 학교에도 가지 않았다. 괴롭힘은 더 심해졌고 초등학교 내내 그리고 중학교에서도 계속되었다. 어머니는 말하지 않겠다고 약속을 했었고 제시는 태권도 3단이었지만 자기방어를 전혀 하지 않았다.

"뭘 원하시는 겁니까?" 이것은 제시가 14세에 자살한 이후에 교육감이 그녀의 부모에게 한 질문이다. 초등학교와 고등학교의 교장과 상담교사들이 회의에 들어왔다. 그녀의 부모는 "우리가 진정으로 원하는 것은 우리 딸을 되찾는 거예요!"라고 소리치고 싶었다. 그러나 그들은 이 말을 하지 않았다. 그녀의 부모는 그렇게 큰 기적이 일어날 리가 없다는 것을 알고 있었으므로 행정관리자들이 실제로 해 줄 수 있는 작은 것을 요청했다. 제시의 부모는 변화를 원했다.

학교행정관리자들은 법적 소송을 두려워했고 제시의 부모는 소송을 제기하면 이길 수 있을 거라는 말도 들었다. 모든 사람들이 그것을 알고 있었다. 목격자들도 충분히 있었고 문서상의 증거도 충분했다. 제시의 부모는 심지어 좀 더 많은 증거를 확보하기 위해 컴퓨터 몇 대를 검토해 보라는 법원 명령을 받았다. 그러나 어떤 대응도 딸을 되찾게 해 주지 못할 것을 알고 있었다. 더욱 중요한 것은 제시가 그렇게 하기를 원하지 않을 거라고 느꼈다. 제시의 부모는 그녀가 용서와 무조건적인 사랑을 베푸는 아이라고 생각했다. 그는 절대로 비난을 하거나 가혹하며 모진 아이가 아니었던 것이다.

제시의 사례에 대한 생각

"우리가 원하는 건 변화입니다."라고 제시의 부모가 대답했다. 그들은 제시의 학교 그리고 모든 학교가 학생들이 배우러 가길 원하는 안전한 장소이기를 바랐다. 그녀는 항상 학교에 가기를 원했고, 사람을 좋아하는 외향적인 아이였으며, 모든 것에 대해 배우기를 좋아했다. 그녀는 교사가 조장하거나 시작하는 거짓말과 남의 험담을 좋아하지 않았다. 그녀는 교사가 학생에게 붙이는 꼬리표나 무시, 불의, 종교적으로나 사회경제적으로 노골적인 편애를 좋아하지 않았다. 제시가 살았던 작은 마을은 많은 측면에서, 특히 스포츠, 종교적 신념, 누가 누구와 관계를 이루고 있는지에 따라서 상대를 포함하거나 배척하는 대표적인 지역이었다. 이런 작은 마을의 배타적 기준에 따라서 그녀는 완전히 배척을 당했다. 그의 가족은 그 마을 출신이 아니었고, 이 작은 마을에 사는 많은 사람들은 왜 유태인 가족이 이런 농촌에 이사를 왔고, 딸이 죽은 후 지금까지도 왜 남아 있는지를 이해하지 못했다. 그러나 그녀의 가족은 변화가 생길 수 있다는 희망을 위해서 그리고 그녀의 가족이 그녀와 가졌었던 관계와 그녀가 살았었던 사회와 가졌던 관계를 위해서 그 마을에 남아 있다.

후속 질문

1. 제시의 경험에 대해 좀 더 상세히 알려면 www.advantagebio.com의 Her Stories에 있는 Omaha World-Herald의 기사를 읽으라. 어떤 상세한 내용이 당신의 눈에 띄는가? 변화를 일으키기 위해서 제시의 이야기를 어떻게 사용할 수 있는가?

2. 제시의 부모는 법적 소송이 변화를 가져오지 않을 것이라고 느꼈기 때문에 학교구를 고소하지 않기로 결정했다. 그렇다면 변화는 어떻게 일어나는가? 이 사례를 읽고 당신은 사람들이 서로를 다루는 방식을 법적 소송이 변화시킬 것이라고 생각하는가?

3. 우리가 반복해서 듣는 비슷한 주제는 수많은 작은 마을에서 차이에 대해 관용을 베풀지 않는다는 것이다. 종교적 성향, 성적 취향, 성별, 기타 특징과 무관하게 모든 아동과 가족을 포용하기 위해서 우리 가족과 학교는 무엇을 어떻게 할 수 있을 것인가? 관용을 가르치기 위해서 당신은 무엇을 하고 있는가?

4. 제시와 부모에 관한 이야기에서 주목하지 않을 수 없는 가장 중요한 부분에 대해 생각해 보라. 괴롭힘의 결과로 더 많은 생명을 잃지 않도록 당신은 제시가 남긴 교훈을 앞으로 어떻게 추진할 수 있는가?

06

괴롭힘과 싸우기 위해 자신의 자원 활용하기

우리 동료 중 한 사람이 어느 교감선생님으로부터 다음과 같은 말을 들은 적이 있다. "우리는 당신들이 만든 괴롭힘 금지 프로그램을 정말 좋아합니다!" 우리의 동료는 "잘됐네요. 그런데 그게 어떻게 효과가 있었나요?"라고 물었다. 그러자 교감선생님은 "글쎄요. 저는 잘 모르겠어요. 그게 여전히 내 사무실 박스 안에 있거든요."라고 대답했다. 이 일화는 효과적인 괴롭힘 예방과 개입이란 프로그램 구입에 관한 것이 아님을 일깨운다. 효과적인 괴롭힘 예방과 개입은 사회적 관계를 건강하고 역기능적이지 않게 변화시키는 일에 관한 것이다. 학생들이 건강한 사회적 관계를 발달시키도록 우리가 모델링하고 도와준다면 당연히 괴롭힘 행동이 발생할 수 없을 것이다. '괴롭힘 행동을 일으키는 조건은 무엇인가?' 라는 질문을 던지는 것에 더하여 '중요한 것은 사람이지 프로그램이 아니라고' 우리는 믿는다. 사람들은 건강한 사회적 관계를 형성해야 하고, 학교에 있는 성인들은 어떻게 서로를 존중하고 서로에게 친절하며 서로를 돕는지에 대해 학생들에게 가르쳐야 한다.

이 장은 교직원들이 교직원과 학생들 사이에 조성되는 사회적 풍토를 분석하고 사회적 관계를 향상시키기 위해 수집한 자료를 활용하는 방법을 이해할 수 있도록 돕는 데 초점을 둔다. 자료-기반의 의사결정 모델(data-based decision-making model)을 소개하고, 그 다음에는 괴롭힘 행동을 예방하고 감소시키기 위해 사회적 풍토를 평가하며, 가정-학교의 관계와 학교-지역사회의 관계를 강화하는 활동에 초점을 맞춘다. 우리는 어느 초등학교가 '괴롭힘 문학 프로젝트(Bullying Literature Project)' 라고 불리는 3학년 국어 단원에 괴롭힘에 대한 인식의 증대와 예방 활동을 어떻게 융합시켰는지의 예를 보여줄 것이다. 비싼 프로그램을 구입하거나 비싼 자문가를 고용하지 않고도 학교와 교직원들이 괴롭힘을 예방하고 개입할 수 있는 창의적인 방법이 있다. 우리는 너무나 자주 다음과 같은 말을 듣는다. "우리는 X 프로그램 또는 Y 프로그램을 구입할 여유가 없어요. 그래서 괴롭힘을 어떻게 다루어야 할지 모르겠어요." 이에 대한 대답으로 우리는 다음을 강력하게 주장한다. 건강한 사회적 관계를 모델링하고 촉진하며 괴롭힘 행동이 발생할 수 없는 조건을 조성하는 데는 비용이 들지 않는다.

자료-기반의 의사결정

이전에 저자들은 괴롭힘 예방과 개입 프로그램의 설계를 위한 자료-기반의 의사결정 지침에 관해 저술한 바 있다(〈표 6-1〉 참조, Swearer & Espelage, 2004). 학교에서도 괴롭힘 예방과 개입에 대한 자료-기반의 접근을 택하는 시대가 도래했다. 시중에 나와 있는 폭력 예방 및 학교 기반 프로그램 300여 개 중 1/4 미만이 경험적으로 타당화되어 있다는 결과(Howard, Flora, & Griffin, 1999)는 우리가 제대로

〈표 6-1〉 괴롭힘 예방과 개입의 전략에 대한 자료-기반의 의사결정 지침

1. 괴롭힘 행동을 평가하기 위하여 대학 연구자들과 협력하기
2. 학교 전체를 대상으로 괴롭힘 행동에 관한 익명의 평가를 실시하기
3. 학생, 교사, 교직원, 부모로부터 다양한 견해를 듣기 위해 모든 평가에서 다수의 정보제공자를 활용하기
4. 가능하다면 자기보고, 또래보고, 교사보고, 관찰을 활용하기
5. 특정 학교나 교실에서 발생하는 괴롭힘 행동의 범위에 대한 실태를 파악하기 위해 자료를 그래프로 작성하기
6. 괴롭힘에 관한 학급 발표를 위해 자료를 활용하기
7. 괴롭힘 개입을 개발하기 위해 자료를 활용하기
8. 괴롭힘 금지의 풍토를 조성하는 예방조치를 수립하기 위해 자료를 활용하기
9. 부모집단(예, 사친회)과 자료를 공유하기
10. 예방 및 개입 전략을 제안하기 위해 개별 학교나 개별 학급의 자료를 사용하여 자료-기반의 의사결정 풍토를 조성하기

출처: Swearer와 Espelage(2004)를 개작했음. Copyright 2004 by Lawrence Erlbaum Associates. Taylor & Francis Group, LLC, Informa plc.의 허가를 받아 개작했음.

하고 있지 못함을 암시한다. 오랫동안 부모, 교육자, 연구자들은 괴롭힘 예방과 개입 노력에 대한 의사결정을 하기 위해 스스로 자료를 수집하고 사용해 왔다. 우리는 실무에 도움이 되도록 그리고 궁극적으로 학교와 지역사회에서 괴롭힘을 감소 또는 근절시키도록 부모, 교육자, 연구자들이 자료를 활용하는 방법을 생각하는 데 이 장이 도움이 되기를 희망한다.

〈표 6-1〉에 있는 지침은 교직원들이 괴롭힘에 관한 자료를 수집하고 의사결정을 위해 자료를 사용하는 방법에 대해 생각해 보도록

돕기 위한 것이다. 우리가 공유하는 한 사례는 교직원들이 매년 봄에 자료를 수집하는 어느 중학교에 관한 것이다. 학교행정실, 교직원, 부모, 학생들은 모두 매년 봄에 실시되는 자료수집에 참여하며 괴롭힘 예방과 개입에 관한 의사결정을 위해 이 자료를 사용했다(제9장에서 상술함). 일 년간 학생들은 복도에서 보내는 시간의 30% 동안 괴롭힘이 발생했다고 보고했고, 그 다음 해에 이 숫자는 70%로 증가하였다. 어떻게 2년 사이에 괴롭힘이 이렇게 크게 증가했는지를 설명할 수 있겠는가? 2년 사이에 학교행정실은 쉬는 시간 1분을 추가했었는데, 이 자료를 검토한 후에 쉬는 시간 1분을 다시 빼기로 결정하였다. 그 다음 해 복도에서 발생하는 괴롭힘이 감소하였다. 1분이 추가되면서 학생들은 아무 할 일이 없어졌고 복도에서 다른 학생들을 괴롭혔던 것이다. 1분을 줄였을 때 괴롭힘의 발생을 허용했던 조건(즉, 너무 많은 시간)이 제거되었다. 이것은 자료-기반의 의사결정과 비용이 들지 않는 개입의 훌륭한 예다. 우리는 괴롭힘이 발생할 수 있는 조건을 변경하기 위하여 학교와 지역사회가 기존의 자원을 활용할 것을 강력히 지지한다. 다음에서는 모든 사람이 지역사회와 학교에서 실행할 수 있는 자료-기반의 의사소통 풍토를 조성하는 구체적인 단계를 개관하고자 한다.

1단계: 자료의 수집

누구라도 자료를 수집할 수 있다. 우선 학교에서 괴롭힘 행동에 대한 종합적인 조사를 실시할 것을 제안한다. 괴롭힘 조사지는 시중에 많이 나와 있지만 조사지를 기술하는 것은 이 책의 범위를 넘어선다. 보통 각 학교와 지역사회는 조사지로는 알 수 없는 독특한 특징을 가지고 있다. (만일 당신의 학교에 괴롭힘 금지 위원회가 아직 없다면) 괴롭힘 금지 위원회를 결성하고 위원회가 여러 종류의 샘플 조사지를 입수하여 학교의 풍토와 요구에 가장 잘 맞는 조사지를 선택하게 하라.

학교행정실, 교사, 부모, 학생들로 구성된 괴롭힘 금지 위원회의 결성은 절대적으로 필요하다. 위원회를 설립함으로써 학교와 지역사회가 괴롭힘 금지에 전념하기를 최우선 순위로 두고 있음을 많은 사람들에게 알릴 수도 있다. 슬프게도 일부 학교와 지역사회에서는 괴롭힘에 대해 무엇인가를 시도하려고 노력하는 사람을 '과민하며' '있지도 않은' 문제에 집착하는 사람으로 간주한다. 우리는 교장, 학교위원회, 교육부가 괴롭힘 금지를 위해 제공하는 지원이 괴롭힘 행동의 효과적 감소에 결정적 변인이라고 굳게 믿는다.

학교풍토(또는 사회적 풍토)의 평가

'학교풍토' 개념의 구성요소에 대한 연구가 폭넓게 이루어져 왔다(Kasen et al., 2004). 건강한 학교풍토에 기여하는 변인은 학교에서 괴롭힘 문제를 예방하는 데 매우 중요하다. 우리는 긍정적인 학교풍토가 안전하고 건강한 학교를 만드는 데 절대적으로 필요하다는 것을 잘 알고 있다(Sprague & Walker, 2005). 학교풍토를 평가하기 위해 사용할 수 있는 학교풍토 조사지들도 있지만 건강한 학교풍토를 촉진하거나 훼손하는 일반적 관행도 있다. 다음의 예를 생각해 보라. 어느 중학교에서 애교심 고취 활동의 일환으로 학생과 교직원들이 '오늘 우리는 하나' 를 공표하였다. 그날 학생들은 친구들과 같은 옷을 입기로 결정했다. 표면적으로 이런 활동이 재미있는 아이디어 같지만 실제로는 관계적 공격의 무대가 되었다. 멋진 아이들만 그날에 특정 서츠를 입는다면 어떤 일이 벌어질까? 만일 한 학생이 어떤 학생에게 똑같은 옷을 입을 것이라고 말해 놓고는 그렇게 하지 않는다면 어떤 일이 벌어질까? 학교가 우연히 괴롭힘 행동을 부추길 조건을 조성할지도 모른다. 학교에 있는 성인들은 이런 활동이 실제로 괴롭힘 행동의 발생을 조장하는 무대가 되지 않도록 학교의 정책과 관행을 가능한 한 많이 검토해야 한다.

또한 익명으로 자료를 수집하는 것이 중요하다. 우리는 전교생의 이름을 목록으로 작성하고, 학생들에게 또래 중에서 '괴롭힘 가해학생' 이나 '피해학생' 을 확인하게 하는 것이 좋은 방법인지 아닌지에 대한 문의를 자주 받는다. 이건 절대로 좋은 방법이 아니다. 학생들에게 괴롭힘 가해학생과 피해학생의 이름을 찾아내게 하는 관행은 괴롭힘 가해와 피해가 사실상 이자간(dyadic, 二者間) 문제가 아님에도 불구하고 이자간 문제라는 신화를 더욱 지속시키는 데 기여한다(Espelage & Swearer, 2003). 이런 식의 방법은 가해학생을 비난하고 피해학생을 수치스럽게 여기는 생각을 영속시킨다. 또한 실제로 이런 유형의 조사는 학생들로 하여금 또래의 부정적인 속성들에만 초점을 맞추게 하여 학교풍토를 훼손하고 심지어는 또래를 잘못 비난함으로써 위험한 처지에 빠뜨릴 수도 있다. 반면 괴롭힘이 발생하는 장소, 학생들이 경험하는 괴롭힘의 유형, 괴롭힘 행동에 관한 상세한 사항에 대해 학생들에게 묻는 익명의 조사는 특정 학교에서 발생하는 괴롭힘의 특징에 관한 인식을 높이는 데 기여한다. 이러한 정보를 갖춘 교직원과 학생들은 괴롭힘을 감소시키는 조건을 조성하기 위해 협력할 수 있다(예를 찾으려면 제9장을 참조할 것).

2단계: 괴롭힘 행동에 대한 인식의 증가

괴롭힘에 대한 연구 관심이 증가함에 따라서 괴롭힘을 다룬 아동용 서적도 마찬가지로 많이 출판되었다. 학생들에게 괴롭힘의 결과에 대한 인식을 고취시키는 손쉬운 방법이라는 점을 고려한다면, 이는 도서관과 미디어센터에서 괴롭힘을 주제로 하는 서적을 주문할 더 없이 좋은 기회라고 할 수 있다. 문제에 대한 인식을 증가시키고 문제의 해결을 돕기 위해 문헌을 활용하는 것을 독서치료라고 한다. 독서치료는 괴롭힘 가해나 피해의 문제를 경험하는 학생들과 작업하기에 훌륭한 도구다(Gregory & Vessey, 2004).

괴롭힘 가해행동이나 피해 경험을 다룬 독서치료용 서적을 평가하기 위해 우리는 3학년 학생들 그리고 교사들과 팀을 이루어 작업했다. 괴롭힘에 관한 여러 권의 아동용 서적에 대한 초등학생의 평정과 교사의 평정에 주목하였다('괴롭힘 문학 프로젝트' Bullying Literature Project). 이 프로젝트에서 우리는 3학년 담당교사 6명과 3학년 학생 102명으로 구성된 집단과 함께 작업했다. 2006년 가을, 미국 네브라스카 주 링컨에 있는 맥시 초등학교 3학년 학생들이 이 프로젝트에 참여하였다. 초등학생 독자를 대상으로 한 괴롭힘 관련 서적이 선정되었다(이러한 서적은 〈표 6-2〉에 열거하였음). 학생과 교사들이 서적을 읽고 평정한 결과는 〈표 6-3〉, 〈표 6-4〉와 같다. 교사용 평정척도와 학생용 평정척도는 이 장의 말미에 〈자료 6-1〉과 〈자료 6-2〉로 제시하였으며 복사하여 사용할 수 있게 했다. 괴롭힘 문학 프로젝트의 목적은 괴롭힘의 결과에 대한 인식을 증가시키고 학생들로 하여금 자신이 읽은 것을 비평하는 방법을 가르치는 데 있다. 이 프로젝트는 읽기 커리큘럼의 일부로 포함되었으며 교사는 읽기 수업을 계획할 때 이 프로젝트를 포함할 수 있었다. 이 프로젝트는 읽기 커리큘럼의 일부였기 때문에 괴롭힘에 관한 독서가 추가적인 부담으로 여겨지지 않았다. 미디어센터 전문가가 3학년 팀의 코디네이터가 되어 〈표 6-2〉에 열거된 책 중에서 미디어센터에 비치하기 위한 책을 주문했다. 또한 자료의 기록과 분석은 수학 커리큘럼의 일부가 될 수 있으며, 자료의 그래프 작성은 기술 커리큘럼의 일부가 될 수 있다. 따라서 이 프로젝트는 여러 커리큘럼에 두루 적용될 수 있고 괴롭힘에 대한 인식을 증가시키는 데 기여할 수 있다.

〈표 6-2〉 괴롭힘에 관한 초등학생용 서적

1. Trudy Ludwig, *My Secret Bully* (2005). Berkeley, CA: Tricycle Press.
2. Madonna, *The English Roses* (2003). New York: Callaway Editions.
3. Phil Roxbee Cox, *Don't Be a Bully, Billy: A Cautionary Tale* (2004). London: Usborne.
4. Catherine DePino, *Blue Cheese Breath and Stinky Feet: How to Deal with Bullies* (2004). Washington, DC: Magination Press.
5. Joanna Cole, *Bully Trouble* (1989). New York: Random House.
6. Shabana Mir, *Umar and the Bully* (2007). Leicestershire, UK: Islamic Foundation.
7. Stan and Jan Berenstain, *The Berenstain Bears and the Bully* (1993). New York: Random House.
8. Trevor Romain, *Bullies Are a Pain in the Brain* (1997). Minneapolis, MN:

Free Spirit.

9. Marissa Moss, *Amelia's Bully Survival Guide* (2006). New York: Simon & Schuster.
10. Alexis O'Neill and Laura Huliska-Beith, *The Recess Queen* (2002). New York: Scholastic Press.
11. Trevor Romain, *Cliques, Phonies, and Other Baloney* (1998). Minneapolis, MN: Free Sprit.
12. Kate Cohen-Posey, *How to Handle Bullies, Teasers, and Other Meanies: A Book That Takes the Nuisance Out of Name Calling and Other Nonsense* (1995). Highland City, FL: Rainbow Books.
13. Cari Best, *Shrinking Violet* (2001). New York: Farrar, Straus & Giroux.
14. Derek Munson, *Enemy Pie* (2000). San Francisco: Chronicle Books.
15. Patty Lovell, *Stand Tall, Molly Lou Melon* (2001). New York: Putnam.
16. Peggy Moss, *Say Something* (2004). Gardiner, ME: Tilbury House.
17. Gershen Kaufman, Lev Raphael, and Pamela Espeland, *Stick Up for Yourself!: Every Kid's Guide to Personal Power and Positive Self-Esteem* (1999). Minneapolis, MN: Free Spirit.
18. Nancy Carlson, *How to Lose All Your Friends* (1997). New York: Puffin.
19. Dana Smith-Mansell, *Stop Bullying Bobby!: Helping Children Cope with Teasing and Bullying* (2004). Far Hills, NJ: New Horizon Press.
20. Phyllis Reynolds Naylor, *King of the Playground* (1994). New York: Aladdin.
21. Pat Thomas, *Stop Picking on Me: A First Look at Bullying* (2000). Hauppauge, NY: Barron's Educational Series.
22. Karen Gedig Burnett, *Simon's Hook: A Story about Teases and Put-Downs* (1999). Felton, CA: GR Publishing.
23. Steve Siskin and Allen Shamblin, *Don't Laugh at Me* (2002). Berkely, CA: Tricycle Press.
24. Becky Ray McCain, *Nobody Knew What to Do: A Story about Bullying* (2001). Morton Grove, IL: Albert Whitman.

괴롭힘 문학 프로젝트: 교사와 학생 자료

6명의 3학년 교사(여자 5명, 남자 1명)가 괴롭힘 문학 프로젝트에 참여했다. 그들은 평균 15.67년 동안 교직에 몸담아 왔고 Maxey 초등학교에서 평균 2.67년을 가르쳤다. 그들은 모두 유럽계 미국인이다. 24권의 책 각각에 대한 평균 평정치는 〈표 6-3〉에 제시되어 있다. 괴롭힘에 대해 교사들이 가장 높게 평정한 다섯 권의 책은 ① *How to Handle Bullies, Teasers and Other Meanies: A Book That Takes the Nuisance Out of Name Calling and Other Nonsense*, ② *Bullies Are a Pain in the Brain*, ③ *Blue Cheese Breath and Stinky Feet: How to Deal with Bullies*, ④ *Say Something*, ⑤ *My Secret Bully*다.

〈표 6-3〉 괴롭힘 문학 프로젝트에서 교사평정의 평균

책 제목과 평정문항	평정자 수	평균*
My Secret Bully	3	
괴롭힘에 대해 가르치는가?		1.33
괴롭힘에 대해 무엇을 할지를 알려 주는가?		1.67
수업에서 이 책을 활용할 것인가?		1.33
이해하기가 쉬운가?		1.33
총평		1.33
The English Roses	6	
괴롭힘에 대해 가르치는가?		1.67
괴롭힘에 대해 무엇을 할지를 알려 주는가?		1.67
수업에서 이 책을 활용할 것인가?		2.00
이해하기가 쉬운가?		1.67
총평		1.67
Don't Be a Bully, Billy: A Cautionary Tale	4	
괴롭힘에 대해 가르치는가?		2.50
괴롭힘에 대해 무엇을 할지를 알려 주는가?		3.00

수업에서 이 책을 활용할 것인가?		3.00
이해하기가 쉬운가?		2.00
총평		2.75
Blue Cheese Breath and Stinky Feet: How to Deal with Bullies	5	
괴롭힘에 대해 가르치는가?		1.20
괴롭힘에 대해 무엇을 할지를 알려 주는가?		1.40
수업에서 이 책을 활용할 것인가?		1.40
이해하기가 쉬운가?		1.40
총평		1.40
Bully Trouble	3	
괴롭힘에 대해 가르치는가?		1.33
괴롭힘에 대해 무엇을 할지를 알려 주는가?		2.00
수업에서 이 책을 활용할 것인가?		2.33
이해하기가 쉬운가?		1.67
총평		2.33
Umar and the Bully	4	
괴롭힘에 대해 가르치는가?		1.30
괴롭힘에 대해 무엇을 할지를 알려 주는가?		1.50
수업에서 이 책을 활용할 것인가?		2.50
이해하기가 쉬운가?		2.30
총평		2.00
The Berenstain Bears and the Bully	5	
괴롭힘에 대해 가르치는가?		1.80
괴롭힘에 대해 무엇을 할지를 알려 주는가?		2.00
수업에서 이 책을 활용할 것인가?		2.40
이해하기가 쉬운가?		1.60
총평		2.00
Bullies Are a Pain in the Brain	3	
괴롭힘에 대해 가르치는가?		1.00
괴롭힘에 대해 무엇을 할지를 알려 주는가?		1.00
수업에서 이 책을 활용할 것인가?		1.30
이해하기가 쉬운가?		1.66
총평		1.66
Amelia's Bully Survival Guide	4	
괴롭힘에 대해 가르치는가?		2.00

괴롭힘에 대해 무엇을 할지를 알려 주는가?		2.00
수업에서 이 책을 활용할 것인가?		3.00
이해하기가 쉬운가?		2.25
총평		2.25
The Recess Queen	6	
괴롭힘에 대해 가르치는가?		1.60
괴롭힘에 대해 무엇을 할지를 알려 주는가?		1.83
수업에서 이 책을 활용할 것인가?		1.67
이해하기가 쉬운가?		1.50
총평		1.50
Cliques, Phonies, and Other Baloney	3	
괴롭힘에 대해 가르치는가?		1.66
괴롭힘에 대해 무엇을 할지를 알려 주는가?		1.66
수업에서 이 책을 활용할 것인가?		2.00
이해하기가 쉬운가?		1.66
총평		1.66
How to Handle Bullies, Teasers and Other Meanies: A Book That Takes the Nuisance Out of Name Calling and Other Nonsense	3	
괴롭힘에 대해 가르치는가?		1.00
괴롭힘에 대해 무엇을 할지를 알려 주는가?		1.00
수업에서 이 책을 활용할 것인가?		1.00
이해하기가 쉬운가?		1.00
총평		1.00
Shrinking Violet	6	
괴롭힘에 대해 가르치는가?		2.00
괴롭힘에 대해 무엇을 할지를 알려 주는가?		2.33
수업에서 이 책을 활용할 것인가?		2.33
이해하기가 쉬운가?		2.33
총평		2.00
Enemy Pie	5	
괴롭힘에 대해 가르치는가?		1.80
괴롭힘에 대해 무엇을 할지를 알려 주는가?		1.60
수업에서 이 책을 활용할 것인가?		1.40
이해하기가 쉬운가?		1.20
총평		1.50

Enemy Pie	5	
괴롭힘에 대해 가르치는가?		1.80
괴롭힘에 대해 무엇을 할지를 알려 주는가?		1.60
수업에서 이 책을 활용할 것인가?		1.40
이해하기가 쉬운가?		1.20
총평		1.50
Stand Tall, Molly Lou Melon	5	
괴롭힘에 대해 가르치는가?		2.00
괴롭힘에 대해 무엇을 할지를 알려 주는가?		2.20
수업에서 이 책을 활용할 것인가?		2.20
이해하기가 쉬운가?		1.80
총평		2.00
Say Something	5	
괴롭힘에 대해 가르치는가?		1.40
괴롭힘에 대해 무엇을 할지를 알려 주는가?		1.20
수업에서 이 책을 활용할 것인가?		1.40
이해하기가 쉬운가?		1.40
총평		1.40
Stick Up for Yourself!: Every Kid's Guide to Personal Power and Positive Self-Esteem	2	
괴롭힘에 대해 가르치는가?		2.00
괴롭힘에 대해 무엇을 할지를 알려 주는가?		1.50
수업에서 이 책을 활용할 것인가?		2.00
이해하기가 쉬운가?		2.00
총평		2.00
How to Lose All Your Friends	4	
괴롭힘에 대해 가르치는가?		2.50
괴롭힘에 대해 무엇을 할지를 알려 주는가?		3.50
수업에서 이 책을 활용할 것인가?		3.00
이해하기가 쉬운가?		2.00
총평		2.75
Stop Bullying Bobby!: Helping Children Cope with Teasing and Bullying	2	
괴롭힘에 대해 가르치는가?		1.50
괴롭힘에 대해 무엇을 할지를 알려 주는가?		1.50
수업에서 이 책을 활용할 것인가?		1.50

이해하기가 쉬운가?		1.50
종평		1.50
King of the Playground	5	
괴롭힘에 대해 가르치는가?		2.00
괴롭힘에 대해 무엇을 할지를 알려 주는가?		2.00
수업에서 이 책을 활용할 것인가?		3.00
이해하기가 쉬운가?		3.00
종평		3.00
Stop Picking on Me: A First Look at Bullying	5	
괴롭힘에 대해 가르치는가?		1.60
괴롭힘에 대해 무엇을 할지를 알려 주는가?		1.80
수업에서 이 책을 활용할 것인가?		2.40
이해하기가 쉬운가?		1.75
종평		2.00
Simon's Hook: A Story about Teases and Put-Downs	5	
괴롭힘에 대해 가르치는가?		1.60
괴롭힘에 대해 무엇을 할지를 알려 주는가?		1.40
수업에서 이 책을 활용할 것인가?		1.60
이해하기가 쉬운가?		1.80
종평		1.60
Don't Laugh at Me	5	
괴롭힘에 대해 가르치는가?		1.80
괴롭힘에 대해 무엇을 할지를 알려 주는가?		2.60
수업에서 이 책을 활용할 것인가?		2.60
이해하기가 쉬운가?		1.80
종평		2.00
Nobody Knew What to Do: A Story about Bullying	4	
괴롭힘에 대해 가르치는가?		1.75
괴롭힘에 대해 무엇을 할지를 알려 주는가?		1.25
수업에서 이 책을 활용할 것인가?		1.75
이해하기가 쉬운가?		1.00
종평		1.50

***숫자가 작을수록 좋음**

1 = 매우 동의함, 2 = 동의함, 3 = 동의하지 않음, 4 = 매우 동의하지 않음.

〈표 6-4〉 괴롭힘 문학 프로젝트에서 학생평정의 평균

책 제목과 평정문항	평정자 수	평균*
My Secret Bully	96	
괴롭힘에 대해 가르치는가?		1.76
괴롭힘에 대해 무엇을 할지를 알려 주는가?		1.84
친구에게 추천할 것인가?		1.96
이해하기가 쉬운가?		1.67
The English Roses	94	
괴롭힘에 대해 가르치는가?		2.03
괴롭힘에 대해 무엇을 할지를 알려 주는가?		2.18
친구에게 추천할 것인가?		1.76
이해하기가 쉬운가?		1.51
Don't Be a Bully, Billy: A Cautionary Tale	96	
괴롭힘에 대해 가르치는가?		1.82
괴롭힘에 대해 무엇을 할지를 알려 주는가?		1.50
친구에게 추천할 것인가?		1.94
이해하기가 쉬운가?		1.67
Blue Cheese Breath and Stinky Feet: How to Deal with Bullies	75	
괴롭힘에 대해 가르치는가?		1.53
괴롭힘에 대해 무엇을 할지를 알려 주는가?		1.53
친구에게 추천할 것인가?		1.66
이해하기가 쉬운가?		1.69
Bully Trouble	98	
괴롭힘에 대해 가르치는가?		1.50
괴롭힘에 대해 무엇을 할지를 알려 주는가?		1.94
친구에게 추천할 것인가?		1.67
이해하기가 쉬운가?		1.51
Umar and the Bully	71	
괴롭힘에 대해 가르치는가?		1.42
괴롭힘에 대해 무엇을 할지를 알려 주는가?		1.54
친구에게 추천할 것인가?		1.77
이해하기가 쉬운가?		1.56
The Berenstain Bears and the Bully	74	
괴롭힘에 대해 가르치는가?		1.69

괴롭힘에 대해 무엇을 할지를 알려 주는가?		2.31
친구에게 추천할 것인가?		1.74
이해하기가 쉬운가?		1.55
Bullies Are a Pain in the Brain	76	
괴롭힘에 대해 가르치는가?		1.46
괴롭힘에 대해 무엇을 할지를 알려 주는가?		1.43
친구에게 추천할 것인가?		1.63
이해하기가 쉬운가?		1.41
Amelia's Bully Survival Guide	52	
괴롭힘에 대해 가르치는가?		1.88
괴롭힘에 대해 무엇을 할지를 알려 주는가?		2.15
친구에게 추천할 것인가?		2.02
이해하기가 쉬운가?		1.77
The Recess Queen	94	
괴롭힘에 대해 가르치는가?		1.76
괴롭힘에 대해 무엇을 할지를 알려 주는가?		2.04
친구에게 추천할 것인가?		1.61
이해하기가 쉬운가?		1.50
Cliques, Phonies, and Other Baloney	17	
괴롭힘에 대해 가르치는가?		1.76
괴롭힘에 대해 무엇을 할지를 알려 주는가?		1.88
친구에게 추천할 것인가?		1.41
이해하기가 쉬운가?		1.53
How to Handle Bullies, Teasers and Other Meanies: A Book That Takes the Nuisance Out of Name Calling and Other Nonsense	20	
괴롭힘에 대해 가르치는가?		1.25
괴롭힘에 대해 무엇을 할지를 알려 주는가?		1.10
친구에게 추천할 것인가?		2.05
이해하기가 쉬운가?		1.50
Shrinking Violet	97	
괴롭힘에 대해 가르치는가?		2.08
괴롭힘에 대해 무엇을 할지를 알려 주는가?		2.16
친구에게 추천할 것인가?		1.92
이해하기가 쉬운가?		1.79

Enemy Pie	99	
괴롭힘에 대해 가르치는가?		2.23
괴롭힘에 대해 무엇을 할지를 알려 주는가?		1.92
친구에게 추천할 것인가?		1.65
이해하기가 쉬운가?		1.46
Stand Tall, Molly Lou Melon	96	
괴롭힘에 대해 가르치는가?		2.23
괴롭힘에 대해 무엇을 할지를 알려 주는가?		2.21
친구에게 추천할 것인가?		1.80
이해하기가 쉬운가?		1.74
Say Something	92	
괴롭힘에 대해 가르치는가?		1.91
괴롭힘에 대해 무엇을 할지를 알려 주는가?		2.23
친구에게 추천할 것인가?		2.08
이해하기가 쉬운가?		1.75
Stick Up for Yourself!: Every Kid's Guide to Personal Power and Positive Self-Esteem	0	
괴롭힘에 대해 가르치는가?		
괴롭힘에 대해 무엇을 할지를 알려 주는가?		
친구에게 추천할 것인가?		
이해하기가 쉬운가?		
How to Lose All Your Friends	73	
괴롭힘에 대해 가르치는가?		2.73
괴롭힘에 대해 무엇을 할지를 알려 주는가?		3.41
친구에게 추천할 것인가?		2.41
이해하기가 쉬운가?		2.26
Stop Bullying Bobby!: Helping Children Cope with Teasing and Bullying	57	
괴롭힘에 대해 가르치는가?		1.79
괴롭힘에 대해 무엇을 할지를 알려 주는가?		1.88
친구에게 추천할 것인가?		1.63
이해하기가 쉬운가?		1.89
King of the Playground	97	
괴롭힘에 대해 가르치는가?		1.89
괴롭힘에 대해 무엇을 할지를 알려 주는가?		1.84

친구에게 추천할 것인가?		1.91
이해하기가 쉬운가?		1.67
Stop Picking on Me: A First Look at Bullying	83	
괴롭힘에 대해 가르치는가?		1.67
괴롭힘에 대해 무엇을 할지를 알려 주는가?		2.02
친구에게 추천할 것인가?		2.06
이해하기가 쉬운가?		1.58
Simon's Hook: A Story about Teases and Put-Downs	73	
괴롭힘에 대해 가르치는가?		1.70
괴롭힘에 대해 무엇을 할지를 알려 주는가?		1.79
친구에게 추천할 것인가?		1.58
이해하기가 쉬운가?		1.52
Don't Laugh at Me	93	
괴롭힘에 대해 가르치는가?		2.11
괴롭힘에 대해 무엇을 할지를 알려 주는가?		2.57
친구에게 추천할 것인가?		2.05
이해하기가 쉬운가?		1.76
Nobody Knew What to Do: A Story about Bullying	70	
괴롭힘에 대해 가르치는가?		1.99
괴롭힘에 대해 무엇을 할지를 알려 주는가?		1.76
친구에게 추천할 것인가?		2.03
이해하기가 쉬운가?		1.57

***숫자가 작을수록 좋음**

1 = 매우 동의함, 2 = 동의함, 3 = 동의하지 않음, 4 = 매우 동의하지 않음.

8~9세인 102명의 3학년생들도 괴롭힘 문학 프로젝트에 참여했다. 이들 중 98%의 모국어는 영어이고, 87%는 유럽계 미국인 그리고 47%는 여학생, 53%는 남학생이다. 24권의 책 각각에 대한 그들의 평정치는 〈표 6-4〉에 제시되어 있다. 괴롭힘에 대해 가르치는 책으로 그들이 가장 좋아한 다섯 권의 책은 ① *How to Handle Bullies,*

Teasers and Other Meanies: A Book That Takes the Nuisance Out of Name Calling and Other Nonsense, ② *Bullies Are a Pain in the Brain*, ③ *Umar and the Bully*, ④ *Blue Cheese Breath and Stinky Feet: How to Deal with Bullies*, ⑤ *Bully Trouble*이다.

교사와 학생들이 세 권의 책을 공통적으로 가장 높게 평정하였다는 사실은 흥미롭다. 즉, 교사와 학생들은 이 세 권의 책이 괴롭힘 행동에 대해 가르치는 데 가장 유용하다고 느꼈던 것이다. 제한된 자원을 지닌 초등학교의 경우 우리는 이 세 권의 책을 구매할 것을 제안한다. 학생과 교사 모두 괴롭힘 문학 프로젝트가 재미있었음을 보고하였다. 이는 괴롭힘에 대한, 발달적으로 적합한 서적을 소개하기 위한 훌륭한 방법이었고 3학년 문학시간의 일부였기 때문에 달리 '추가'된 일은 아니었다. 교사들은 문학시간에 비판적 사고기술을 통합시켰고 학생들은 각 책에 대한 평정서를 완성하는 것을 즐거워했다. 학생들은 자신이 배웠던 것에 대해 간략히 의견을 썼으며, 예를 들면 다음과 같다. "나는 누구도 괴롭혀서는 안 된다는 것을 배웠고 만약 괴롭힌다면 어느 누구도 나와 놀아 주거나 친구가 되려고 하지 않을 것임을 배웠다." "누군가가 나에게 비열하게 군다면 그들과 놀지 않으면 된다." "누군가 외로워 보인다면 같이 놀고 싶은지 물어야 한다." "괴롭힘은 마음을 아프게 하는 일임을 배웠다. 누구도 괴롭혀서는 안 된다." "만약 누군가가 괴롭힘을 당하고 있다면 그냥 보고만 있어서는 안 된다." "만약 누군가가 괴롭힘을 당하고 있다면 어른에게 말해라. 그들이 해결할 것이다." "괴롭히는 아이에게 관심을 보이지 말라. 왜냐하면 그게 바로 괴롭히는 아이들이 원하는 거니까."

3단계: 가정-학교관계의 증진

괴롭힘을 사회적 관계의 붕괴로 간주할 때 학교와 가족이 구축하는 관계는 괴롭힘 예방과 개입에 매우 중요해진다. 교사와 가족이 부정적인 관계를 맺고 있다면 아동·청소년은 그들 삶에 있는 성인들이 서로 반목하는 것을 관찰하게 된다. 흔히 우리는 부모가 교사에게 화가 나 있고 교사로부터 아무런 지지도 받지 못하는 것으로 느낀다는 이야기들을 듣는다. 더 흔하게 우리는 학부모나 양육자가 학교에 전혀 지지적이지 않다고 느끼는 교사들에 대한 이야기를 듣는다. 가족과 학교 간에 이러한 갈등이 일어날 때 학생들은 건강한 성인의 관계나 건강한 갈등해결을 관찰하지 못한다. 학교와 교사의 장기적 관계를 촉진하는 것은 끊임없는 의사소통과 관계의 육성을 필요로 하는 지속적인 상호작용이다(Christenson & Sheridan, 2001). 교사는 가정-학교 통신문(예, 노트, 이메일), 학교활동 및 교실활동을 통해 교육의 과정에 부모를 지속적으로 관여시켜야 한다. 부모는 자신이 자녀의 교사와 학교에 지지적일 수 있는 방법(예, 부모-교사회의 참석, 교실 자원봉사, 학교활동 조력)에 대해 항상 생각해야 한다. 가족과 학교 간의 긍정적 유대를 만드는 일은 학생, 부모, 학교 간의 건강한 관계를 조성하는 데 도움이 된다. 결과적으로 이는 긍정적 관계를 형성하기 위한 발판과 또래 괴롭힘 행동이 일어나도록 만드는 여러 조건을 제거하기 위한 발판을 만든다.

4단계: 지역사회-학교관계의 증진

미국 내 많은 학교들은 프로그램 개발, 재정, 학교활동을 지원하는 기업 또는 지역사회의 파트너를 갖고 있다. 이런 유형의 지역사회-학교 간 관계는 학교에 필수적이다. 네브라스카 주의 TeamMates 멘토링 프로그램은 긍정적 지역사회-학교관계의 한 예다. TeamMates는 Tom Osborne 박사와 그의 아내 낸시에 의해 1991년에 창립되었다. TeamMates는 학교 기반 멘토링 프로그램으로, 고등학교 졸업까지 긍정적 궤도를 유지하기 위해 추가적인 지원이 필요한 학생과 지역사회의 성인 자원봉사자를 서로 짝지어준다. 네브라스카 주 링컨 시의 경우 이 프로그램은 현재 4학년에서 12학년까지 550명의 학생을 대상으로 한다. 성공적인 학교-지역사회 파트너십은 협력적이고 긍정적이며, 학생의 성취와 성공에 초점을 두고, 다양성에 대한 헌신을 보인다(Sheridan, Napolitano, & Swearer, 2002). TeamMates는 중요한 지역사회-학교 연결에 대한 뛰어난 예나. 현재 TeamMates는 네브라스카 대학 링컨의 Target Bullying Project와 파트너 관계를 맺고 있는데 이는 멘토링이 프로그램에 속한 학생들의 괴롭힘 가해 및 피해 경험에 미치는 효과를 평가하기 위해서다. TeamMates 프로그램을 통해 발달된 건강한 지역사회-학교관계는 괴롭힘 행동을 줄이고, 괴롭힘을 당한 학생들이 지지받고 도움을 받고 있다고 느끼도록 도울 수 있을 것이다.

5단계: 사회적 풍토를 바꾸기 위한 헌신

80/20 원리(Koch, 1998)에 따르면, 지역사회 대다수의 사람들이 어떤 개념, 생각, 프로그램을 지지하지 않는다면 그것이 실패할 것임을 알 수 있다. 따라서 어떤 괴롭힘 예방 및 개입 프로그램의 집합적 실시는 괴롭힘이 발생하도록 만드는 여러 조건을 변화시키기 위한 기초가 된다(Orpinas & Horne, 2006). 사회적 풍토(Clinton, 1996)를 변화시키고 괴롭힘 행동에 효과적으로 맞서기 위해서는 정말로 '마을 전체' 가 나서야 한다.

결론 및 제언

교사가 괴롭힘 가해와 피해를 방지하기 위해 자신이 지닌 자원을 사용하는 것은 복잡한 일이 아니다. 건강한 사회적 관계를 발달시키기 위해서는 먼저 건강한 사회적 관계에 대한 모델을 제공할 필요가 있다. [그림 6-1]은 건강한 의사소통을 하기 위해 따라야 하는 단계들을 보여 준다. 학교구와 교사들은 학교에서 발생하는 괴롭힘 가해와 피해의 범위를 측정하기 위해서 자료를 수집하는 시스템을 개발해야 한다. 괴롭힘 행동에 대한 인식을 증가시키는 것도 필수적이다. 당신의 학교와 지역사회는 이러한 인식을 증진시키기 위해 무엇을 하고 있는가? 수업 과정 전체에 괴롭힘에 대한 인식을 통합시키는 것은 훌륭한 출발점이 될 것이다. 학부모, 지역사회 지도자와 직접적, 공개적으로 함께 일하는 것은 아동·청소년 사이에서 괴롭힘 행동이 감소하도록 돕는 매우 큰 잠재력을 지니고 있다.

사례 연구:
벤-아픈 허리의 비밀

벤의 부모는 그의 허리가 왜 그렇게 아픈지에 대해 당혹스러웠다. 벤은 거의 매일 허리통증을 느끼며 집으로 돌아왔다. 벤은 나이에 비해 체구가 작았지만 신체적으로는 언제나 건강하였다. 그가 너무 많이 통증을 호소하자 그의 부모는 결국 그를 의사에게 데리고 갔다.

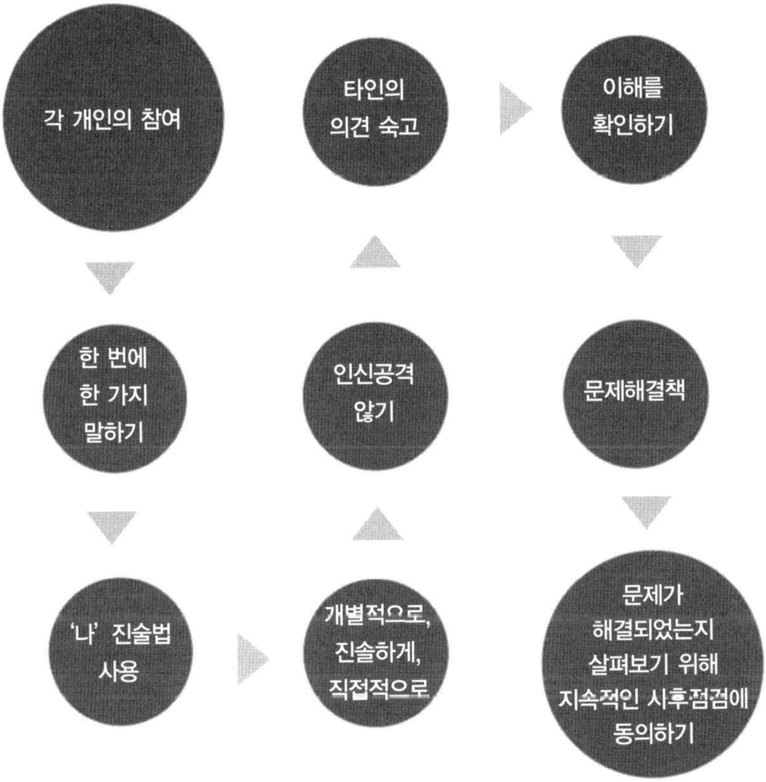

[그림 6-1] 부모와 교직원 간 상호존중적인 의사소통을 위한 기본 규칙

출처: Susan M. Swearer, Dorothy L. Espelage, & Scott A. Napolitano(2009). Guilford Press에 저작권이 있으며 이 책의 구매자가 개인적인 용도로만 이 양식을 복사하여 사용하는 것을 허락함(상세한 내용은 저작권 페이지 참조).

의사는 그의 허리를 펴고 자세를 바로잡기 위해 물리치료사와 운동을 추천하였다. 첫 미팅에서 물리치료사는 벤과 그의 부모와 함께 종합적인 접수면접을 하였다. 면접 동안 그녀는 벤이 책가방을 한쪽 어깨에만 메는지 아니면 두 어깨에 메는지 물었다. 벤은 책가방을 보통 한쪽 어깨에 메고 다닌다고 답하였고 물리치료사는 일부 학생들에게는 이러한 행동은 큰 허리통증을 일으킬 수 있다고 말하였다. 벤의 부모님은 즉시 끼어들어서 벤이 책가방을 메는 것은 학교 입구에서부터 사물함까지뿐이라고 말하였다. 이는 그에게 어떤 허리통증도 일으킬 수 없는 것이다. 그러나 벤은 사실 자신이 하루 종일 책가방을 메고 다님을 이야기하였다. 게다가 그는 자신의 교재와 준비물 모두를 항상 책가방에 넣고 다녔다.

벤의 부모는 이 사실에 매우 놀랐는데 자신의 아들이 무거운 교재와 학교 준비물을 여럿 가지고 있기 때문이었다. 왜 그렇게 하는지 이유를 물었을 때 벤은 불편해하며 이야기하기를 꺼려하였다. 대답을 하도록 강요했을 때 그는 그의 사물함 파트너가 그를 너무 많이 놀리고 괴롭혀서 사물함 사용을 피하고 있다고 답하였다. 실제로 그는 한 달 이상 사물함을 사용하지 못했다.

벤의 부모는 처음에는 이러한 사실을 더 일찍 이야기하지 않은 벤에게 매우 화가 났다. 그는 부모님에게 자신이 스스로 상황을 해결하려고 노력해 왔으며 놀림을 더 많이 당할까 봐 누려워서 부모님이나 교사가 개입하는 것을 원하지 않았다고 말하였다. 벤이 그의 부모님에게 말하게 되면서 그들 모두는 함께 학교 교장을 만나 이 사실을 알렸다. 교장은 기꺼이 벤에게 새 사물함을 배정해 주었다. 그가 새 사물함을 사용하게 되면서 허리통증은 사라졌다.

후속 질문

1. 이 사례의 간단한 해결은 벤의 사물함을 옮겨 주는 것이었다. 학교행정관리자가 벤과 그의 부모에게 지지적이었고 그들은 간단히 벤이 사물함을 옮기도록 처리하여 괴롭힘 문제를 함께 해결하였다. 당신의 학교에서 간단한 해결책이 괴롭힘 문제를 해결했던 예들을 생각해 보라.

2. 교장은 지지적이었으며 이 학생이 사물함을 바꿔야 한다는 생각에도 수용적이었다. 학교행정관리자 모두가 이렇게 지지적일까? 모든 부모들이 자녀가 자신의 문제에 대해 솔직하게 말할 수 있는 상황을 만들어 내는가? 답이 '아니요' 라면 건강한 가족-학교관계를 만들어 내기 위해 무엇을 할 수 있을까?

3. 괴롭힘을 당하고 있는 학생들은 보통 일이 더 악화될 것이라는 두려움이나 성인들도 도움이 되지 못할 것이라는 우려 때문에 자신의 경험에 대해 어른들(교사나 부모)에게 말하지 않는다. 당신의 학교에는 학생들이 자신의 경험에 대해 말할 수 있도록 만드는 지원책이 있는가? 학생들을 돕기 위해 학교심리학자, 학교상담자, 사회복지사, 멘토 또는 다른 추가적인 지원인력이 있는가?

4. 당신의 학교는 어떤 유형의 학교-지역사회 관계를 맺고 있는가? 학교-지역사회 관계를 발전시키는 것은 건강하고 긍정적인 관계를 촉진하는 여러 조건들을 어떻게 만들어 낼까?

자료 6-1

괴롭힘 문학 프로젝트 – 교사 평가지

이름: ____________

학교: ____________

성별(동그라미 하시오): 남 여

교직 경력 년수: ____________

이 학교에서 가르친 햇수: ____________

인종: ___ 백인/유럽계 미국인

___ 아시아계 미국인

___ 흑인/아프리카계 미국인

___ 미국인

___ 라틴계/히스패닉

___ 중동인

___ 동유럽인

___ 아시아인

___ 혼혈(구체적으로 기입해 주십시오: ____________________)

___ 기타(구체적으로 기입해 주십시오: ____________________)

괴롭힘은 우리 학교의 학생들 사이에서 문제다.

매우 그렇다	그렇다	그렇지 않다	매우 그렇지 않다
○	○	○	○

괴롭힘은 우리 학교의 교직원들 사이에서 문제다.

매우 그렇다	그렇다	그렇지 않다	매우 그렇지 않다
○	○	○	○

출처: Susan M. Swearer, Dorothy L. Espelage, & Scott A. Napolitano(2009). Guilford Press에 저작권이 있으며 이 책의 구매자가 개인적인 용도로만 이 양식을 복사하여 사용하는 것을 허락함(상세한 내용은 저작권 페이지 참조).

책 제목: ____

저자: ____________________________ 날짜: _____ /____ /____

1. 이 책은 학생들에게 괴롭힘에 대해 가르쳐 주었다(다음 동그라미 하나를 채우시오).

매우 그렇다	그렇다	그렇지 않다	매우 그렇지 않다
○	○	○	○

2. 이 책은 학생들에게 괴롭힘에 대해 어떻게 해야 하는지를 가르쳐 주었다(다음 동그라미 하나를 채우시오).

매우 그렇다	그렇다	그렇지 않다	매우 그렇지 않다
○	○	○	○

3. 나는 이 책을 학생들을 가르치는 데 사용할 것이다(다음 동그라미 하나를 채우시오).

매우 그렇다	그렇다	그렇지 않다	매우 그렇지 않다
○	○	○	○

4. 저자는 이해하기 쉽게 정보를 전달하고 있다(다음 동그라미 하나를 채우시오).

매우 그렇다	그렇다	그렇지 않다	매우 그렇지 않다
○	○	○	○

5. 전체적인 이 책의 평점은?

훌륭함	보통	좋지 못함	형편없음
○	○	○	○

자료 6-2

괴롭힘 문학 프로젝트 – 학생 평가지

이름: ______________

성별(동그라미 하시오): 남　　여

나이: ______________ 세

영어가 모국어인가? ___ 예 ___ 아니요

학교 성적은 어떠한가? 가장 최근 성적표에서 모든 과목에서 받은 점수는?

(한 가지만 체크하시오)

_____ 대부분 4점대　_____ 4점대와 3점대　_____ 대부분 3점대

_____ 3점대와 2점대　_____ 대부분 2점대　_____ 2점대와 그 이하

인종: ___ 백인/유럽계 미국인

___ 아시아계 미국인

___ 흑인/아프리카계 미국인

___ 미국인

___ 라틴계/히스패닉

___ 중동인

___ 동유럽인

___ 아시아인

___ 혼혈(구체적으로 기입해 주십시오: ______________________________)

___ 기타(구체적으로 기입해 주십시오: ______________________________)

출처: Susan M. Swearer, Dorothy L. Espelage, & Scott A. Napolitano(2009). Guilford Press에 저작권이 있으며 이 책의 구매자가 개인적인 용도로만 이 양식을 복사하여 사용하는 것을 허락함(상세한 내용은 저작권 페이지 참조).

책 제목: ____

저자: ______________________________ 날짜: ______ /____ /____

1. 이 책은 괴롭힘에 대해 가르쳐 주었다(다음 동그라미 하나를 채우시오).

매우 그렇다	그렇다	그렇지 않다	매우 그렇지 않다
○	○	○	○

2. 이 책은 괴롭힘에 대해 어떻게 해야 하는지를 가르쳐 주었다(다음 동그라미 하나를 채우시오).

매우 그렇다	그렇다	그렇지 않다	매우 그렇지 않다
○	○	○	○

3. 나는 이 책을 친구에게 추천할 것이다(다음 동그라미 하나를 채우시오).

매우 그렇다	그렇다	그렇지 않다	매우 그렇지 않다
○	○	○	○

4. 이 책은 이해하기가 쉬웠다(다음 동그라미 하나를 채우시오).

매우 그렇다	그렇다	그렇지 않다	매우 그렇지 않다
○	○	○	○

5. 이 책을 통해 배운 또 다른 것이 있다면 적어 주시오.

07

괴롭힘 감소를 위한 실제적 전략

학령기 아동 · 청소년의 괴롭힘을 감소시키기 위하여 사회적 생태환경을 표적으로 하는 개입이 필수적이다. 제3장에서 논했듯이 괴롭힘을 사회적 관계의 문제로 간주한다면 사회적 기능의 향상이 괴롭힘 행동의 감소에 주요한 요소임은 당연하다. 이 장에서는 개인, 또래, 가족, 학교, 지역사회, 거시사회의 다수 영역에 걸쳐 사회적 기능을 향상시킴으로써 괴롭힘을 감소시킬 수 있는 실제적인 전략에 대해 논의한다. 괴롭힘을 효과적으로 감소시키려면 여러 사회적 생태를 다루는 잘 조정된 개입이 필수적이다(제2장 참조). 80/20의 원칙을 기억하라. 특정 집단을 표적으로 하는 개입이 최대의 영향력을 발휘할 것이며 지속적이고 유의미한 변화를 만들어 낼 것이다.

처벌은 어떨까

우리는 처벌에 기초한 전략이 학생의 행동 문제에 대한 최전선의 방어책으로 자주 사용되는 사회에 살고 있다. 한 학생이 누군가를 괴롭히면 우리는 가해학생이 그러한 행동으로 인해 처벌받기를 원한다. 그러나 최근의 연구는 처벌에 기초한 전략이 가장 효과적인 전략이 아닐 수 있음을 시사한다(Skiba et al., 2006). 또한 다른 학생을 괴롭힌 가해학생에게 관용불허(zero-tolerance), 퇴학, 정학 등 처벌에 기초한 전략을 시행하는 것이 보통은 효과적이지 않다는 것을 유념해야 한다(Casella, 2003; Gordon, 2001). 그러므로 관용불허의 전략은 가장 심각하게 공격적이고 파괴적인 행동에 국한되어야 한다. 이러한 배경에서 볼 때, 괴롭힘에 관련된 학생들이 관계 향상 기술의 부족으로 인해 학교에서 쫓겨나거나 처벌을 받는 대신에 이들에게 관계의 기술을 가르쳐야 할 필요가 있다.

현실적인 개별적 전략

또한 우리는 학생들이 괴롭힘 행동에 대응하는 능력의 본질에 대해 현실적이기를 바란다. 예를 들면, 초등학교 3학년 여학생과 나눈 다음의 대화를 보라.

학생: 운동장에서 괴롭힘이 자주 일어나요.

스웨어러 박사: 누가 괴롭히지?

학생: 쉬는 시간에 서로 지나쳐 갈 때 대부분 5학년 학생들이 1, 2학년 학생들을 괴롭혀요.

스웨어러 박사: 그런 괴롭힘을 볼 때 너는 무엇을 할 수 있을까?

학생: 내가 할 수 있는 게 아무것도 없어요.

스웨어러 박사: 왜 아무것도 할 수 없지?

학생: 만일 내가 5학년 학생들에게 괴롭힘 행동을 그만두라고 말하면 대신 나를 괴롭힐 거예요.

스웨어러 박사: 선생님에게 말할 수도 있지 않을까?

학생: 그건 노움이 안 돼요. 선생님은 내가 고사질을 한다고 여기거나 그 학생의 담임선생님에게 직접 가서 말하라고 할 거예요. 선생님들은 신경도 안 쓴다고요.

이 대화에서 가장 걱정스러운 부분은 매우 어린 나이에 많은 아동들이 다음을 배운다는 점이다. ① 괴롭힘에 대해 자신이 할 수 있는 게 아무것도 없다. ② 성인들은 신경을 쓰지 않는다. '고자질하는 행동' 이 나쁘다고 아동에게 말할 때 우리는 성인과 아동 사이에서 일어나는 한 가지 형태의 의사소통을 기본적으로 차단해 버리고 있다. 성인으로서 우리는 학생들이 괴롭힘 행동을 다룰 때 이러한 무력감과 무망감에 맞서 싸울 수 있도록 돕고자 한다.

개인적 특징과 괴롭힘

괴롭힘에 연루된 많은 학생들은 심리적인 문제도 함께 경험한다(Kaltiala-Heino et al., 2001). 예를 들면, 우울한 기분을 경험하는 학생은 무망감이나 무가치감 때문에 다른 학생을 괴롭힐 수도 있을 것이다. 피해학생은 괴롭힘을 당하는 두려움 때문에 불안 증상을 경험할 가능성이 크다(Swearer, Song, et al., 2001). 이런 심리적 증상에 대한 정확한 평가는 이들 학생을 위한 효과적인 개별적 개입의 설계 방법을 알아내는 첫 단계에 해당한다(Merrell, 2001). 학교심리학자는 괴롭힘 행동과 관련된 다양한 심리적 특징을 평가하는 도구를 실시하고 그 결과를 해석하는 훈련을 받은 사람이다. 〈표 7-1〉은 추가적인 개입을 받아야 하는 영역을 평가하기 위하여 훈련받은 전문가들이 실시할 수 있는 측정도구의 목록이다. 괴롭힘의 이면에 있는 문제(우울, 불안, 공격성, 충동성, 왜곡된 사고, 기술결핍)를 치료하여 괴롭힘 가해행동과 피해 경험의 역동을 저지할 수 있다.

〈표 7-1〉 괴롭힘 가해/피해와 관련된 심리적 문제의 평가도구

문 제	측정도구	연령범위	주문정보
우울	Children's Depression Inventory (CDI; Kovacs, 1992)	7~17세	Multi-Health Systems Inc. www.mhs.com
우울	Beck Depression Inventory-II (BDI-II; Beck, Steer, & Brown, 1996)	13~80세	Harcourt Assessment harcourtassessment.com

불안	Multidimensional Anxiety Scale for Children (MASC; March, 1997)	8~19세	Multi-Health Systems Inc. www.mhs.com
공격성	Aggression Questionnaire (AQ: Buss & Warren, 2000)	9~88세	Western Psychological Services www.wpspublish.com
주의력결핍 과잉행동장애, 충동성	Conners' Rating Scales-Revised (CRS-R; Conners, 1998)	3~17세	Multi-Health Systems Inc. www.mhs.com
인지적 왜곡	How I Think Questionnaire (HIT; Barriga, Gibbs, Potter, & Liau, 2001)	12~21세	Research Press Publishers www.researchpress.com
자기개념	Self-Perception Profile for Children (Harter, 1985)	8세 이상 아동	University of Denver 저자
사회성 기술	Social Skills Rating System (SSRS; Gresham & Elliott, 1990)	3~18세	Pearson www.pearsonassessments.com
행동적 기능	Behavior Assessment System for Children, Second Edition (BASC-2; Reynolds & Kamphaus, 2004)	2~21세	Pearson www.pearsonassessments.com
괴롭힘 가해, 피해	Swearer Bully Survey	3~12학년	www.targetbully.com
괴롭힘 가해, 싸움, 피해	UIUC Aggression Scales	4~12학년	*이메일:* espelage@uiuc.edu
괴롭힘 가해, 피해	Reynolds Bully Victimization Scales for Schools	3~12학년	PsychCorp www.psychcorp.com

괴롭힘에 관여된 학생을 돕기 위한 개인대상의 개입

어떤 평가에서든지 중요한 부분은 실무에 도움이 되도록 자료를 사용하는 것이다. 자료-기반의 의사결정 모델에서 우리는 개인대상 개입의 설계를 돕기 위하여 평가 정보를 사용하길 원한다. 또한 개입의 초점을 어디에 두어야 할지 그리고 시간에 따라 개입을 어떻게 변경할지에 관해 파악하는 것도 중요하다. 학교심리학자야말로 괴롭힘 현상의 정신건강 문제와 심리적 측면을 정확하게 평가할 전문가다. 전체학교 대상의 괴롭힘 예방안을 갖는 것이 유익할지라도 이러한 접근이 반드시 모든 괴롭힘 가해학생, 피해학생, 가해-피해학생을 돕지는 못할 것이다. 많은 학생들이 만성적으로 피해를 당하며 종종 이러한 괴롭힘의 피해는 수년 동안 아무런 주목이나 개입을 받지 못하면서 발생한다. 피해자의 심리적 고통이 미치는 부정적 영향을 가라앉히려면 이들에게 개별적인 관심을 보여야 한다. 개입을 시행하지 않는다면 이들 학생은 우울, 불안 그리고 일부 드문 경우에는 피해학생이 가해-피해학생으로 바뀌는 데 기여하는 분노 문제가 임상 수준으로 발전할 위험에 놓이게 된다. 치료를 받지 못하면 많은 수의 가해학생은 비행을 저지르거나 학교 밖 관계에서 폭력을 일으킬 수 있는 중대한 정신건강 문제를 겪게 된다. 다른 학생을 괴롭히는 가해학생과 피해를 당하는 학생 모두 장기적 예후가 좋지 않다.

개인상담과 심리교육적 집단상담은 둘 다 우울과 불안을 줄이고, 자살사고와 자살시도를 예방하며, 사회성 및 관계 기술, 자기존중감, 일반적 안녕을 향상시키는 훌륭한 방법이다. 훈련받은 정신건강 전문가들이 사용하는 수많은 기법 중에는 부모, 교사, 행정관리자들도 사용할 수 있는 것이 있다. 무엇이 임상가와 내담자의 관계에 중요한 요소인가? 사실 이에 대한 대답은 간단하다. 신뢰, 진정성, 진솔성, 정직성, 개방된 의사소통이 있을 때 심리학자와 내담자는 효과적인 이자관계(dyad, 二者關係)를 이룰 수 있다. 개입양식이 무엇이든지(예, 개인상담, 심리교육적 집단상담) 좋은 심리치료를 하기 위해서는 이러한 건강한 관계적 요소를 먼저 조성해야 한다. 이러한 요소를 조성하기 위해서는 개입의 목표, 학생과 상담자/심리학자/촉진자에 대한 기대, 존중어린 상호작용을 위한 지침, 개입의 본론으로부터 이탈할 경우 초래될 결과 등에 관해 학생과 직접 상의해야 한다. 여러 가지 측면에서 괴롭힘의 예방과 개입은 건강한 관계의 요소를 반영해야 한다.

일단 이러한 기초가 구축되면 괴롭힘 가해행동과 피해 경험을 감소시키는 작업을 시작할 수 있다. 아동 · 청소년의 우울과 불안은 성인기에서처럼 나타나지 않는다. 사실상 이런 기분의 증상이 드러나는 방식에는 상당한 차이가 있다. 그래서 성인은 우울과 불안에 대한 자신만의 생각을 버려야 한다. 구체적으로, 우울은 어떤 아동에게는 짜증과 분노로 나타날 수 있지만 다른 아동에게는 슬픔과 위축으로 나타날지도 모른다. 아동 · 청소년은 자신이 느끼고 생각하는 것을 항상 분명하게 표현할 수 있는 인지적 능력을 갖추고 있는 것이 아니므로 다양한 정서를 식별하고 명명하는 훈련을 받을 필요가 있다. 아동 · 청소년이 정서를 식별하고 명명할 수 있으려면 존재하는 수많은 정서에 대해 배워야 한다. 우리는 긍정적인 방식으로 테크놀로지를 활용하면서 학생들에게 상이한 유형의 정서를 소개하기 위하여 인터넷 채팅에서 흔히 쓰는 정서 아이콘(이모티콘)을 활용하였다. 영화와 서적(제6장 참조)도 정서의 이해와 명명을 위해 사용될 수 있다. 다음 단계에서는 아동 · 청소년에게 매일 자신의 감정과 생각을 추적하게 한다. 아동 · 청소년에게 연습지를 주고 그날 발생한 언짢거나 고통스러운 사건에 대해 기록하게 한다. 그다음 그 사건이 발생했을 때 어떤 생각을 했는지, 어떤 감정을 느꼈는지, 어떻게 반응했는지를 쓰게 한다. 이 활동을 계속 해 가면서 그들의 생각과 감정의 합리성 또는 현실적 가능성을 검토하고, 왜곡된 사고에 도전하며, 상이한 정서와 해석을 시도해 보는 활동으로 확대해 나간다. 이런 유형의 인지행동적 접근은 아동 · 청소년에게 다양한 정서를 소개하고, 자신의 인지를 모니터링하고 추적할 수 있도록 가르치며, 부정적이거나 왜곡된 생각에 도전하도록 격려하며, 상황에 대해 생각하고 느끼는 방식이 행동하는 방식과 관련된다는 것을 이해하도록 돕는 데 목표를 둔다.

분노관리의 전략도 모든 아동 · 청소년에게 중요하다. 사실 우리는 모든 성인과 아동이 분노관리 훈련 코스에 의무적으로 참여하고 나머지 생애 동안 보강회기에 참여함으로써 혜택을 받을 것이라고 믿는다. 분노가 괴롭힘 가해 및 기타 행동 문제의 유의한 예언변인이라는 점에서(Espelage et al., 2000) 우리는 아동 · 청소년이 분노관리의 기술을 갖추어야 할 필요성을 강하게 느낀다. 그러나 훌륭한 분노관리 훈련에는 몇 가지 기본원칙이 존재한다. 첫째, 이 책의 모든 독자는 분노가 비정상적인 정서가 아니라 정상적인 정서임을 이해해야 한다. 둘째, 화를 내는 것은 괜찮다. 괜찮지 않은 것은 분노를 괴롭힘이나 비열한 방법으로 주변 사람들에게 표현하는 것이다. 그래서 부모와 교사는 아동이 화를 낸다고 아동에게 벌을 주어서는 안 된다. 오히려 분노를 말로 표현하고 관리하여 분노에 휘둘리지 않도록 격려해야 한다. 분노관리의 훈련이 아동·청소년에게 너무 이르다거나 너무 잦은 경우란 절대로 없다. 또한 모든 성인은 아동·청소년과 작업을 시작하기에 앞서 먼저 자신의 분노관리 기술을 평가해야 한다!

그러나 아동·청소년이 분노관리의 기술을 신속하게 발달시킬 것이라는 메시지를 전하고 싶지는 않다. 분노관리의 기술이 발달하려면 시간, 시행착오, 실수 그리고 일관성 있는 개입이 전제된다. 우리가 만나게 될 가장 큰 장애물은 아동·청소년이 자신이 화가 나 있다는 것도 모른 채 그리고 무엇이 자신을 화나게 했는지도 모른 채 공격적이 되어 자신의 분노에 대한 반작용으로 행동한다는 것이다. 모든 사람이 분노를 유발한 무엇인가를 가지고 있지만 대부분의 사람들은 앉아서 그것을 목록으로 작성하지 않는다. 무엇이 성인인 당신을 분노하게 하는가? 당신 앞에서 우물쭈물 운전하는 사람인가? 다른 사람에게 무례한 사람인가? 당신은 화가 나기에 앞서 좌절하는가? 성인이 자신을 분노하게 하는 자극을 이해하고 이에 대해 말할 수 있다면 아동·청소년과 함께 분노조절의 전략에 관한 작업을 하는 데 도움을 받을 수 있을 것이다. 아동·청소년에게 매일의 상호작용을 추적조사하게 함으로써 그들을 분노하게 만드는 자극을 찾아낼 수 있을 것이다.

부모와 교사는 자녀와 학생을 분노하도록 자극하는 상황을 주의 깊게 관찰해야 한다. 학생의 분노를 자극하는 사건을 우리는 '가르칠 수 있는 순간(teachable moments)' 으로 활용하기를 좋아한다. 이때 성인들이 실시간으로 분노관리의 교수를 시행할 수 있게 된다. 예를 들면, 어느 교사는 교실에서 학생들에게 조용히 수학 연습지를 풀게 하고, 그들의 진척을 모니터링하고, 어려움을 겪고 있는 학생을 도와주기 위해서 교실 안을 돌아다닌다. 교사는 수학을 어려워하는 데이비드가 곤경에 빠지더니 연필을 던져 버리는 것을 발견한다. 이 시점에서 교사는 데이비드에게 다가가 어떤 감정을 느끼는지를 묻는다. 데이비드는 화가 났고 수학이 어렵다고 말한다. 교사는 평소에 학생들에게 정서를 개방적으로 말하도록 격려하기 때문에 데이비드에게도 어떻게 분노를 다룰 수 있는지를 묻는다. 그는 마지못해 느긋하게 심호흡을 하면서 도움을 얻으려는 노력을 할 수 있을 것이라고 대답한다. 이처럼 가르칠 수 있는 순간은 복도, 학교식당, 운동장, 가정, 공공장소에서 찾을 수 있다. 우리는 성인이 정서의 직접 표현을 일관성 있게 모델링하고, 좌절했을 때 이에 대해 터놓고 말하고, 아동 앞에서 다른 성인이나 친구에 대한 험담을 하지 않음으로써 분노관리에 능동적으로 개입하기를 바란다.

또한 특정 대상을 표적으로 하는 개별적 개입은 귀인을 평가하고 변경하는 활동을 포함할 수 있어야 한다. 공격적인 아동·청소년은 상황을 잘못 해석하도록 유도하는 적대적 귀인편향을 가지고 있다(Coie & Dodge, 1998). 예를 들어, 다음 상황을 생각해 보라. 어떤 소년이 붐비는 복도에서 다른 소년의 발을 밟았고 곧 사과를 했다. 발을 밟힌 공격적인 소년은 그러한 행동이 의도적이고 계획적이었다고 결론을 내릴지도 모르며 사과를 받아들이는 대신 상대 소년을 밀칠 것이다. 따라서 공격적인 아동이 드러낸 적대적 귀인 편향을 다루는 것이 중요하다. 이전에 소개한 인지적 활동이 귀인훈련(어떤 상황에 대한 원인을 추론하는 방식을 변경시키는 훈련)에 필수적이다.

귀인훈련은 역경에 처했을 때 도전적인 문제를 극복하는 학생의 끈기를 증가시키는 것으로 밝혀졌다(Forsterling, 1985). 괴롭힘 분야에서 최근에 수행된 한 연구는 괴롭힘 피해학생과 가해-피해학생을 위한 귀인재훈련의 중요성을 입증했다(Kingsbury & Espelage, 인쇄중). 간략히 말하자면 이 연구를 통해 중학생의 괴롭힘 피해는 높은 수준의 자기비난 귀인과 이에 후속되는 우울 정서에 관련됨이 밝혀졌다. 구체적으로 피해 경험을 자신의 성격이나 외모 탓으로 돌리는 피해학생(과 가해-피해학생)은 그것을 외부적인 원인(예, 괴롭힘 가해학생이 잘못한 것)에 귀인하는 피해학생(과 가해-피해학생)에 비해 우울한 정서를 더 많이 느꼈다. 이러한 결과는 남녀 집단 모두에서 그리고 라틴계, 아프리카계, 유럽계 등 여러 민족집단에서 널리 지지되었다. 이러한 결과에서 볼 때 개입 프로그램은 피해학생과 가해-피해학생이 자기비난적 귀인을 적게 하도록 훈련시키는 데 초점을 두어야 한다. 귀인의 변화는 좀 더 적응적인 대처 전략의 사용을 가능하게 할 것이다. 귀인이론에 의하면, 부정적인 사건의 발생 이후에 가장 적응적인 자기평가는 내적이고 불안정하며 통제 가능한 원인에 돌리는 것이다. 이는 '내가 잘못된 시간에 잘못된 장소에 있었다.' 같은 행동적 자기비난 귀인과 비슷하다(Graham & Juvonen, 1998).

아동 · 청소년이 자신의 분노, 우울, 불안을 관리하도록 돕는 것에 더하여 공격성과 괴롭힘에 대한 그들의 지각을 그들과 함께 논의하는 것도 중요하다. 괴롭힘에 관여된 많은 아동 · 청소년은 인기와 높은 사회적 지위를 통해 자신이 보상받는다는 것을 발견하게 된다(Rodkin & Hodges, 2003). 사실 남을 괴롭히는 학생은 자신에 대해서 좋은 기분을 갖는다고 보고한다. 그리고 남을 괴롭히며 높은 사회적 권력을 지닌 학생은 인기가 더 많고, 다른 학생들에 의해 선호되며, 운동에 능하고, 신체적으로나 관계적인 측면에서 공격적이라는 평가를 받는다(Vaillancourt, Hymel, & McDougall, 2003). 만일 어떤 학생이다른 학생을 괴롭힘으로써 또래집단과 학교 안에서 권력과 성공을 얻는다면 괴롭힘 행동을 근절시키기가 상당히 어려울 수 있다. 이런 학생이 가해자로서 또는 가해자의 보조자로서 자신의 괴롭힘 행동이 피해자에게 어떤 영향을 미치는지를 탐색할 기회는 별로 없다. 따라서 괴롭힘에 연루되는 경우를 줄이기 위한 전략은 피해자에 대한 공감을 촉진시키는 것이다. 이는 영화, 서적, 창의적 작문 과제, 반성문, 이야기 활동, 그림 그리기를 활용하여 이루어질 수 있다. 그러나 만일 아동·청소년이 친사회적 행동을 가치 있게 여기지 않는다면 이런 유형의 공감 훈련은 효과를 거두지 못할 것이다. 따라서 폭력을 가치 있게 여기는 것이 장기적으로 문제가 된다는 것을 학생들이 이해하도록 촉구해야 하며 이것은 성인으로서 우리가 해야 할 역할이다. 폭력을 가치 있게 여기는 자세는 아동·청소년이 TV의 실화 쇼와 뉴스, 비디오 게임, 가정에서 공격, 폭력, 괴롭힘의 집중폭격을 받고 있는 사회에서 극복해야 할 거대한 장애물이다. 사회-생태학 모델의 또 다른 수준(예, 또래, 가족, 학교, 지역사회)을 목표로 삼는 개입으로 관심을 돌리기에 앞서 우리는 괴롭힘에 연루된 아동·청소년을 위한 여러 개별적 개입 전략을 독자들과 공유하고자 한다.

괴롭힘 개입 프로그램(Bullying Intervention Program: BIP, Swearer & Givens, 2006)은 다른 학생을 괴롭히는 가해학생에게 실시하기 위한

개별적인 인지행동적 개입으로, 이 장에서 강조해 온 많은 측면을 포함한다. 연구결과에 따라서, BIP는 괴롭힘의 상호작용에 연루된 학생의 사회적, 인지적 지각이 공격적 태도와 행동만큼 중요하다는 가정에 기초한다. 너무나 자주 학교는 행동에만 초점을 맞추고 괴롭힘의 시작과 유지에 기여하는 사회적, 인지적 차원을 다루지 않는다. 동질적 집단 개입은 공격적인 아동 · 청소년에게 도움이 되지 않으며 어떤 경우에는 해로울 수 있기 때문에(Dishion, McCord, & Poulin, 1999) BIP가 개발되었다. BIP에서는 학교심리학자나 학교상담자가 괴롭힘 가해학생과 일대일로 만난다. 이 프로그램은 괴롭힘 가해학생에게 퇴학이나 정학을 명령하는 것에 대한 대안으로 개발되었다.

구체적인 예를 들면, 어느 중학교에서 교장이 교내정학, 정학, 퇴학이라는 너무나 흔한 접근은 학생들의 괴롭힘 행동을 감소시키는 데 효과적이지 못하다는 것을 알게 되었다. 그래서 교장은 다른 것을 시도해 보려고 대학교수를 찾아갔다. 대학교수는 관용불허 정책이 공격적 행동을 제어하는 데 효과적이지 않고(Casella, 2003) 퇴학도 공격적 행동을 감소시키는 데 비효과적이라는(Gordon, 2001) 정보를 제공하여 교장의 의혹을 해소시켰다.

이처럼 BIP는 미국 네브라스카 주의 몇 개 초등학교와 중학교에서 괴롭힘 행동을 처벌하기 위해 시행되어 온 교내정학에 대한 대안으로 실시된다. 가해학생을 교내정학으로 처벌하기보다는 BIP에 그 학생을 등록시키는 대안을 학부모에게 제안하였다. 우리가 이 책을 저술하기 시작한 이래 25명의 학생이 부모의 동의하에 BIP를 받았다. BIP는 석사학위를 소지한 치료사와 함께 진행되는 3시간짜리 일대일의 인지행동적 개입인데 다음의 세 가지 요소를 포함한다: ① 평가, ② 심리교육, ③ 피드백. 먼저 1시간짜리 평가를 통해 괴롭힘, 우울, 불안, 인지적 왜곡, 학교풍토, 자기개념을 측정하는 도구들이 실시된다(〈표 7-1〉 참조). 그다음 2시간 동안 괴롭힘, 괴롭힘의 결과, 괴롭히는 이유 등 괴롭힘에 관한 심리교육적 정보가 제공된다. 그러고 나서 제시된 자료에 대한 학생의 이해를 평가하기 위해 간단한 시험을 실시하고, 학생들은 *Bully Busters*(D. A. Newman, Horne, & Bartolomucci, 2000)에서 발췌한 몇 가지 활동을 완료한다. 마지막으로 치료자와 의뢰된 학생이 함께 괴롭힘에 관한 비디오를 시청한다. 예를 들면, 괴롭힘에 관한 MTV 비디오 〈Respect for All〉(www.respectforall.com), 〈Bully Dance〉(www.bullyfrogfilms.com), 〈Stories for Us〉(www.storiesofus.com)

를 시청한다. 이때 학생은 프로그램에서 제시된 자료를 자신이 이해하고 있는지를 반성적으로 생각하고 자료의 내용을 자신의 경험과 관련지어 본다. 이러한 활동을 종결한 후에는 치료자가 학생을 관찰한 내용과 평가한 결과를 통합한 보고서가 작성된다. 보고서의 말미에는 제언이 포함된다. 이 보고서와 제언을 회의에서 학생, 부모, 학교의 대표와 공유한다.

BIP에 참여했던 25명의 학생들은 3~8학년, 즉 8~14세에 해당되며 93%가 유럽계 미국인 혈통이었다. 이들 가운데 46.7%가 다른 학생들을 괴롭혔으며, 자신이 괴롭힘을 당하기도 했다고 보고했으며(가해-피해자), 20%는 다른 학생들을 괴롭혔다고 보고했고(가해자), 13.3%는 괴롭힘을 관찰했다고 보고했으며(방관자), 13.3%가 괴롭힘을 당하기만 했다고 보고했고(피해자), 나머지 6.7%는 괴롭힘에 연루된 적이 전혀 없다고 보고했다. BIP의 효과를 지지하는 경험적 자료는 아직 없지만 이러한 통계치는 괴롭힘에 관한 지식, 괴롭힘의 결과, 괴롭힘의 사회적 및 인지적 측면을 다루기 위해 괴롭힘 가해학생을 개별적으로 개입하는 데 초점을 맞추라는 우리의 제안과 일치한다. 우리는 너 많은 학교가 학생들에게 건강한 관계를 맺는 전략을 가르치지 않는 정학과 퇴학의 관행을 계속하기보다는 이런 유형의 개입 프로그램을 선택할 것이라고 낙관한다.

괴롭힘에 관여된 학생을 돕기 위한 또래개입

괴롭힘 가해를 촉발하는 또래규범을 다루는 괴롭힘 예방 프로그램의 개발은 별다른 진척을 이루지 못하였다. 그러나 연구에 의하면, 교사, 부모, 학교행정관리자들이 또래의 영향을 바꾸기 위해 택할 수 있는 몇 가지 방법이 있다. 다수의 아동이 괴롭힘에 직접 참여하지는 않을지라도 다른 아동을 괴롭히는 데 관여한다는 것을 그들에게 분명하게 인식시키는 것이 훌륭한 출발점이 된다. 즉, 학생들은 괴롭힘

을 하고 있는 학생의 보조자일 수도 있고 피해학생을 돕지 않은 채 아무것도 하지 않거나 그 자리를 떠나 도망칠 수도 있다. 괴롭힘 예방에서 아동 · 청소년과 함께 일할 때 이들이 괴롭힘 상황에서 어떤 역할을 했었는지를 확인해야 한다. 이런 논의가 계속되면서 학생들은 자신의 행동이 괴롭힘 상황을 유지하며 경우에 따라서는 상황을 악화시키는 데 어떻게 기여하는지를 매우 빠르게 알아차린다. 학생들은 수많은 뻔한 이유를 들어 괴롭힘 피해 사건에 개입하지 않거나 피해학생을 지원하지 않는다. 이는 놀랄 만한 일이 아니다. 그러므로 이런 어려움에 대해 아동 · 청소년과 직접 논의할 필요가 있다. 아동 · 청소년은 가해 집단이 자신에게 가해를 시작할까 봐 상당히 두려워하며 괴롭힘의 발생을 목격할 때 무력감에 빠진다.

현실이 이렇기에 학생들이 피해학생을 위해 괴롭힘 사건에 개입하는 것이 안전하다고 느낄 수 있는 학교풍토를 조성하는 일은 학교에 있는 성인들에게 달려 있다. 어떤 또래집단이 대부분의 괴롭힘에 참여하는지를 확인하고 개별적 개입을 실시하거나 학생의 부모와 상의하여 이러한 또래들을 해체시키려는 노력이 도움이 된다. 또한 괴롭힘 집단의 주동자와 내화를 나누고 그가 자신의 권력을 좀 더 친사회적인 방식으로 행사할 수 있는지를 알아보는 것도 유익하다. 학교행정관리자와 교사는 이러한 주동자를 긍정적 리더로 활용해야 한다. 예를 들면, (지도감독하에) 이 학생을 어린 학생의 멘토로 선정할 수도 있고, 이를 통해 주동자 학생은 더욱 긍정적인 상호작용을 시작할 수 있다.

부모 또한 자녀가 괴롭힘에서 맡고 있는 역할에 대해 자녀와 대화를 나눔으로써 그 영향력을 감소시키는 데 중요한 역할을 담당한다.

저자들의 오랜 경험에 비추어 볼 때, 부모가 자신의 아들이나 딸이 다른 학생을 괴롭히는 역할을 한다는 것을 인정하는 경우는 거의 없었다. 부모의 이러한 태도는 현실을 잘 모르는 것이며 학교, 가정, 지역사회에 변화를 일으키는 데 도움이 되지 않는다. 연구자료에 의하면, 다수의 초등학생과 중학생은 자신의 행동이 옳지 않음을 인정할지라도 여전히 학교에서 많은 방식으로 괴롭힘에 기여하고 있음이 일관성 있게 밝혀졌다. 부모는 괴롭힘의 주동자들이 신봉하는 태도와 행동에 대해 자녀가 의문을 제기하도록 격려해야 한다. 부모는 괴롭힘에 동의하기를 거부하되, 괴롭힘이 피해학생에게 얼마나 큰 고통을 주는지에 대해 설명하면서 그렇게 해야 한다.

괴롭힘에 관여된 학생을 돕기 위한 가족개입

괴롭힘 예방이 장기적인 영향력을 발휘하려면 교사와 부모는 개방적인 대화를 해야 한다. 또한 부모는 폭력, 공격, 남을 존중하는 행동에 관해 자녀에게 어떤 메시지를 전달하고 있는지를 검토해야 한다. 부모가 공격이나 무례한 행동을 모델링하는가? 부모가 남을 배척하는 행동을 하는가? 부모는 자녀가 어떤 유형의 비디오 게임을 하도록 허용하는가? 부모는 자녀가 어떤 종류의 TV 쇼를 시청하도록 허용하는가? 가정에서의 폭력물 시청과 학생의 괴롭힘 관여 간에 관계가 있음이 연구를 통해 증명되었다. 따라서 많은 수의 괴롭힘 가해학생은 부모나 형제자매가 문제해결의 방식으로 폭력과 공격을 받아들이고 있는 가정에 살고 있다는 사실을 더 이상 간과할 수가 없다.

괴롭힘에 관여된 학생을 돕기 위한 학교 차원의 개입

교사도 학교에서 또는 적어도 교실에서 괴롭힘을 제어하기 위해 많은 일을 할 수 있다(Holt & Keyes, 2004). 첫째, 교사는 교실에서 괴롭힘이 많이 발생한다는 것을 인정해야 한다. 그러나 괴롭힘은 간혹 매우 미묘해서 교사가 괴롭힘을 항상 확인할 수 있는 것이 아니다. 둘째, 보통 교사는 누가 괴롭힘의 역동에 연루되었는지를 잘 찾아내지 못하는데, 이를 인정할 필요가 있다. 연구에 의하면, 교사는 피해학생을 정확하게 식별해 내지 못하고(Holt & Keyes, 2004) 가해-피해학생을 종종 잘못 확인한다. 셋째, 교사는 이러한 이슈에 대해 방어적이 되지 않도록 노력할 필요가 있으며 대부분의 교실과 학교에서 괴롭힘이 발생한다는 것을 인정해야 한다. 이런 어려움에도 불구하고 교사가 교실에서 그리고 더 나아가 학교에서 어떻게 괴롭힘을 최소화 할 수 있는지를 우리는 알고 있다.

교사는 존중하는 태도와 행동 그리고 무례한 태도와 행동에 관한 학급지침을 세우기 위해 학생들과 협력해야 한다. 이러한 지침에는 다음의 개념이 포함되어야 한다.

- 괴롭힘은 존중하는 행동이 아니다.
- 만일 어떤 학생이 괴롭힘을 당하고 있다면 피해학생이 도움을 받도록 학생들이 서로를 지원할 것이다.
- 모든 학생이 학급에서 소속감을 갖도록 하기 위해 학생과 교사가 협력할 것이다.

이러한 지침은 교실에 포스터로 게시되며 괴롭힘과 또래갈등이 일어날 때 자주 언급된다. 학생과 교사는 지침에서 벗어나는 일이 발생할 때 어떤 결과가 있을지에 대해서도 결정해야 한다. 우리는 학급회의를 활용할 것을 권장한다. 학급회의에서 지침을 검토하고 정서에 대해 토론하며 적응적 문제해결 전략을 모델링한다(Doll, Zucker, & Brehm, 2004). 일단 이런 분위기가 조성되면 교사는 괴롭힘이란 무엇인가, 괴롭힘의 결과는 무엇인가, 괴롭힘에서 학생들이 어떤 다양한 역할을 맡는가에 초점을 맞추는 괴롭힘 예방 프로그램을 선정해야 한다. 또한 교사는 어떤 학생이 높은 사회적 지위를 가지고 있는지 또는 낮은 사회적 지위에 있는지, 어떤 학생이 배제되고 있는지, 어떤 학생이 리더로 간주되고 있는지를 결정함으로써 학급환경을 파악해야 한다. 협동집단이 활용되어야 하나 학생들 간의 다양한 상호작용을 촉진시키기 위하여 집단구성원들을 교과목에 따라서 다양하게 구성해야 한다.

괴롭힘에 관여된 학생을 돕기 위한 지역사회 및 거시사회 차원의 개입

저자들은 오랫동안 괴롭힘 연구를 수행한 후에 우리가 사회를 변화시킬 수 있다면 아마도 괴롭힘을 예방할 수 있지 않을까 하는 생각을 갖게 되었다. 아동은 영화나 TV 프로그램 또는 비디오 게임에서 다른 사람을 존중하지 않는 행동을 접하게 되는 폭력적인 사회에서 성장하고 있다. 폭력적인 비디오 게임과 공격성의 영향력에 관한 연구는 우리가 뭔가를 해야 할 필요성을 지적한다. 메타분석의 기법을 활용하여 수많은 경험적 연구를 검토한 Anderson과 Bushman(2001)은 폭력적인 비디오 게임의 시청이 공격적 행동 · 사고 · 정서의 증가, 신체적 흥분, 친사회적 (조력) 행동의 감소와 관련됨을 발견하였다. 그러므로 성인이 비디오 게임의 사용을 조절하거나 제한하고 비디오 게임의 실태에 대해 아동 · 청소년과 직접 대화를 나누는 것이 중요하다.

또한 지역사회는 괴롭힘 예방안을 상정하기 위해 학교, 부모, 기타 단체와 협동 작업을 해야 한다. 미국 보건복지부가 지원 및 유지하고 있는 전국 괴롭힘 금지 캠페인과 관련된 웹사이트 (www.stopbullying-now.hrsa.gov)는 자체적으로 캠페인을 시작하고자 하는 지역사회와 학교를 위한 훌륭한 자원이 된다. 이 캠페인은 'Stop Bullying Now!: Take a Stand, Lend a Hand' 라고 불리는데 학교와 학교행정관리자들에게 괴롭힘 예방과 개입의 모범사례에 관한 정보를 제공한다. 지역사회의 여러 기관과 학교는 이 웹사이트를 방문하여 공익광고, 인쇄물을 다운로드하고 신문과 잡지에 사용할 수 있다. 또한 TV 광고와 라디오 광고는 주문을 통해 입수할 수 있다. 마지막으로 지역사회가 지원하는 괴롭힘 예방 캠페인에 대한 공약과 참여를 증진시키기 위한 노력의 일환으로 포스터를 복사하여 공공장소에 게시할 수도 있다.

결론 및 제언

우리는 학교가 막대한 압박을 받고 있다는 것을 이해하지만, 처벌 기반의 전략이 괴롭힘 행동을 감소시키는 데 효과적이지 않다는 것을 보여 주는 자료를 교직원과 교육관계자들이 검토하기를 희망한다. 각각의 평가와 개입은 효과적인 괴롭힘 예방과 개입에 필수적인 요소다. 사실 학교에서 실시하고 있는 괴롭힘 예방 및 개입 프로그램이 유의하지 않은 결과를 산출했음을 발견한 자료(Smith, Schneider, Smith, & Ananiadou, 2004)나 기껏해야 별로 크지 않은 긍정적 결과를 초래했음을 보여 주는 자료(Merrell, Gueldner, Ross, & Isava, 2008)를 접할 때, 교직원들은 괴롭힘 정책과 실무활동을 철저하게 검토해야 한다. 개별적인 지원을 제공하고, 또래집단을 재구성하며, 가정과 학교의 파트너십을 구축하고(Cowan, Swearer, & Sheridan, 2004), 학교와 지역사회의 파트너십을 조성하며(Cowan & Swearer, 2004), 건강한 사회적 관계를 모델링하는 것이 학교와 지역사회에서 괴롭힘을 근절시킬 수 있는 최선의 기회다.

사례 연구:
쉴라–간단한 해결방안

교사나 학교행정관리자가 목격하지 않은 괴롭힘 상황을 학생이 보고할 때 어려운 문제가 종종 발생한다. 어떤 교직원은 우리에게 '내가 보지 않았다면 그것에 대해 내가 할 수 있는 것은 아무것도 없다.' 는 정책이 학교에 존재한다고 말했다. 이 같은 정책은 괴롭힘 행동을 지지하고 증가시키는 데 기여한다. 다른 학생을 괴롭히는 학생이 성인의 주의 깊은 감독 아래서는 그렇게 행동하지 않을 것임은 너무나 당연하다. 이런 어려움은 최근 고등학교 교실에서 발생한 다음의 상황에서 더 분명하게 부각된다.

쉴라는 경증 발달지체의 과기력을 지닌 다소 과체중의 청소년이다. 그녀는 매우 힘겨운 노력을 통해서 학교에서 우수한 성적을 이루고 있다. 또한 모든 교과목 수업에서 일반교육 학급에 배치되었다. 쉴라가 비록 학업적 측면에서는 대체로 우수한 발전을 이루어 왔다고는 하지만 사회성의 측면에서는 여전히 어려움을 겪고 있다. 그녀는 누가 자신을 괴롭히는지를 잘 알아차리는 편이 아니어서 교실에서의 괴롭힘과 험담이 증가하기 시작했다. 쉴라의 양 편에 앉은 두 명의 여학생이 매일 교실에서 그녀를 조롱하는 말을 수군거렸다. 또한 그들은 쉴라가 당황하라고 그녀의 성생활에 대해 묻기도 하고 그 밖에 부적절한 질문을 했다. 쉴라는 자기주장을 잘하지 못했고 조롱과 질문은 교사에게 가서 이야기하기에도 매우 불편한 내용이었다.

쉴라는 어머니와 매우 친밀한 관계를 유지했기에 망설이면서 그 상황에 대해 어머니와 대화를 나누었다. 그녀의 어머니는 교사에게 전화를 걸어 교실에서 벌어지고 있는 일에 대해 말했다. 어머니는 그 학생들을 다른 곳에 옮겨 앉힐 것을 요청했지만 교사는 그 학생들이 부적절한 말을 하는 것을 실제로 듣지 못했기 때문에 할 수 있는 게 없다고 대답했다. 그러나 교사는 쉴라를 교실 앞으로 옮겨 앉히겠다는 제안을 했다. 쉴라는 그러한 제안을 일종의 처벌로 간주했고 왜 자신이 곤경에 처해야 하는지를 납득하기 어려워했다.

쉴라의 사례에 대한 생각

교사, 교장, 어머니가 함께 회의를 한 후 교사는 쉴라를 괴롭힌 두 학생과 이야기를 나누었고 그들의 자리를 옮길 수도 있을 것이라고 말했다. 또한 그들이 궁지에 몰린 것을 쉴라의 탓으로 돌리지 않도록 그들이 그녀에 대해 부정적으로 말하는 것을 교사가 우연히 들었다고 말했다. 그들은 쉴라에게 접근할 수 없었고, 그들 주변의 성인이 그들의 말을 우연히 들었으며 그들을 지켜본다는 메시지를 받았기 때문에 이러한 간단한 조치로 문제가 종결되었다.

후속 질문

1. 당신은 성인으로서 학생들이 당신에게 와서 이야기를 할 수 있는 풍토를 조성하고 있는가? 혹은 "그건 고자질이야." "나는 아무것도 본 게 없으니 내가 할 수 있는 것은 아무것도 없어."라고 말하면서 그들의 의욕을 꺾어 버리는가? 학생들이 문제해결을 하도록 당신은 그들을 어떻게 돕고 있는가?

2. 자신에 대해 좋지 않은 감정을 가지고 있는 학생들은 괴롭힘을 당하기 쉽다. 학생들이 자신의 장점을 찾도록 돕기 위한 어떤 전략들이 학교에서 실시되고 있는가?

3. 이 사례에서는 쉴라를 괴롭히는 두 여학생의 자리로부터 떨어진 곳으로 쉴라의 자리를 옮기고 성인들이 지켜보고 있다는 메시지를 주었을 때 괴롭힘이 멈추었다. 이처럼 성인들은 괴롭힘이 감소되는 풍토를 조성하는 데 도움이 된다. 괴롭힘이 발생할 가능성을 감소시키기 위해 당신은 무엇을 하고 있는가?

4. 쉴라의 어머니는 교사 그리고 교장과 상의하는 데 상당히 많은 시간을 들였다. 어머니가 그렇게 시간을 들이지 않았거나 학교에 갈 정도로 충분한 관심을 가지고 있지 않았다면 무슨 일이 벌어졌을까? 당신의 학교에서는 이런 종류의 가족지원을 누리지 못하고 있는 아동의 권익을 누가 옹호하는가?

08

테크놀로지가 관계에 미치는 영향

변화하는 세상

컴퓨터, 휴대전화, 인스턴트 메신저(IM), iPod, 컴퓨터 게임 등은 아동 · 청소년에게 익숙한 것들이다. 이 책의 독자들과 마찬가지로 우리가 어렸을 때는 여러 시간 동안 밖에 나가서 놀며 테크놀로지를 필요로 하지 않는 다양한 창의적 활동을 하였다. 이웃의 친구들과 함께 자전거 경사로나 나무 요새를 만들기도 하며 모든 '세상' 을 우리가 만들었다. 여름밤에는 해가 질 때에라야 집으로 돌아왔다. 아이들은 여전히 그들의 상상력을 발휘하여 집 바깥에서 놀면서 긴 여름날을 보내고 있는가? 아니면 안전을 우려한 나머지 오직 구조화되고 부모가 상당 부분 감독할 수 있는 활동만을 하도록 허용되고 있는가? 아이들은 iPod을 듣거나, 비디오 게임을 하거나, 인터넷상의 친구들과 채팅을 하면서 집안에서 시간을 보내고 있는가?

컴퓨터는 미국 가정에서 필수품이 되었다. Parks Associates가 실시한 2007년의 국가 테크놀로지 조사에 따르면, 대략 71%의 미국 가정이 인터넷에 접속한다. Nielsen//NetRatings(2004)의 연구는 2~17세 사이의 아이들의 77%는 인터넷 접속을 하는 것으로 밝혀졌으며 이것은 다른 어떤 연령집단보다도 높은 수치다. 조사된 가정들 중 거의 절반(49%)에서 적어도 한 아이가 인터넷을 정기적으로 사용하며 자녀가 십대가 될 때까지는 4명 중 3명이 정기적으로 인터넷을 사용한다(National School Boards Foundation, 날짜 미상). Pew Internet(2005b)에 따르면, 미국 십대들(12~17세)의 87%, 약 2천1백만 명의 아동·청소년들이 인터넷을 사용하고 있으며 이들 중 약 1천백만의 십대들은 매일 인터넷을 사용한다.

그들은 인터넷을 사용하여 무엇을 하는가? 최근 인구조사 보고에 따르면, 아동·청소년들(3~17세)이 집에서 인터넷을 접속하는 가장 많은 이유는 온라인 게임을 위해서이고 그다음은 숙제를 하기 위해서다(U.S. Census Bureau News, 2005). 가장 인기 있는 유형의 온라인 게임은 일반상식이나 퍼즐을 포함하는 것들이다. 빠른 속도로 증가하고 있는 십대 인터넷 사용자들은 Facebook과 MySpace 같은 온라인 소셜 네트워킹에 빠져들고 있다. 이 두 가지의 소셜 네트워킹 웹사이트는 친구, 개인 프로필, 블로그, 사진, 음악 등을 공유할 수 있는 네트워크를 제공한다. MySpace는 음악 사업을 미끼로 하여 팬, 아티스트, 뮤지션들에게 서로 교류할 수 있는 기회를 제공한다. Facebook은 좀 더 안전한 네트워킹 커뮤니티로 간주되며, 미국에서 가장 많이 사진을 올리는 사이트가 되었으며 매일 850만 장의 사진이 업로드된다.

통계를 보면 MySpace가 가장 인기가 있어 7천만 명의 활동적인 사용자들을 보유하고 있다(Mashable, 2007). Forrester Research(2006) 보고서에 따르면, 12~17세 사이의 청소년 중 거의 80%가 MySpace를 매주 이용한다고 한다. Facebook은 3천만 명 이상의 회원을 보유하고 있어서 그 수가 MySpace의 회원 수 만큼 방대하지는 않지만 회원 수가 빠르게 증가하고 있다. 2006년 동안 18세 이하의 청소년들 사이에서 Facebook 회원 수는 250%나 증가한 반면, MySpace 회원 수는 30% 감소하였다(Mashable, 2007). Facebook 회원 수의 증가는 개발자들이 2006년 9월부터 대학생이 아닌 사람들에게도 회원제를 확대 실시한 것에 기인할 가능성이 크다. 또한 MySpace 사용자들이 나이가 들어 가는 데도 원인이 있다. Mashable(2007)은 2005년 8월에는 25%의 사용자들이 십대였지만 현재는 오직 12% 뿐이라고 보고한다. 이 장의 후반부에서 우리는 부모, 교사 및 학교행정관리자들이 청소년의 MySpace 및 Facebook 계정을 어떻게 모니터하는지에 대한 정보를 제공한다.

인스턴트 메신저(IM) 또한 청소년들 사이에게 매우 인기 있는 온라인 커뮤니케이션의 한 형태다. 최근의 Pew Internet and American Life Project(2008) 연구는 청소년들이 이메일을 여전히 사용하기는 하지만 선호하는 커뮤니케이션 양식은 IM이라고 보고한다. 이 연구는 12~17세 사이의 십대 청소년 중 75%가 IM을 사용하고 있다고 밝히고 있다. 이 중에서 48%는 적어도 매일 IM을 사용한다. 이 연구는 청소년들이 IM을 통해서 단지 문자만을 보내는 것이 아님을 발견하였다. IM을 사용하는 청소년들의 50%는 기사나 웹사이트 링크를 보낸 적이 있으며 45%는 사진과 문서를 보내기 위해 IM을 사용하였다.

분명 인터넷이 아동 · 청소년들에게 서로 관계를 형성하는 아주 인기 있는 매체가 되었지만 휴대전화 역시 청소년들이 선망하는 매체다. 최근의 Itracks 조사(Mobiledia, 2005)에 따르면, 십대들의 절반은 휴대전화 사용을 규제받느니 차라리 TV 시청을 규제받는 편이 낫다고 하였으며, 27%는 휴대전화를 빼앗기느니 차라리 웹 접속이나 iPod 사용을 제한받는 것을 선호한다고 하였다. U.S. Cellular는 미국의 십대들 중 60%가 휴대전화를 가지고 있으며 하루 평균 1시간을 휴대전화 사용에 쓴다. 이것은 그들이 숙제를 하며 보내는 시간과 같은 양이다(CMCH Mentors for Parents and Teachers, 2007). 대부분의 십대들은 15세까지는 자신의 첫 휴대전화를 소지하게 되며, 많은 13세 아이들도 휴대전화를 가지고 있다(CHCH Mentors for Parents and Teachers, 2007). 휴대전화 회사들은 이제 더 어린 아동들을 대상으로 하여 사용하기 쉽고, 밝은 색상의 아동친화적인 휴대전화를 마케팅하고 있다. Yankee Group이 수행한 시장조사에 따르면, 8~12세 아동들의 54%가 앞으로 3년 내에 자신의 휴대전화를 소지할 것이다. 사실 Walt Disney사는 2005년 이래로 Disney를 주제로 한 휴대전화를 이 연령집단을 대상으로 마케팅해 왔다(Washingtonpost.com, 2005).

휴대전화 사용에 있어서 최근에 유행은 문자 메시지다. Gartner(2006) 연구에 따르면, 2005년에만 9천3백6십억 개의 문자 메시지가 전송되었다. Gartner는 이 숫자가 2010년까지 2조3천억 개에 달할 것이라고 예측한다. 흥미롭게도 Branding Unbound(2006)는 가장 빨리 증가하고 있는 문자 사용자 집단은 45~64세의 성인집단이라고 보고한다. Cingular Wireless가 실시한 2006년 조사에서 거의 50%의 부모들은 자녀들이 문자 사용에 대해 소개해 주었으며 63%의 부모들은 문자 보내는 것이 자녀와의 커뮤니케이션을 증진시켰다고 보고하였다. Cingular Wireless와 임상심리학자인 Ruth Peters가 출간한 문자 보내기 지침서에 따르면, 문자 메시지는 '당신 자신을 정보로 무장시키는 동시에 자녀의 시각에서 당신의 가치를 동시에 높여 주는' 한 방법이다. 미성년자 음주운전 예방을 목적으로 하는 조직인 Century Council에서는 십대들이 선호하는 커뮤니케이션 방식을 이용하여 부모들이 자녀가 지혜로운 결정을 내릴 수 있도록 돕는 창의적인 방법을 권장하고 있는데 그것은 파티가 있는 밤에 자녀에게 문자 메시지를 보내는 것이다(Century Council, 2007).

테크놀로지의 부정적 측면

일반적으로 많은 사람들은 인터넷이 세상을 수많은 긍정적인 방식으로 변화시켰다는 점에 동의할 것이다. 인터넷은 사람들이 해외에 있거나 미국 내 먼 곳에 거주하는 가족이나 친구들과 연락을 유지할 수 있게 해 준다. 건강 관련 인터넷 사이트를 통해 우울증의 증상을 확인해 보는 것부터 ADHD를 가진 아동을 둔 부모들을 위한 지지집단을 찾는 것에 이르기까지 다양한 문제에 대한 정보와 지원을 얻을 수 있다. 어떤 아동 · 청소년과 성인들은 네트워킹 사이트와 가상세계를 통해서 지지의 주요원천을 찾기도 한다. 이러한 환경은 면대면의 상호작용이 없기는 하나 많은 면에서 사회적이다. 따라서 이러한 사회적 환경이 학교, 직장, 가족 및 이웃에서 직면하는 다양한 부정적 상호작용의 위험으로부터 안전하다고는 할 수 없다. 그러나 사실과도한 인터넷 사용에 따른 가장 해로운 결과는 아동 · 청소년들이 적절한 사회성 기술을 배울 수 없다는 점이다. 이러한 환경이 대인관계를 탐색해 가는 방법에 대해 아이들이 배울 수 있는 기회를 부여한다는 보장이 없다.

과학기술과 공격성의 교차점에 대한 최근의 연구를 논의하기에 앞서 대중매체에서 자주 등장하는 사이버 괴롭힘이라는 용어를 명료화할 필요가 있다(Kowalski, Limber, & Agatston, 2008). 사이버 괴롭힘은 다양한 온라인 공격행위를 포함하는 것으로, 연구문헌이나 대중 출판물에서 e-괴롭힘, 전자 괴롭힘, 사이버 폭력, 디지털 괴롭힘, 전자 희롱, 온라인 희롱 등의 동의어가 사용된다. Ybarra와 Mitchell(2004b)이 제시한 최근의 정의는 "온라인을 통해 다른 사람에게 하는 의도적이고 공공연한 공격행위"다.

최근에 사이버 괴롭힘은 많은 관심을 받아 왔는데 사이버 괴롭힘으로 인한 한 어린 소녀의 자살을 둘러싼 비극적 사건들 때문이다. 가해자로 추정되는 로리 듀우는 MySpace에 가상 인물의 계정을 만들도록 도움을 준 세인트 루이스 교외에 거주하는 한 어머니로, 2008년 3월 15일에 기소되었다("The 'MySpace suicide' trial", 2008). 그녀는 딸 친구인 13세의 메간 마이어에게 관심 있는 한 남자아이와 채팅을 하게 될 것이라고 확신시켰다. 2006년 10월, 메간은 '조시'라고 가장한 로리 듀우로부터 잔인하고 상처를 주는 내용의 메시지를 받고는 목을 매 자살하였다. 이 이야기와 제시카 해퍼의 이야기 및 무수한 다른 이야기들은 모든 형태의 괴롭힘이 비참한 결과를 초래할 수 있음을 알리는 경종임에 틀림없다.

이 장의 목적상 테크놀로지가 관계에 미치는 유해한 영향을 논의하면서 우리는 인터넷 공격과 성적 유혹(sexual solic- itation)이라는 용어를 사용한다. 인터넷 공격(간혹 희롱이나 사이버 괴롭힘으로 지칭되는)과 원치 않은 성적 유혹 모두 부모, 교사 및 아동 · 청소년들에게 많은 우려를 제기하고 있다. 면대면 공격과 유사하게 인터넷 공격은 언어적, 정서적, 협박적 및 사회적 유형 등 몇 가지 형태로 나누어 볼 수 있다. 예를 들면, 인터넷 공격은 온라인 소문, 무례한 행동, 그 외의 희롱적인 행동 등을 포함한다. 연구들에 따르면, 11~19세 사이의 청소년 중 10~33%는 온라인 공격 · 괴롭힘의 표적이 된 적이 있다고 하며(Finn, 2004; Patchin & Hinduja, 2006), 15% 이상의 청소년은 그러한 행동의 가해자가 된 경험도 있다고 한다(Patchin & Hinduja, 2006). 또한 15%의 청소년은 성에 대해서 이야기하거나, 성행위를 하거나 혹은 개인의 의지와 상반되게 개인적인 성 정보를 제공하라고 요구받는 등 인터넷상에서 한 해 동안 원치 않는 성적 유혹을 받은 적이 있다(Ybarra & Mitchell, 2004a).

누가 관여하는가

학교 기반의 공격과 괴롭힘에 비하여 인터넷 공격 및 성적 유혹에 대한 연구는 아직 초기 단계에 있다. 따라서 이에 관여하는 아동 · 청소년의 특징 및 그들이 성, 인종, 연령 및 다른 특성에 있어서 어떻게 다양한지에 대하여 많은 의문이 남아 있다. Ybarra와 Mitchell(2004a)은 인터넷 공격의 가해자는 나이가 더 많은 청소년일 가능성이 크고 젊은 남녀들이 인터넷 공격에 동일한 비율로 참여하다는 것을 발견하였다. 대조적으로 일부 연구들은 남성들에 비해 여성들이 더 자주 가해자가 될 가능성이 크다는 것을 시사하지만(Willard, 2007), Li(2006)에 의한 최근 연구는 여성에 비해 남성이 더 자주 가해자가 된다고 보고하였다. 사실 이러한 불일치는 무엇이 인터넷 공격을 구성하는지에 대한 일치의 결여, 서로 다른 정의와 자료수집 방법의 사용 그리고 온라인 조사에 개입되는 내재적인 표본 편향에 기인하는 것이 분명하다.

극소수의 연구가 온라인 공격에 있어서의 인종의 역할에 대해 초점을 맞추었다. 인종/민족집단에 따라 인터넷 사용은 전반적으로 거의 차이가 없지만 모든 블로거의 40%는 유색인종이다(Pew Internet, 2005a). Tynes, Reynolds와 Greenfield(2004)는 청소년 온라인 채팅방에 인종적 언급이 얼마나 자주 등장하는지를 조사하였다. 이들에 따르면, 특정 인종을 증오하는 내용의 언급은 이들 채팅방에서 만연되어 있는 것으로 보였으며, 비검열 사이트에서 이러한 내용이 보다 흔하였는데 이 경우 백인 집단과 유색인 집단에 대한 증오성 언급이 동일하게 등장하였다. 분명히 보다 많은 연구가 수행되기 전에는 인종/민족이 온라인 공격에 있어서 어떠한 역할을 하는지 정확히 알 수 없으며, 인종/민족, 성, 계층 및 성적 성향 간의 상호작용에 대해서는 더욱 그러하다.

Ybarra와 동료들은 인터넷 공격의 가해자들에 대한 그림을 그리게 하는 이 분야를 주도해 오고 있다(Ybarra, 2004; Ybarra & Mitchell, 2004a, 2004b). 인터넷은 인터넷 공격 가해자들의 생활에서 핵심적인 위치를 점유한다. Ybarra와 Mitchell(2004a)은 온라인 공격 가해자들은 비공격적인 인터넷 사용자들에 비해 주당 인터넷에 접속하는 날

수가 보다 많을 가능성이 있다고 보고하였다. 온라인 가해자들은 자신의 인터넷 사용 시간은 매우 중요하며, 자신의 부모가 인터넷 사용을 거의 감시하지 않고, 자신을 인터넷 전문가라고 보고한다. 예를 들면, 한 청소년은 자신이 웹사이트를 가지고 있는데 어느 날은 누군가가 자신을 가장하여 다른 사람들에 대한 '온갖 말'을 적어 놓고 갔다고 우리에게 말해 주었다. 이는 누군가 웹사이트에 대한 접속을 조작하는 방법을 알고 있었다는 것을 의미한다. Willard(2007) 또한 온라인 공격자로 관여하게 될 가능성을 예측하는 청소년 관련 요인들을 밝히고자 연구하고 있다. 그녀는 온라인 공격 가해자들이 꽤 정교

한 전문기술을 갖추고 있음을 발견하였다(Willard, 2007). 온라인 공격 가해자들은, 온라인에서 비공격적인 청소년들과 비교하여 학교에서 신체적 괴롭힘의 대상이 되는 경험을 하였을 가능성이 큰 것으로 보인다(Ybarra & Mitchell, 2004b). 온라인 공격 가해자들에게 왜 그러한 행동을 하는지 묻게 되면 그들의 반응은 학교 기반의 공격 연구들에서 나온 결과와 유사하다. 대략 50% 정도의 온라인 공격 가해자들은 '재미' 있기 때문이라고 하며 20%는 공격 대상자에게 교훈을 가르쳐 주기 위해서라고 말한다(Patchin & Hinduja, 2006).

인터넷 공격의 대상자에 대해서 훨씬 더 많은 것들이 알려져 있다. 2006년에 출간된 Pew Internet and American Life Project 보고서에 따르면, 1/3의 학생들이 개인적 커뮤니케이션 내용을 노출하는 포스팅, 온라인 소문 혹은 협박적인 커뮤니케이션의 대상자가 된 적이 있다고 보고하였다. Ybarra(2004)에 따르면, 대상자들은 인터넷을 다른 목적보다는 주로 커뮤니케이션을 목적으로 사용하며 자신의 웹페이지를 만드는 청소년들은 괴롭힘을 당할 위험이 보다 큰 것으로 보인다(Pew Internet & American Life Project, 2008). 가해자에 대한 연구와 마찬가지로 일부 연구들에서는 남녀가 대략 비슷한 비율로 인터넷 공격의 대상이 되는 것으로 나타나며(Ybarra, 2004), 다른 연구들에서는 여성이 좀 더 흔히 공격의 대상이 되는 것으로 밝혀졌다(Pew Internet & American Life Project, 2008). 성이 온라인 괴롭힘 관여에 어떻게 영향을 미치는지는 부가적인 엄격한 실증 연구를 통해서만 밝혀질 수 있을 것이다. 예를 들면, 청소년의 인터넷 사용 시간과 이러한 요인이 온라인에서 괴롭힘을 당할 위험을 어떻게 증가시키는지를 고려할 필요가 있다. 보다 구체적으로 Ybarra(2004)는 인터넷 사용 시간이 증가할 수록 여성의 경우 괴롭힘을 당할 가능성은 증가하지만 남성의 경우는 그렇지 않다고 보고하였다. 또한 온라인 피해자들은 임상적인 수준의 우울증을 경험하고 있을 가능성이 보다 큰 것으로 보인다(Finkelhor, Mitchell, & Wolak, 2000).

학교에서 괴롭힘을 당하는 경험이 온라인에서 괴롭힘을 당하거나 온라인 가해 경험과 관련된다는 점을 제안하는 최근 연구들은 왜 이같이 우울이 높은 비율로 나타나는지를 부분적으로 설명해 줄 수 있다. 보다 구체적으로 학교에서 괴롭힘의 대상이 되어 온 청소년들은 인터넷을 통해서 다른 사람들에 대한 온라인 공격 가해활동에 참여할 가능성이 더 크다(Ybarra, Espelage, & Mitchell, 2007; Ybarra & Mitchell, 2004b; Ybarra, Mitchell, Wolak, & Finkelhor, 2006). 미국에서 학교 총격 사건을 일으킨 학생들 중에는 가해-피해자가 불균형적으로 많았다는 점과 유사하게도(Vossekuil et al., 2002) 괴롭힘 피해학생들은 학교에서는 보복공격이 허용되지 않을 것이므로 온라인에서 그들의 가해학생을 대상으로 하여 보복을 시도하는 것으로 보인다. 대안적으로 Willard(2007)는 온라인 공격의 대상자들은 그들의 가해자들을 식별할 수 있을 경우 학교에서 복수할 기회를 찾는다는 점을 증명하였다. 그리고 이러한 형태의 복수는 종종 신체적 공격의 형태를 띤다고 주장하였다.

공격행동의 가해자가 되거나 피해자가 되는 것은 학교 내에서 고정적인 역할이 아니다. 많은 아동·청소년들은 동시에 서로 다른 역할을 담당하거나 다른 역할들 사이를 왕복한다(Love, Swearer, Lieske, Siebecker, & Givens, 2005). 우리는 이 문제를 제1장에서 다루었으며 서로 다른 역할들 사이의 왕복은 인터넷을 사용하는 청소년들에게도 동일하게 적용되는 것으로 보인다. 청소년들은 공격행동의 가해자인 동시에 피해자가 되는 등 여러 역할을 떠맡기도 한다. 괴롭힘 가해-피해자에 대한 학교 기반의 연구문헌들과 유사하게 온라인 공격자/피해자들의 정신건강 결과는 더욱 불량하다. 즉, 온라인 공격자나 피해자 중 어느 역할도 하지 않거나 하나의 역할만 하는 청소년들에 비해 온라인 공격자/피해자는 약물을 더 많이 사용하고, 학교 관여 수준이 낮으며, 보다 우울한 것으로 밝혀졌다(Ybarra & Mitchell, 2004a, 2004b). 그들은 또한 다른 집단의 청소년들에 비해 보다 자주 인터넷을 사용하며 부모에게 보다 적게 모니터링을 받고 있다고 보고하는 경향이 있다(Ybarra & Mitchell, 2004a). 남성과 여성이 이 역할을 동일하게 떠맡지만 이들은 좀 더 나이 든 청소년인 경향이 있다. Ybarra 등(2007)의 연구는 온라인 공격 가해와 온라인 성적 유혹 간에 강한 연관성이 있음을 발견하였다. 이 연구는 또한 온라인 공격 가해와 높은 수준의 관계적, 신체적 및 성적 공격 간에 유의한 관련성이 있음을 보여 주었다.

온라인 가해자와 피해자는 서로 아는가

면대면의 괴롭힘과 공격은 누가 관여했는지 의문의 여지가 없다. 인터넷 공격의 경우에도 어떤 경우는 희롱적인 메시지나 정보를 그 정체가 알려진 한 사람이 다른 특정인에게 직접 보내는 것일 수 있다. 또한 때로는 특정 공격적 언급 등이 인터넷 메시지를 통해서 전송되거나 웹 게시판에 게재된다. 최근에는 웹 기반의 설문지를 고안

하여 개인의 행동(예를 들면, 성행동, 매력 수준)에 대한 여론조사를 실시함으로써 특정 개인을 비방하기도 하며 어떤 사례에서는 피해자를 모욕하거나 당황하게 하기 위하여 사진이 변형되기도 한다. 이러한 형태의 온라인 공격에도 불구하고 대다수의 인터넷 공격은 익명으로, 비밀리에, 아바타[1], 확인불가능한 이메일 주소, 웹사이트 및 스크린 이름을 사용하는 환경에서 전개된다. 이러한 특성을 고려하면 극소수의 피해자들만이 자신을 공격하는 사람이 누구인지를 알고 있다는 점은 그리 놀라운 일이 아니며, 대다수의 공격 가해자들은 그들의 대상을 알고 있다는 점은 더더욱 놀라운 일이 아니다 (Ybarra, 2004; Ybarra & Mitchell, 2004a, 2004b).

역자 주

1) 인터넷 가상 공간이나 가상 현실 게임 등에서 자기 자신을 나타내거나 치장하기 위해 사용하는 사진이나 그림, 3차원 영상 등 애니메이션 캐릭터를 의미한다.

온라인 공격은 학교 괴롭힘과 유사한 집단 과정을 거치는가

학교 기반의 괴롭힘은 종종 집단의 학생들에 의해 저질러지며 학생들은 또래를 괴롭히기 위해 서로를 사회화한다는 사실에 대해서 최근 몇 년간 많이 저술되었다(제3장 참조). 다른 학생들을 괴롭히는 학생들은 높은 수준의 도덕적 이탈을 보이며(Hymel, Rocke-Henderson, & Bonanno, 2005) 테크놀로지가 가해자에게 익명성을 부여해 주기 때문에 이러한 도덕적 이탈은 사이버 괴롭힘에 가담하는 학생들에게는 더욱 강화된다. Willard(2007)는 아이들이 집단을 이루어 다른 아이에 대한 온라인 공격에 가담하는 정도를 잘 탐색하는 것이 중요하다고 본다. 그녀는 어떤 형태의 온라인 공격은 '장난 전화'와 유사한 면이 있다고 주장한다. 미국의 청소년들 사이에 이러한 일이 얼마나 자주 일어나는지는 분명하지 않다. 하지만 컴퓨터를 가정 내 공동 영역에 배치함으로써 이러한 유형의 집단적 공격을 예방할 것을 부모들에게 권장한다. 보다 직접적으로 말한다면 자녀가 자신의 침실에 자신만의 컴퓨터를 갖도록 하지 말 것을 부모들에게 제언한다.

온라인 공격 관여가 미치는 효과는 무엇인가

여러 연구들은 인터넷을 사용하는 대다수의 청소년들이 인터넷 공격이나 성적 유혹에 가해자 또는 피해자로서 빈번히 관여되지 않는다고 일관되게 지적한다. 그러나 관여된 사람들에게는 심각한 심리사회적 대가가 따른다는 사실이 입증되고 있다. 예를 들면, 이들 두 유형의 괴롭힘을 당하는 경우 약 1/3 정도의 청소년들은 이러한 경험이 매우 혹은 극도로 불쾌하다고 보고하였다(Ybarra et al., 2006, 2007). 온라인 공격은 심리적 고통과 공개적 수치심을 광범위하게 불러일으킬 소지가 있는 등 개인에게 부정적 영향을 미친다. 그러나 관여된 청소년들 중에는 약물 사용, 오프라인상의 관계저, 신체적 및 성적 공격의 피해자나 가해자로 관여, 비행을 일삼는 또래, 높은 분노기질 및 보호자와의 빈약한 정서적 유대 등 다수의 심리사회적 문제를 안고 있는 경우가 많다(Ybarra, 2004). 이것은 인터넷 공격과 성적 유혹 모두의 가해자 겸 피해자로서 관여된 청소년들의 경우에는 특히 그러하다(Ybarra et al., 2007). 이러한 소수 청소년 집단은 청소년 정신건강 전문가들이 인식, 확인, 치료하고 즉각적으로 서비스를 받을 수 있도록 의뢰해야 하는 특별히 중요한 집단으로 부상되었다.

테크놀로지에 기반을 둔 공격을 접할 때 아이들은 무엇을 하는가

우리는 최근에 인터넷과 휴대전화를 통한 공격을 접할 때 어떤 조치를 취하는지 아이들과 많은 시간을 들여 대화를 나눈 적이 있다. 아이들은 테크놀로지에 기반을 둔 공격은 학교 기반의 공격보다 더 나쁘다는 일관된 관점을 가지고 있다. 일반적으로 아이들은 인터넷 공격자들이 피해자를 면대면으로 대할 용기가 없으므로 겁쟁이라고 느낀다.

아이들은 인터넷 공격을 다루는 단순하지만 독특한 방식을 가지고 있다. 예를 들면, 한 소녀는 자신이 모르는 누군가로부터 협박적인 IM을 받았다. 화가 치밀어 오르는 대신 그녀는 친구 하나를 대화에 가담시켰고 그렇게 했더니 공격이 멈췄다. 그들은 또한 그 가해자를 차단시켰다. 다른 학생의 경우에는 협박적인 메시지와 그 외 다른 모욕적인 문자 메시지를 받았는데 그녀는 단순히 어머니한테 전화번호를 변경할 수 있도록 도움을 청했다. 8세 아동에게 인터넷 공격을 어떻게 다루었는지 물었을 때 단순히 컴퓨터를 꺼 버린다고 대답하였다. 한 12세 소녀는 채팅방에 있을 때 성적 관심에 대한 질문을 받아 불쾌한 느낌이 든 적이 있었다고 하였다. 그 소녀의 경우 채팅방에 있는 다른 사람들에게 즉시 이를 알렸더니 그 질문을 했던 사람은 다시 그 사이트에 되돌아오지 않았다고 하였다.

성인들은 무엇을 할 수 있는가

좋은 소식은 많은 아동 · 청소년들이 온라인에서 발생하는 일에 대해 부모에게 말하는 것을 매우 편하게 느낀다는 점이다. 그러나 테크놀로지에 기반을 둔 공격은 사라지지 않는 것으로 보인다. 일부 개입 방법은 단순하다. 부모, 교사 및 행정관리자들은 테크놀로지를 어떻게 하면 책임감 있게 존중할 만한 방법으로 사용할 수 있는지에 대하여 아동 · 청소년들과 대화할 필요가 있다. 부모들은 자녀들이 이 점을 이해하고 인터넷 혹은 온라인 공격에 관여함으로써 초래되는 결과를 이해할 때까지 그들에게 휴대전화를 사 주지 말아야 한다. 이 장의 초반부에서 언급했듯이 청소년들은 컴퓨터, 휴대전화 혹은 iPod을 빼앗기는 것에 대해 두려워한다. 그들은 이러한 것들을 소지하는 것이 박탈될 수 있는 특권임을 이해해야 한다.

또한 성인들은 온라인 세계에서 어떤 일들이 일어나고 있는지에 대하여 스스로 교육할 필요가 있다. 우리는 부모, 교사 및 행정관리자들이 시간을 들여서 아이들이 방문하는 웹사이트에 대해서 알고 있을 것을 권장한다. 부모는 자녀들의 사회적 네트워크에서 친구가 되어야 한다. 부모들은 자녀들의 MySpace 계정과 이메일 계정에 들어갈 수 있어야 한다. 가정에서 컴퓨터는 아이들의 침실 외부에 배치되어야 한다. 분명히 아동 · 청소년들은 학교 숙제 등을 하는 동안 조용한 공간이 필요하지만 숙제는 부모가 가끔 모니터할 수 있는 공부방에서 할 수도 있다. MySpace(2007a)는 '십대 자녀의 MySpace 사용을 이해하기 위한 부모 및 가족용 공식 지침서'를 제공하는데 이 지침서는 관심 있는 교사와 학교의 네트워크 관리자를 위한 정보도 포함하고 있다. 이 지침서는 MySpace에 대하여 소개하며 ① 계정을 만드는 방법, ② MySpace와 연락하는 방법, ③ 자녀의 프로필에 대해 토론하는 방법, ④ 가족이 MySpace를 사용하는 방법, ⑤ 자녀를 온라인에서 보호하는 방법, ⑥ 잘못된 프로필을 제거하는 방법, ⑦ 자녀의 프로필을 제거하는 방법 등을 가르쳐 준다. 사이버 괴롭힘에 대한 정보 또한 제공된다. MySpace(2007b)는 학교행정관리자들을 위해서도 'MySpace 이해 및 소셜 네트워킹 문제해결을 위한 학교행정관리자용 공식 지침서라는 제목의 지침서에서 유사한 정보를 제공한다. Facebook은 이러한 지침서를 제공하는 것 같지는 않지만 웹사이트에 자녀들의 프로필을 관리하고 변경하는 방법에 대하여 부모용 정보를 포함하고 있다.

학교의 관여 측면에서는, 많은 학교들이 1교시 시작 전이나 방과 후에만 휴대전화 사용을 허용하는 정책을 개발해 왔다. 부모들은 자녀들이 휴대전화를 갖는 것이 중요하다고 느끼지만, 아이들이 휴대전화를 갖고 있지 않았던 시절이 있었으며, 아이들은 대부분 안전했다. 학교시간 동안에 아이들이 휴대전화를 가지고 있어야 하는 아무런 이유가 없고, 면학에 지장을 주며 방해한다. 부모는 또한 최신 테크놀로지 정보에 관한 워크숍에 참석할 필요가 있다. 부모의 통제방법이 개선되는 것만큼이나 빠른 속도로 이러한 부모의 통제를 피해 갈 수 있도록 소프트웨어가 개발되기 때문이다. 또한 부모들은 자녀들이 컴퓨터를 사용할 때 어느 웹사이트에서 시간을 소모하는지를 알아야 한다. 보다 구체적으로 자녀들이 친구들의 홈페이지에서 많은 시간을 들인다면 그들의 부모들과 컴퓨터 모니터링에 대해서 상의해야 한다.

학교행정관리자들은 테크놀로지와 인터넷 공격이 친사회적 및 일탈적 동기를 가지고 어떻게 사용될 수 있는지에 대해 이해하도록 교사들을 훈련시켜야 한다. 교사들은 가능하다면 언제든지 인터넷 및 온라인 공격을 교과과정에 포함시킬 수 있을 것이다. 학생들은 인터넷 및 테크놀로지의 책임 있는 그리고 현명한 소비자여야 한다. 웹페이지에 게시된 것은 영구적이며 반드시 정확한 것이 아님을 보여 줄 필요가 있다. 학생들은 문자 메시지의 내용이 휴대전화 회사로부터 검색될 수 있는 것이며, 대부분의 경우 웹페이지에 게재된 정보는 IP 주소를 통해 그들의 컴퓨터에까지 추적될 수 있음을 알아야 한다.

결론 및 제언

테크놀로지에 대한 지식으로 무장되었을 때 부모와 성인들은 온라인 공격에 개입할 수 있는 것이 사실이다. 그러나 메간 마이어의 사례가 예시하듯이 성인 자신들도 온라인 공격에 관여될 위험으로부터 안전하지 못하다. 분명히 온라인 공격의 해로운 효과에 대한 보다 많은 교육과 인식이 확산될 필요가 있다(사이버 괴롭힘에 대한 지식을 증진하기 위한 독서 클럽 활동을 위해서는 〈표 8-1〉을 참조). 교직원은 학생들 및 그들의 부모와 함께 테크놀로지와 온라인 공격에 대해 지속적으로 논의해야 하며 부모는 자녀들의 휴대전화 및 컴퓨터 사용을 모니터할 필요가 있다. 대부분의 부모가 자녀들이 거리에서 감시 없이 배회하는 것을 용인하지 않듯이 아이들이 사이버공간에서 감시 없이 배회하는 것을 용인하지 말아야 한다.

독서 그룹은 교직원, 부모 및 학생들이 특정한 주제에 대하여 책을 읽고 책에 제시된 문제에 대하여 토론하는 훌륭한 방안이다. 사이버 괴롭힘에 대한 인식을 높이기 위해서 Robin Kowalski, Susan Limber 및 Patricia Agatston이 쓰고 Blackwell 출판사가 출간한 『사이버 괴롭힘: 디지털 시대의 괴롭힘(*Cyber Bullying: Bullying in the Digital Age*)』 같은 책을 중심으로 독서 그룹을 조직할 것을 권장한다.

〈표 8-1〉 독서 클럽 활동

→ 1단계: 8~10명으로 구성된 독서 클럽을 만든다.

→ 2단계: 『사이버 괴롭힘』 책을 읽는다.

→ 3단계: 다음 질문을 지침으로 사용하여 책에 대해서 토론한다.

1. 사이버 괴롭힘이란 무엇인가?
2. 사이버 괴롭힘에는 어떠한 서로 다른 형태들이 존재하는가?
3. 왜 아이들은 괴롭힘을 경험해도 이것에 대해서 이야기하지 않는가?
4. 이메일과 문자 메시지를 추적하는 방법은?
5. 사이버 괴롭힘을 중단시키는 데 있어서 학교가 하는 역할은?
6. 피해자들은 어떠한 법적 대안을 가지고 있나?
7. 어른과 학생들은 사이버 괴롭힘을 목격할 때 무엇을 해야 하는가?
8. 당신의 학교 정책은 사이버 괴롭힘에 대한 것을 포함하고 있는가?
9. 당신의 학교는 테크놀로지에 대한 교직원 훈련을 하는가?
10. 어떤 법규와 정책이 당신의 주와 학교구에 적용되는가?

사례 연구: 루이스

루이스는 사회적 상호작용과 또래관계에서 어려움을 겪어 왔다. 그는 항상 또래들과 단절된 느낌을 가졌으며 또래집단에 소속되기를 간절히 바랐다. 사회적으로는 어려움이 많았지만 그는 스포츠에 탁월한 재능을 보이는 아이였다. 그는 대부분의 에너지와 시간을 야구에 집중했으며 야구는 그가 편안하고 성공적이라고 느끼게 하는 영역이었다.

야구계에서 그는 잘 알려져 있다. 고등학교에 들어갔을 때 그는 마침내 자신처럼 야구를 잘하는 좋은 친구들을 발견했다고 느꼈다. 그는 점점 더 많은 시간을 이들 또래와 보내기 시작했다. 처음에 그의 부모는 고양되고 안심이 되었다. 그들 역시 루이스가 자신의 '적소'를 찾기를 원했기 때문이다. 그러나 그가 친구들을 사귀고 그들과 어울리고자 하는 바람은 그를 괴롭힘의 희생자가 되도록 더 취약하게 만들었다. 그는 수용되기 위하여 너무 열심히 노력한 나머지 이 무리의 소년들이 그에게 적절하지 않을 것이라는 많은 조짐들을 간과했다. 그들은 미묘한 기죽이기로 시작했으며 종종 그를 농담의 대상으로 삼았다. 사태는 악화되어 이 아이들은 루이스에게 공공연히, 보다 뚜렷하게 부정적인 말을 일삼았다. 그는 '친구들'을 잃고 싶지 않았기 때문에 자신을 변호하는 것을 꺼려했다. 그는 부모님에게 거짓말하는 것을 포함하여 그 무리의 아이들이 시키는 것은 무엇이든 하기 시작했다.

루이스가 반발하려고 하면 그 또래들은 더욱 통제적이고 거부하는 태도를 보였다. 그들은 마침내 루이스의 MySpace 비밀번호를 알아내 공유하게 하는 데 성공하였으며 이것은 상황을 훨씬 더 걷잡을 수 없게 몰고갔다. 일단 그가 자신의 비밀번호를 공유하자 이 무리의 소년들은 남자들의 나체사진을 그의 페이지에 게재하였다. 그들은 루이스의 비밀번호를 변경하여 더 이상 그가 자신의 페이지에 들어갈 수 없게 했으며 그는 이러한 일을 전혀 알지 못하고 있었다. 그러고 나서 그들 중 한 소년이 그의 주소록을 얻어 내어 그가 동성애자이기 때문에 그들과 데이트하기를 원한다는 이메일을 모든 사람들에게 보냈다.

루이스와 그의 부모가 이러한 일이 일어나고 있는 것을 알게 되었을 때 그들은 매우 어려운 결단을 내려야만 했다. 그는 점점 더 우울하고 위축되어 갔다. 그의 부모는 법적인 조치, 전학, 심지어는 이사까지 고려하게 되었다. 그의 아버지는 다른 어떤 결정을 내리기에 앞서 관여된 모든 소년들의 부모들에게 전화를 하기로 결정하였다. 그는 그들에게 무슨 일이 있었는지를 말했으며 그들의 아이들이 루이스와 더 이상 접촉하기를 원하지 않는다고 말했다.

루이스의 부모는 그 소년들의 부모들로부터 다양한 반응을 얻었다. 인터넷 공격의 주요 선동자로 의심되는 소년의 부모는 꽤 방어적인 자세를 취했다. 그들은 "남자아이들은 장난이 심하지요."라고 말했다. 루이스의 아버지는 다른 부모들은 보다 충격을 받고 자신의 아이들이 리더를 따르도록 강요당한 것처럼 느낀다는 것을 발견하였다.

상황은 안정되어 루이스는 현 학교와 야구팀에 머물러 있기로 결정하였다. 그는 그 상황에서 도피하고 싶지 않았다. 다행스럽게도 그의 가족은 강인하고 지지적이었다. 그는 또한 상황이 더 걷잡을 수 없게 악화되기 전에 한 심리학자를 만나고 있었다. 그는 그 심리학자 및 부모와 개방적으로 대화를 나누었으며 그것이 큰 도움이 되었다.

루이스는 여전히 자신의 옛 친구들을 만나면 불안한 마음이 들지만 이러한 경험으로 자신이 좀 더 강한 사람이 되었다고 느낀다. 그들은 간혹 서로 이야기를 나누며, 루이스는 때로는 그들과 우정을 쌓도록 다시 한 번 시도해 보고 싶기도 하다. 그러나 이것이 자신에게 큰 이득이 되지 못할 것임을 깨닫는다. 그는 여전히 좋은 친구집단을 찾고 있지만 설사 그러한 사람이나 집단을 찾지 못할지라도 괜찮다는 것을 알고 있다.

후속질문

1. 아동 · 청소년들은 종종 그들의 '좋은' 친구들은 결코 상처를 주지 않을 것이라고 느끼며 청소년들이 그들의 MySpace나 Facebook의 비밀번호를 노출하는 것은 흔한 일이다. 당신의 학교는 학생들에게 비밀번호를 공유하는 것의 위험에 대해서 가르치는가? 당신은 부모로서 자녀들과 인터넷 안전에 대해서 항시 대화를 나누는가?

2. 인기 있는 초등학교 장난감이며 컴퓨터 게임인 'WebKinz'는 어린 아이들이 인터넷과 사귀게 한다. 초등학교와 초등학교 자녀를 둔 부모들은 자녀들과 인터넷에 대하여 이야기하기 위해 무엇을 하는가? WebKinz는 재미있고 안전한 컴퓨터 프로그램이며 게임이다. 이것이 MySpace와 Facebook 또한 즐겁고 안전하다고 생각하게 만들 수 있을까?

3. 자녀의 컴퓨터는 어디에 놓여 있는가? 우리는 늘 부모들에게 '절대로 컴퓨터를 자녀의 방에 놓지 말라.'고 당부한다. 무선 인터넷과 노트북의 확산으로 인터넷 접속은 어느 때보다도 용이해졌다. 당신의 자녀를 인터넷 약탈자로부터 어떻게 보호하고 있는가? 당신의 학생들과 인터넷 약탈자에 대해서 이야기하는가?

4. 우리가 어렸을 때는 아이들은 이웃에 나가서 놀았다는 것과 오늘날의 부모님들은 자녀들이 이웃에 나가 자유롭게 돌아다니는 것을 허용하지 않는다는 말을 하면서 이 장을 시작하였다. 그러나 부모들은 아이들이 MySpace와 Facebook 웹페이지에 들어가 자유롭게 인터넷에 접근하는 것을 허용한다. 이것이 아이들이 길거리를 배회하도록 내버려 두는 것과 같거나 이 보다 더 나쁜 일은 아닐까?

09

자신의 노력을 평가하기

우리는 제1장에서 괴롭힘 가해/피해에 대한 몇 가지 잘못된 믿음을 논의하였고 이 장에서는 그러한 잘못된 믿음을 괴롭힘 가해/피해의 역동에 대한 현실로서 다시 언급한다. 우리는 어느 중학교행정관리자와 교직원이 학교에서 괴롭힘을 감소시키기 위한 방법에 대한 의사결정을 하기 위해서 자료-기반의 의사결정 모델을 사용했던 훌륭한 사례를 제시한다. 제9장의 목적은 괴롭힘 사건을 어떻게 평가하고 예방하며 효과적으로 개입하는지 그리고 어떻게 학교풍토를 변화시킬 수 있는지에 대해 독자가 생각할 수 있도록 돕는 것이다.

우리는 괴롭힘의 역동이 학령기 청소년들 사이에서 얼마나 복잡한지를 설명해 왔고 증명해 왔다. 이 책에서 설명되었던 괴롭힘 가해/피해에 대한 여덟 가지 사실을 숙지할 필요가 있다.

1. 괴롭힘 가해/피해는 반복적이고 비열하며 공격적인 행동을 포함한다.
2. 괴롭힘 가해/피해의 모든 형태는 해롭다.
3. 환경이 그러한 행동을 지지할 경우 누구든지 괴롭힘 가해/피해에 관여될 수 있다.
4. 괴롭힘을 금지하는 정책은 괴롭힘 가해/피해를 지지하지 않는 환경을 만들기 위한 결정적인 기반이다.
5. 괴롭힘 가해/피해는 어떤 발달 국면에서도 정상적인 부분이 아니다.
6. 괴롭힘 가해/피해는 사람들이 이러한 행동에 참여하지 않기로 선택할 때 멈춰질 수 있다.
7. 효과적인 괴롭힘 예방과 개입은 건강한 사회적 관계의 유지와 모델링만큼 단순한 것일 수 있다.
8. 괴롭힘 예방과 개입에 대한 평가는 어떤 학교에서든 여러 커리큘럼에서 쉽게 조율될 수 있는 지속적인 노력이다.

괴롭힘은 더 이상 허용되지 않는다

'괴롭힘 가해/피해를 발생시키는 조건이 무엇인가?' 라는 근본적인 질문에 답하기 위해서는 자료를 수집할 필요가 있다. 제6장에서 논의되었듯이 모든 학교는 괴롭힘 금지 위원회 또는 건강한 학교 분위기 위원회를 조직해야만 하며 위원회 구성원은 그들이 답하고 싶은 질문을 결정할 수 있다. 제2장에서 우리는 괴롭힘 가해/피해를 허용하는 여러 조건에 기여할 수 있는 사회-생태학적 변인의 평가에 사용할 수 있는 측정도구들을 표로 제시하였다. 일단 이러한 설문지/측정도구들이 선택되면 교내의 모든 학생과 교직원은 익명으로 질문에 답할 수 있는 기회를 가져야 한다. 이러한 방식으로 교직원은 그들 학교의 괴롭힘 가해/피해의 범위와 이러한 행동을 지지하는 조건들을 평가하기 위한 자료를 갖게 될 것이다. 〈표 9-1〉은 평가지침에 대한 체크리스트를 제공하며 이는 학교에서 자료에 기반한 의사결정 풍토를 만들어 내기 위해 사용될 수 있다. 이 장의 나머지 부분에서 우리는 이러한 자료에 기반한 의사결정이 어떻게 행동으로 옮겨질 수 있는지에 대한 예를 슬라이드(〈자료 9-1〉 참조)와 함께 제공한다.

〈표 9-1〉 괴롭힘 평가 지침

업 무	시기 및 전략
1. 괴롭힘 금지 평가팀을 구성한다. 그 팀은 학교행정관리자, 교사, 교직원, 학부모, 학생들을 포함해야 한다. 모든 의사결정자들은 발언권을 가진다.	매 가을 학기 시작 전의 여름. 팀에 속하길 원하는 사람들로 구성하는 것이 이상적이다(그들의 의지와는 반대로 팀에 배정되지 않도록 한다).
2. 만나서 평가하고 싶은 문제들을 브레인스토밍한다(예, '우리 학교 내에서 괴롭힘은 어느 정도인가?' '괴롭힘을 가하는 학생들의 특성은 무엇인가?' '학생들은 교사로부터 괴롭힘을 당한다고 느끼는가?' '교사들은 학생들로부터 괴롭힘을 당한다고 느끼는가?').	초가을. 문제의 목록을 만들고 각 문제들을 당신이 일하는 학교구의 평가 부서(만약 있다면)나 중요한 의사결정자에게 제출한다.
3. 여러 다른 평가전략들을 조사하여 당신의 학교에 가장 적합하고 당신의 질문에 대한 답을 제공해 줄 하나의 전략을 선택한다.	초가을. 이러한 결정에 수학 및 통계 전담 교사를 포함시키는 것이 좋다. 사용가능한 자료를 수집하기 위해 대학교의 연구자들과 협력하는 것을 고려해 본다.

4. 자료를 수집할 최적 시기를 결정한다. 자료수집이 방학, 주요 학교행사, 시험과 겹치지 않도록 한다.	추수감사절 전의 늦가을 또는 봄학기의 초반에 자료를 수집한다. 또래집단이 형성된 후에 자료를 수집하는 것이 좋다.
5. 자료수집을 온라인으로 할 것인지 또는 지필 방식으로 할 것인지 결정한다.	자료수집에 가장 적합한 방법을 결정하기 위해 팀 구성원들은 학교의 자원을 평가할 필요가 있다.
6. 자료수집을 위한 자금을 얻기 위해 지역의 기업(예, Partners in Education)과 접촉하는 것을 고려해 본다.	학교행정관리자는 여름부터 이러한 과정을 시작해서 다가오는 새로운 1년을 위한 협력 체제를 구축한다.
7. 매년 동일한 시기에 자료를 수집한다. 학생과 교사들은 자료가 수집될 것임을 알기 때문에 그 과정을 기대하고 결과를 받아 보길 원할 것이다. 한 학생이 괴롭힘 설문지에 이렇게 썼다, "매해 의견을 물어봐 주셔서 감사합니다. 이것은 제게 매우 의미가 큽니다."	매해 늦가을 또는 초봄. 일관성은 자료에 기반한 의사결정 풍토를 유지하는 데 있어서 결정적이다.
8. 온라인 조사 프로그램인 Survey Monkey (www.surveymonkey.com)나 SPSS (www.spss.com), Excel(Microsoft Office)을 사용하여 수집된 자료를 입력한다.	모든 학생 또는 당신 학교의 대다수 학생들을 반영하는 대표적 샘플로부터 자료를 수집하자마자 자료를 입력할 계획을 세운다. 대학교의 연구자들, 학교구의 평가 부서 또는 수학 및 통계 교사들과 협력하는 것이 좋다.
9. 자료를 분석하고 학생, 교사, 학부모, 학교행정관리자에게 자료를 보여 주기 위해 파워포인트 발표를 준비한다.	지침으로서 〈자료 9-1〉에 제시된 샘플 파워포인트 자료를 사용하라.
10. 자료에 기초하여 괴롭힘 예방과 개입에 관한 아이디어를 낸다.	가장 강력한 예방 및 개입 전략은 당신이 얻은 자료를 살펴보고 지속적 변화를 만들기 위해 그 자료를 사용하는 것에서부터 나온다.
11. 자료에 근거한 의사결정 과정을 매해 반복하라.	이러한 과정은 매해 계속되어야 한다.

출처: Susan M. Swearer, Dorothy L. Espelage, & Scott A. Napolitano(2009). Guilford Press에 저작권이 있으며 이 책의 구매자가 개인적인 용도로만 이 양식을 복사하여 사용하는 것을 허락함(상세한 내용은 저작권 페이지 참조).

OO 중학교

미국 남동부에 위치한 매우 가난한 시골 지역인 학교구의 관리직 직원과 교사들은 괴롭힘 가해/피해가 그들 지역사회 문화의 한 부분이라는 것을 깨달았다. 그들은 매우 낮은 졸업률, 높은 수준의 학대와 방임, 약물과 술 남용, 가출에 대해 이야기하였다. 이 지역사회의 훨씬 더 큰 사회적 이슈들을 고려할 때 처음에는 괴롭힘 가해/피해가 그들의 문제 중 가장 작게 보인다. 그러나 사실 이 학교의 교직원들은 그 반대라고 느끼고 있었으며 괴롭힘은 그들이 다룰 수 있는 문제였다. 그들은 학교 전체를 대상으로 무기명 설문지를 실시하기로 결정하였다. 그들이 얻은 결과와 자료-기반의 의사결정을 사용한 방식은 다음 부분에 제시된다.

과제 1: 괴롭힘 금지 평가팀을 만들기

학교구와 교직원들은 학교행정관리자 두 명, 교사 두 명, 학교심리학자 한 명, 학부모 두 명, 학생 두 명으로 구성된 괴롭힘 금지 평가팀을 만들었다. 9명으로 구성된 이 팀은 한 달에 한 번씩 만나서 학교 전체를 대상으로 괴롭힘 행동에 대해 종합적 설문지를 실시하기로 결정하였다. 그들은 의사결정 풍토를 만들기 위해서 Target Bullying Survey와 Intervention System: Ecologically Based Prevention and Intervention for Schools 프로젝트(www.targetbullying.com)를 통해 대학의 연구자들과 협력하였다. 이러한 다학제적 괴롭힘 금지 위원회는 매 봄학기마다 이러한 과정의 실시를 주도하였다.

과제 2: 회의와 브레인스토밍하기

괴롭힘 금지 평가팀은 여러 우려되는 부분들을 확인하였다. 그들은 정신건강 문제에 대해 걱정하였고 괴롭힘에 관여된 학생들이 불안과 우울을 겪고 있는지가 궁금했다. 그들은 또한 괴롭힘이 남녀 학생에게 동등한 정도로 나타나는지, 어디에서 일어나는지, 저학년에서 더 빈번한지 그리고 괴롭힘이 학생들에게 미치는 영향은 무엇인지를 알고 싶어 했다. 몇 가지 질문은 다음과 같다. '다른 사람을 괴롭히는 학생(가해학생), 괴롭힘을 당하는 학생(피해학생) 그리고 괴롭힘을 관찰하는 학생(방관자)들의 비율은 얼마인가? 괴롭힘에 대한 학생들의 태도는 어떠한가? 어디에서 괴롭힘이 발생하는가? 학생들은 괴롭힘에 대해 어떤 말을 하는가?' 이 지역사회가 지닌 여러 사회적 스트레스 변인과 학생들이 높은 수준의 내재화 문제를 겪고 있다는 느낌 때문에 위원회는 우울과 불안 스크리닝을 실시하기를 원하였다.

과제 3: 서로 다른 평가 전략들에 대해 공부하기

괴롭힘 금지 평가팀이 만들어 낸 질문들에 근거하여 그들은 가해학생, 피해학생 그리고 방관자의 경험/괴롭힘에 대한 태도/괴롭힘에 대한 교사의 신념/우울과 불안 (그들이 사용하기로 했던 도구들은 〈자료 9-1〉의 슬라이드 6~9에 열거된다)을 평가하기 위해서 종합적인 설문지를 사용하는 데 관심을 가졌다.

과제 4: 자료수집의 시기 결정하기

학교행정관리자와의 자문과 학사일정을 고려하여 괴롭힘 금지 평가팀은 가을 후반부에 자료를 수집하기로 결정하였다. 봄학기에는 자료 발표가 가능하도록 SPSS(통계 프로그램, www.spss.com)에 자료를 입력하기 위한 시간이 필요했다.

과제 5: 자료수집의 형식 결정하기

이 학교와 학교구의 재정적 한계와 모든 학생들이 컴퓨터를 사용할 수 없다는 사실 때문에 그들은 지필검사를 통해 자료를 수집하기로 결정하였다.

과제 6: 지역사회 기업 및 재단과 협력하기

자료수집, 자료입력, 자료분석에 대한 재정적 지원을 위해서 학교구 행정관리자는 창의성을 발휘하여 안전하고 약물 없는 학교(safe and drug-free schools) 기금을 사용하였을 뿐 아니라 자료수집을 위해 기업과 가족의 기부를 확보하였다. 많은 지역사회 구성원들은 괴롭힘 행동을 감소시키는 데 관심이 있었고 괴롭힘 금지 정책을 돕기 위해 지역사회 지도자들과 교섭할 수 있었다.

과제 7: 매년 지속적으로 자료수집하기

괴롭힘 금지 평가팀은 매년 가을 후반부(추수감사절과 겨울방학 사이)에 자료를 수집하기로 결정하였다.

과제 8: 자료입력하기

자료를 SPSS에 입력하였고 학교의 수학교사와 협력하여 분석하였다.

과제 9: 자료를 분석하고 파워포인트 발표 자료를 만들기

자료의 분석과 발표는 수학(자료를 그래프로 만들고 분석하기), 영어(본문 작성), 상담(심리 측정도구 채점), 사회(괴롭힘 가해/피해의 효과에 대한 연구) 분과의 협력으로 이루어질 수 있다. 발표는 행정관리자와 이러한 여러 분과의 협응된 노력이었다. 샘플 파워포인트 발표는 〈자료 9-1〉에 제시하였다. 슬라이드 1~5는 자료의 발표를 위한 시작단계다. 슬라이드 4에서 볼 수 있듯이 각 학년의 연령범위는 꽤 넓다. 이는 유급된 학생들이 많았기 때문이고 따라서 각 학년에 연령이 많은 학생들이 포함되어 있었다. 한 학년에 4년이라는 연령범위가 존재하는 것이 어떻게 괴롭힘 행동을 발생시키는 조건이 될까? 이는 괴롭힘 금지 평가팀이 그들의 자료에 근거하여 해결하리라 결정했던 질문 중 하나였다. 이는 어떻게 자료가 정책에 영향을 줄 수 있는지의 한 예다. 학교는 학생들이 유급되는 것을 방지하기 위해 무엇을 할 수 있을까? 슬라이드에서 볼 수 있듯이 이 학교에서는 괴롭힘이 주로 각 학년 내에서 발생하고 있다(더 나이 든 학생들이 더 어린 학생들을 괴롭히는 것과는 반대로). 이처럼 팀은 각 학년의 연령 통계에 대한 가치 있는 정보를 얻었으며 각 학년 내의 연령범위가 확대되는 것이 그들 학교의 괴롭힘 행동에 기여하고 있음을 알게 되었다.

슬라이드 10~14는 학생들이 평균, 표준편차, 백분율을 학습하고 계산하는 데 어떻게 참여하게 되는지에 대한 예다. 자료의 그래프 작성은 수학시간에 가르치고 연습할 수 있는 또 다른 도구다. 게다가 막대 그래프나 파이 도표는 시각적으로 매력적이며 괴롭힘 경험의 범위를 명료하게 전달한다. 슬라이드 11에서 볼 수 있듯이 이 학교의 학생들 중 29%는 현재 학년에서 매일 또는 매주 괴롭힘을 당한다고 보고하였다. 단지 2.8%만이 다른 사람을 괴롭힌다고 보고하였고 20.1%는 다른 사람을 괴롭히기도 하고 동시에 괴롭힘을 당하기도 한다고 보고하였다. 22.1%는 괴롭힘을 관찰하며 24%는 괴롭힘에 전혀 관여하지 않는다고 보고하였다. 따라서 이 중학교에 다니는 학생들 가운데 약 76%는 괴롭힘 가해/피해의 역동에 참여하고 있다고 보고하였다.

이 학교는 Target Bullying 연구 팀과 함께 협력하고 있었기 때문에 그들은 비교자료(슬라이드 15~18)에 관심이 있었다. 다른 주에 있는 중학교와 비교했을 때 이 학교 학생들의 괴롭힘 가해/피해 정도가 훨씬 높았다는 것을 알게 되었고 그래서 '전혀 관여하지 않는' 학생들의 수를 더 낮출 필요가 있다는 것을 알게 되었다. 이 학교가 그들의 자료를 다른 학교의 자료와 비교할 수 있었으나 매년 자료를 수집하는 것의 또 다른 장점은 학교가 여러 해에 걸쳐 자료를 비교할 수 있다는 점이다. 학교가 매년 자료를 수집하려고 노력할 때 학생들의 괴롭힘 관여 정도가 (바라건대) 감소하는지를 알아보기 위해 해마다 사용할 수 있는 비교자료를 확보하게 되는 것이다.

괴롭힘 가해/피해에 대한 세부사항

성별에 따른 괴롭힘 정보(슬라이드 19), 괴롭힘이 일어나는 장소(슬라이드 20) 그리고 학생들이 보고한 괴롭힘의 유형(슬라이드 22)은 학교에서 일어나고 있는 괴롭힘 가해/피해의 특징에 대해 명확한 그림을 얻기 위해 중요하다. 이 세 개의 슬라이드에서 볼 수 있듯이 이 중학교의 남녀 학생 모두는 괴롭힘에 동등하게 참여하고 있다. 괴롭힘의 대부분은 복도, 교실, 버스, 학교식당 그리고 운동장에서 일어난다. 대부분의 괴롭힘은 언어적이다. 괴롭힘 가해/피해와 학업성취의 관계는 매우 중요하며 여러 문헌에서 분명하게 언급되고 있다(Fonagy, Twemlow, Vernberg, Sacco, & Little, 2005). 이 학교에서 학생의 41%는 괴롭힘 피해 경험이 공부하는 것을 어렵게 한다고 보고하였다(슬라이드 25). 많은 학교구에서 이러한 학업과의 연결성은 괴롭힘 금지 정책을 지지하기 위한 정보가 된다.

질적, 양적 자료

가능하다면 어떤 설문조사나 검사에서든지 개방형의 질문을 포함하는 것이 중요하다. 개방형 질문은 발표를 흥미롭게 만드는 질적인 자료를 제공한다(슬라이드 21, 23, 29, 33, 38~40). 그러나 학생이나 교직원의 이름을 포함해서는 안 되며 발표에 포함한 진술은 한 명이 아니라 여러 명의 학생이나 교직원이 언급한 것이어야 한다. 또한 여러 진술에 공통적인 주제를 제시해서 그 진술을 한 사람이 누구인지를 식별할 수 없도록 해야 한다.

또래를 괴롭히는 사람과 괴롭힘을 당하는 이유

이러한 자료는 언어적 괴롭힘이 이 학교의 주된 문제이며 같은 학년의 남학생이 남을 괴롭히는 행동을 훨씬 더 많이 하고 있음을 알려 준다(슬라이드 24). 이 자료는 언어적 괴롭힘이 매우 해롭다는 사실에 대해 학생들과 대화할 필요성을 제기한다. 언어적 괴롭힘에 대한 대가는 신체적 괴롭힘에 대한 대가와 동등해야만 한다는 것이 우리의 신념이다. 학생들에게 그들이 왜 괴롭힘을 당했다고 생각하는지를 묻는 것 역시 중요하다(슬라이드 26). 겁이 많은 것, 게이라고 불리는 것, 뚱뚱하다고 놀림을 받는 것 등 여러 이슈는 평가해야 할 중요한 신념이며 학교풍토를 들여다볼 수 있는 창을 제공한다.

학생과 성인의 관계

학생들이 괴롭힘 가해/피해에 대해서 그들의 삶에 있는 성인들에게 말하고 있는지 여부를 결정하는 것은 중요하다. 자료-기반의 의사결정을 하는 것의 한 가지 긍정적인 부산물은 성인들이 관심을 가지고 있고 학생들의 의견을 묻고 있다는 것을 학생들에게 전달한다는 점이다. 슬라이드 27은 피해학생들의 35%, 가해학생들의 32%가 교사들이 괴롭힘에 대해 알지 못한다고 진술했음을 보여 준다. 슬라이드 28에 따르면, 학생들 대부분은 그들의 교사가 어떻게 괴롭힘을 다루는지에 대해 알지 못하였다. 이 슬라이드들은 학교에서 학생과 교사들이 괴롭힘에 대해 의사소통을 더 많이 해야 할 필요가 있음을 보여 준다.

가정과 학교의 관계

이 지역사회의 다른 사회적 문제들에 근거하여 괴롭힘 금지 위원회는 학생들이 가정에서 괴롭힘을 당하는지에 관심이 있었다. 이 학교 학생들의 경우 형제간 괴롭힘이 발생한 예들이 있는 것 같았다(슬라이드 31). 괴롭힘을 당한 학생들 중 44%는 부모가 이 사실에 대해 알고 있다고 보고하였다. 이는 부모-자녀 의사소통의 긍정적 지표다. 그러나 33%는 부모가 알지 못한다고 보고하였다. 가정과 학교의 관계는 평가해야 할 중요한 영역이며 부모와 지역사회 집단들과 공유될 수 있다.

괴롭힘 가해/피해에 대한 태도의 평가

괴롭힘에 대한 지지를 검토하는 것은 중요하다. 만약 괴롭힘 가해/피해가 지지되고 있다는 생각이 만연해 있다면 이는 개입을 필요로 하는 명확한 이슈다. 가해학생들이 괴롭힘에 대해 지지적인 태도를 가지고 있는 것은 놀라운 일이 아니다. 그러나 그들이 또한 피해자이기도 한 경우(즉, 가해-피해학생)에서도 괴롭힘에 대해 지지적인 태도를 가지고 있다는 사실은 괴롭힘에 대한 믿음을 변화시키기 위한 개입이 이러한 학생들에게 중요하다는 것을 보여 준다.

학생과 교사 모두를 평가하기

이 학교는 다행스럽게도 괴롭힘 가해/피해가 문제라고 느끼는 교직원의 수가 많았다(슬라이드 34와 35). 안타깝게도 우리는 학생들은 괴롭힘이 문제라고 말하지만 교직원은 괴롭힘이 문제가 되지 않는다고 말하는 많은 학교에 자문을 제공해 왔다. 학생과 교직원의 의견

불일치는 개입을 해야 할 이슈이며 성인과 학생들 사이의 의사소통 문제를 나타낸다.

우울, 불안 그리고 괴롭힘 가해/피해

학생들의 점수가 임상적으로 유의하지는 않았지만(슬라이드 36과 37) 상담 분과의 중요한 발견은 피해학생들이 그렇지 않은 집단보다 더 높은 수준의 불안을 보고했으며 다른 학생들을 괴롭히는 동시에 괴롭힘을 당했던 학생들(가해–피해학생)은 다른 집단에 비해 더 높은 수준의 우울을 보고했다는 점이다. 이는 우울, 불안, 괴롭힘의 관계에 대한 연구결과와 일치하며 이러한 학생들의 경우 우울과 불안의 치료가 필요함을 시사한다(Merrell, 2001).

과제 10: 괴롭힘 예방과 개입 전략의 개발

자료는 각 학교에서 일어나고 있는 괴롭힘에 대한 사실을 보여 준다. 자료를 사용해서 예방과 개입을 위한 논의와 아이디어를 만들어 내라(슬라이드 41). 성인과 학생들 간의 개방된 의사소통(슬라이드 42)과 존중하는 행동을 모델링하는 것(슬라이드 43) 같은 예방노력은 필수적이다. 7학년 학생집단에서 수집한 자료는 개입노력을 7학년 학생들에게 맞게 준비해야 함을 보여 준다(슬라이드 44). 이 학교에서의 괴롭힘은 성별에 따른 차이 없이 발생했으며 학습에 부정적인 영향을 미쳤다(슬라이드 45).

슬라이드 46은 학생들이 괴롭힘을 당한다고 보고했던 장소에 기초하여 구체적인 개입을 목표로 한다. 성인과 학생 간 상호작용을 증진시키는 것도 괴롭힘 행동을 감소시키는 데 도움이 될 수 있다.

과제 11: 연간 평가의 실시

제4장에서 언급하였듯이 연간 평가의 실시는 중요하며 이는 괴롭힘 가해/피해가 중요한 문제라는 것을 알려 준다. 또한 연간 평가는 교직원, 학부모 그리고 학생들에게 매년 괴롭힘 가해/피해에 대한 그들의 경험과 느낌을 나눌 수 있는 기제가 있다는 것을 알게 한다. 이 장에서 묘사된 중학교에서는 교직원과 학생이 자료-기반의 의사결정 모델을 통해 많은 혜택을 받았기 때문에 매해 자료를 수집하기로 결정하였다. 학생회와 학교심리학자는 교실 발표를 위해 파워포인트 슬라이드를 사용하며, 수학교사와 학생들은 자료를 분석하고 그래프를 준비하고, 사회와 영어 분과는 차별과 괴롭힘 가해/피해에 대한 수업을 함께 개발하였다. 또한 학부모 및 지역사회 기관들과 자료를 공유하였다. 이러한 경험은 학교와 지역사회에 변혁을 가져왔다.

마지막 생각

우리는 이 책이 자료-기반의 의사결정을 촉발시켜서 교직원과 교육 관련 의사결정자들이 전국의 학교에서 괴롭힘, 희롱, 차별에 대해 연간 자료를 수집하게 되기를 바란다. 우리는 교육자, 학부모, 학생들이 괴롭힘 행동을 유발하는 여러 조건에 대해 이해하게 될 때 학교와 지역사회에서 괴롭힘 가해/피해를 종식시키기 위해 필요한 도구들을 가지게 될 것이라 믿는다. 우리는 모든 사람들의 건강하고 긍정적인 관계를 조성하기 위해 온정을 갖고 집단적으로 협력해야만 한다. 그렇게 할 수 있을 때에만 80%에 달하는 괴롭힘 행동을 0%로 줄일 수 있는 잠재력을 갖게 될 것이다.

자료 9-1

○○중학교 파워포인트 발표 샘플[1]

슬라이드 1

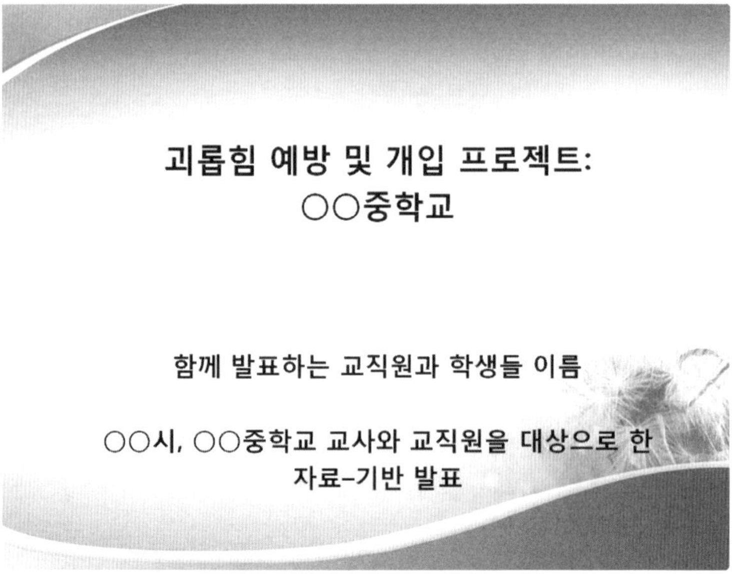

역자 주: 파워포인트 발표 샘플은 괴롭힘의 평가와 예방 및 개입에 관심을 가진 학교에서 활용할 수 있도록 제공된 것이다. 학교에서 수집한 실제 자료로 구체적인 내용을 보완한 후에 사용해야 한다.

슬라이드 2

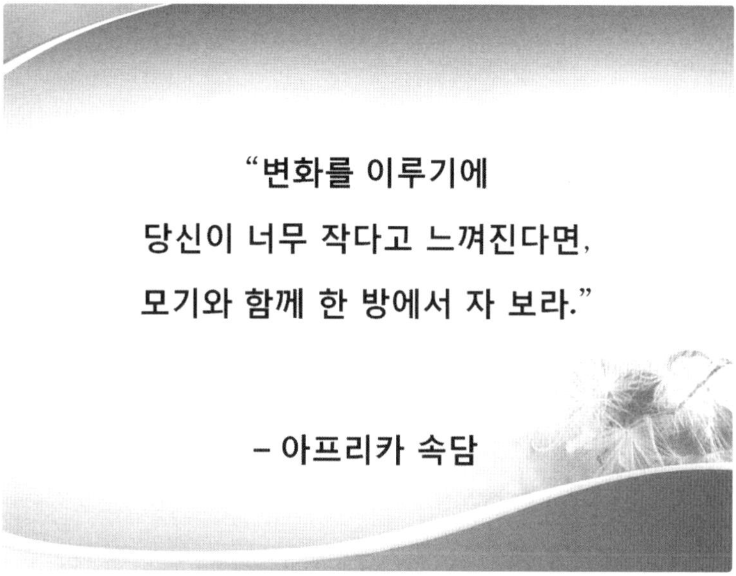

슬라이드 3

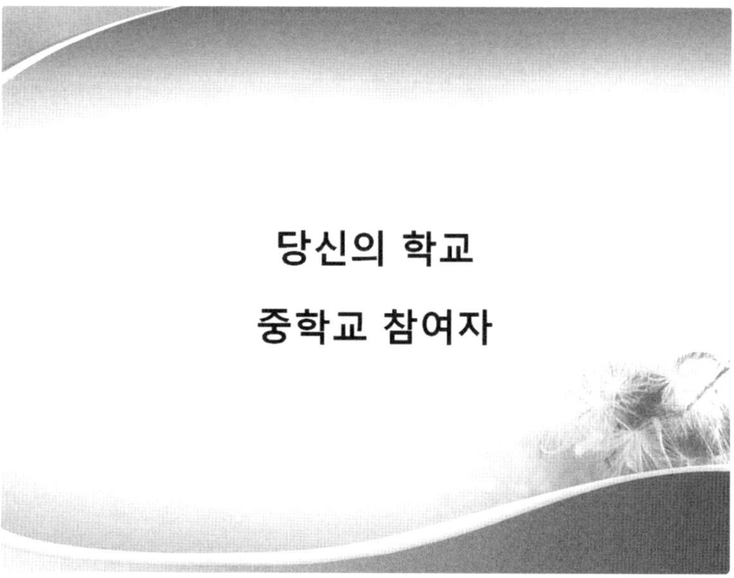

슬라이드 4

참여자 – 학교 이름

학 년	학생 수	최저연령	최고연령	평균연령	표준편차
6학년	186	10	13	11.62	.65
7학년	183	10	14	12.67	.66
8학년	105	11	15	13.53	.68
모름	22				

슬라이드 5

참여자의 민족 구성

민족 구성	학생 수	%
백인	454	91.5%
라틴/히스패닉계	9	1.8%
미국 원주민	4	0.8%
기타	3	0.6%
흑인/아프리카계 미국인	1	0.2%
보고하지 않음	29	8.8%

슬라이드 6

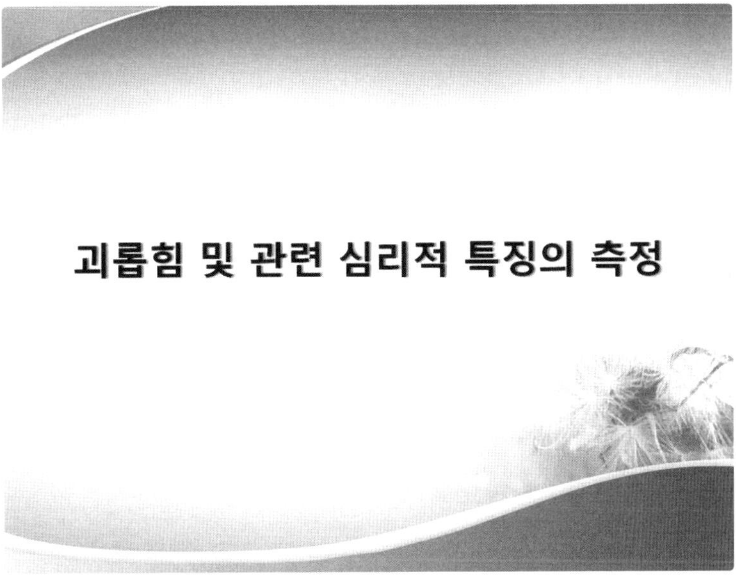
괴롭힘 및 관련 심리적 특징의 측정

슬라이드 7

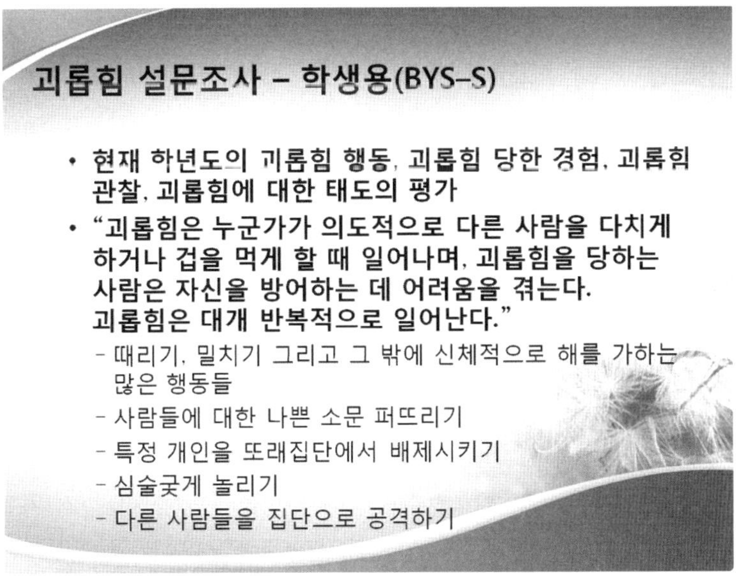
괴롭힘 설문조사 – 학생용(BYS-S)
• 현재 학년도의 괴롭힘 행동, 괴롭힘 당한 경험, 괴롭힘 관찰, 괴롭힘에 대한 태도의 평가
• "괴롭힘은 누군가가 의도적으로 다른 사람을 다치게 하거나 겁을 먹게 할 때 일어나며, 괴롭힘을 당하는 사람은 자신을 방어하는 데 어려움을 겪는다. 괴롭힘은 대개 반복적으로 일어난다."
- 때리기, 밀치기 그리고 그 밖에 신체적으로 해를 가하는 많은 행동들
- 사람들에 대한 나쁜 소문 퍼뜨리기
- 특정 개인을 또래집단에서 배제시키기
- 심술궂게 놀리기
- 다른 사람들을 집단으로 공격하기

슬라이드 8

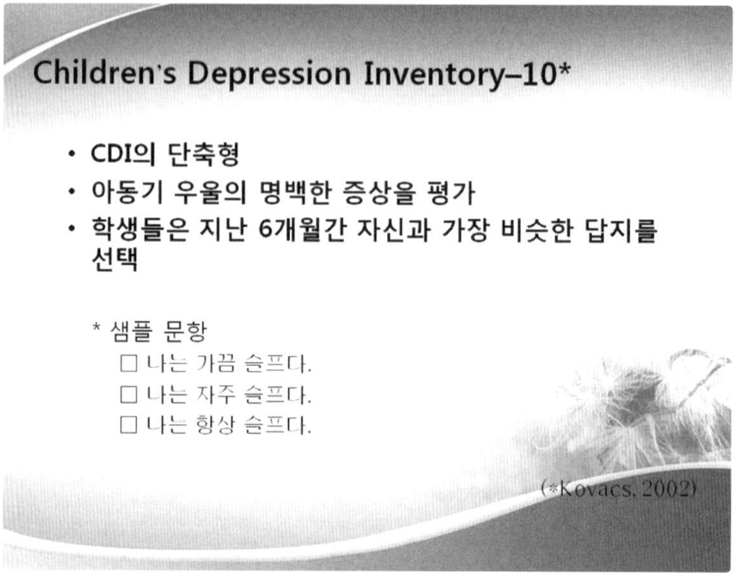
Children's Depression Inventory–10*
• CDI의 단축형
• 아동기 우울의 명백한 증상을 평가
• 학생들은 지난 6개월간 자신과 가장 비슷한 답지를 선택
* 샘플 문항
☐ 나는 가끔 슬프다.
☐ 나는 자주 슬프다.
☐ 나는 항상 슬프다.
(*Kovacs, 2002)

슬라이드 9

Multidimensional Anxiety Scale for Children–10*
• MASC의 단축형
• 8~19세 아동을 대상으로 불안의 주요 차원 평가
• 10문항, 4점 리커트 척도
- 전혀 그렇지 않다, 거의 그렇지 않다, 때때로 그렇다, 자주 그렇다
* 샘플 문항
- 나는 캠핑하러 떠나는 것이 무섭다.
- 나는 모든 것이 안전함을 확실히 하기 위해 확인한다.
(*March, 1997)

슬라이드 10

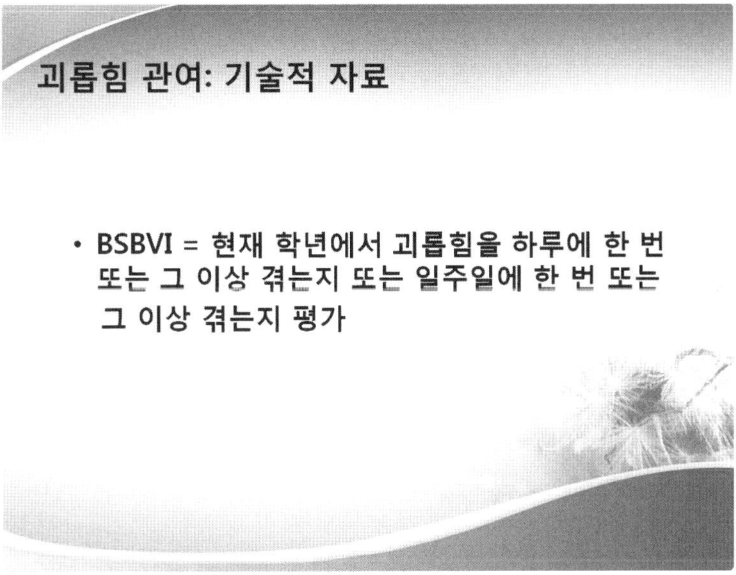

슬라이드 11

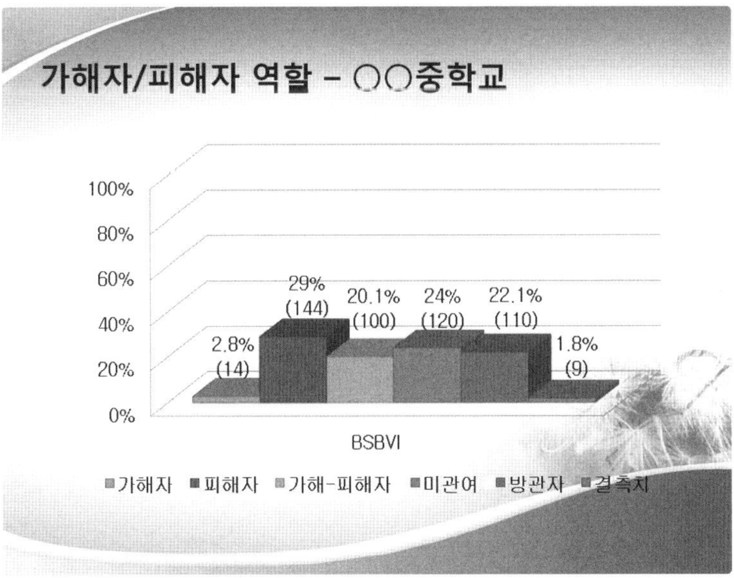

슬라이드 12

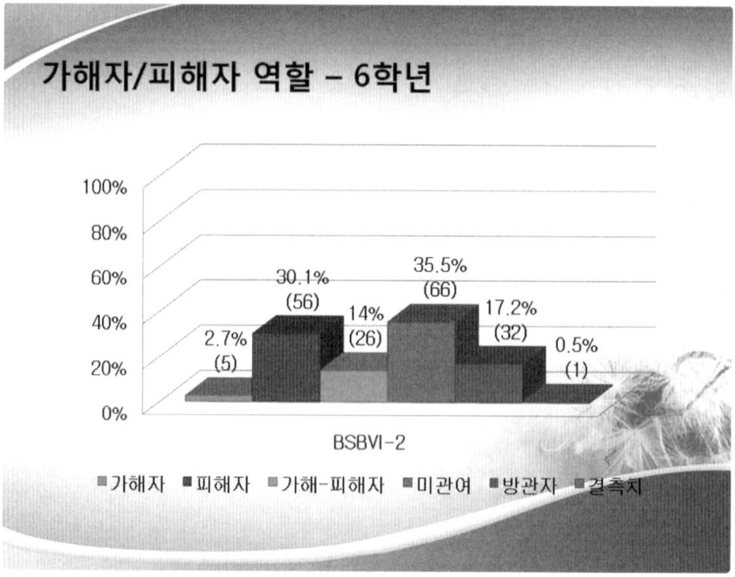

슬라이드 13

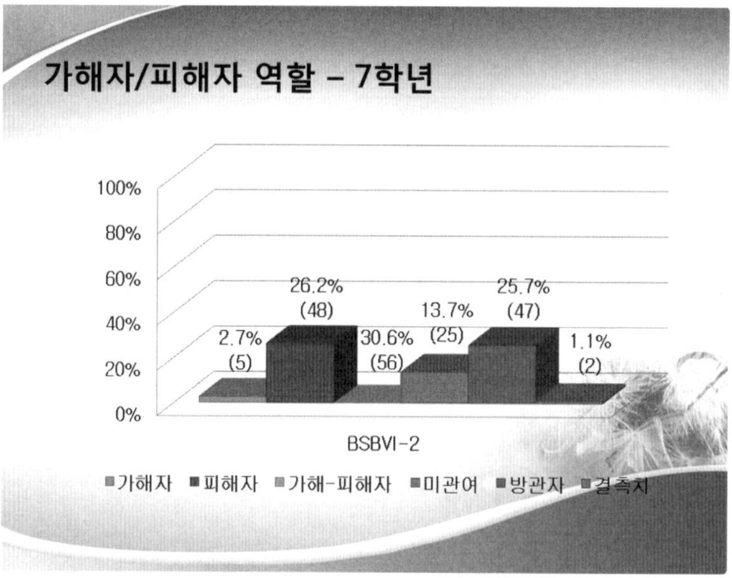

슬라이드 14

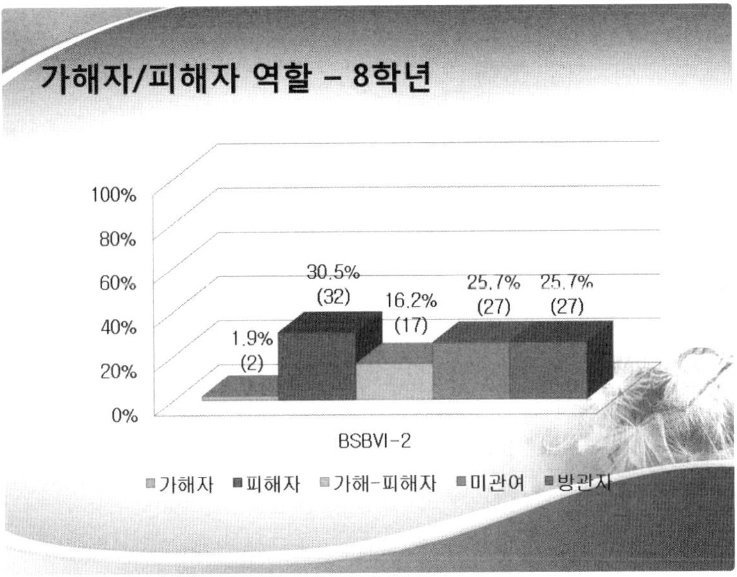

슬라이드 15

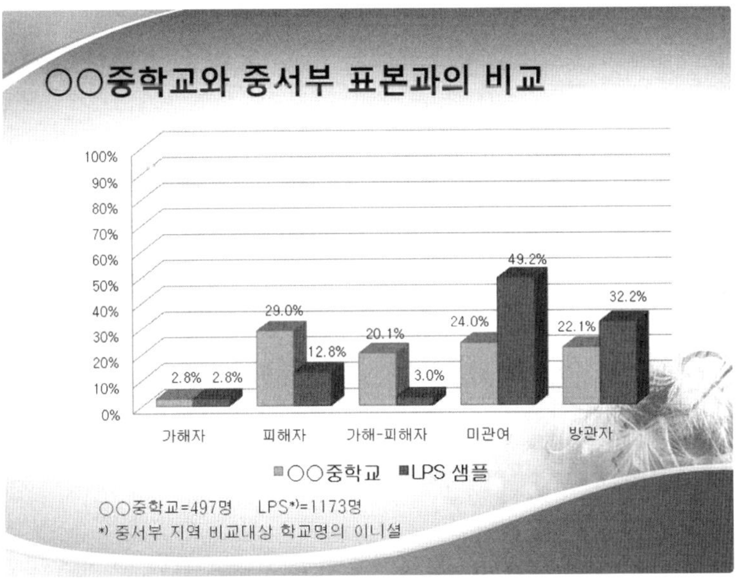

슬라이드 16

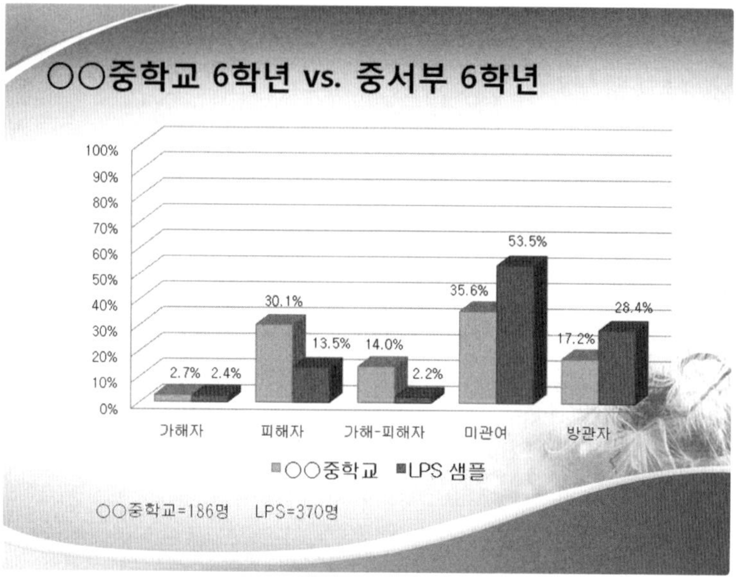

슬라이드 17

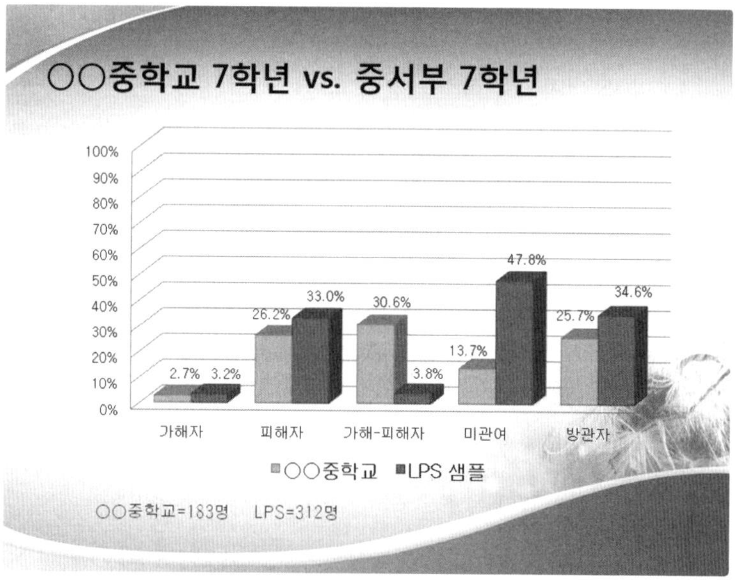

슬라이드 18

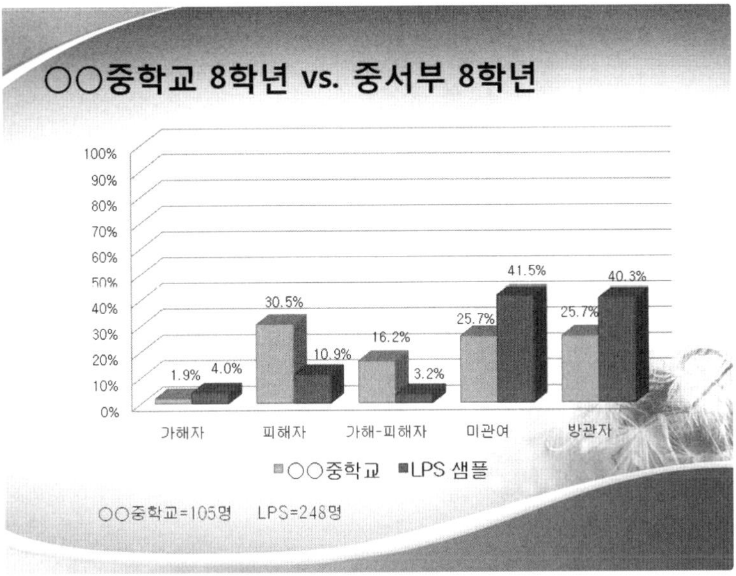

슬라이드 19

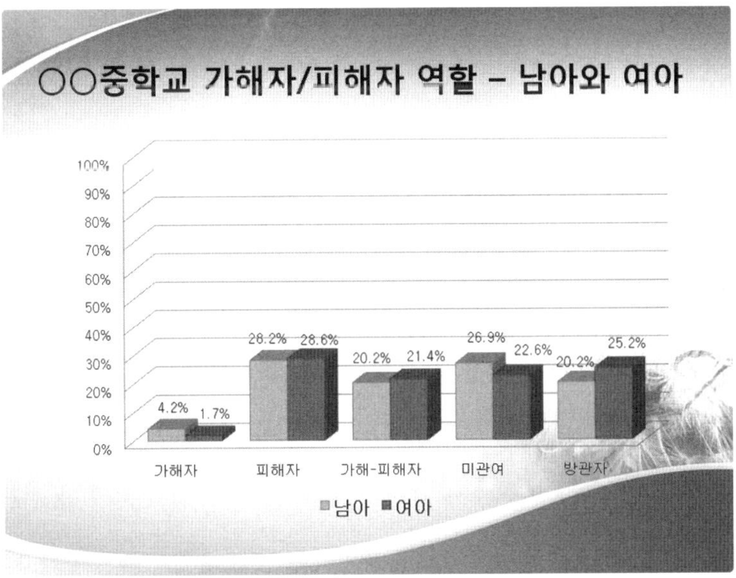

슬라이드 20

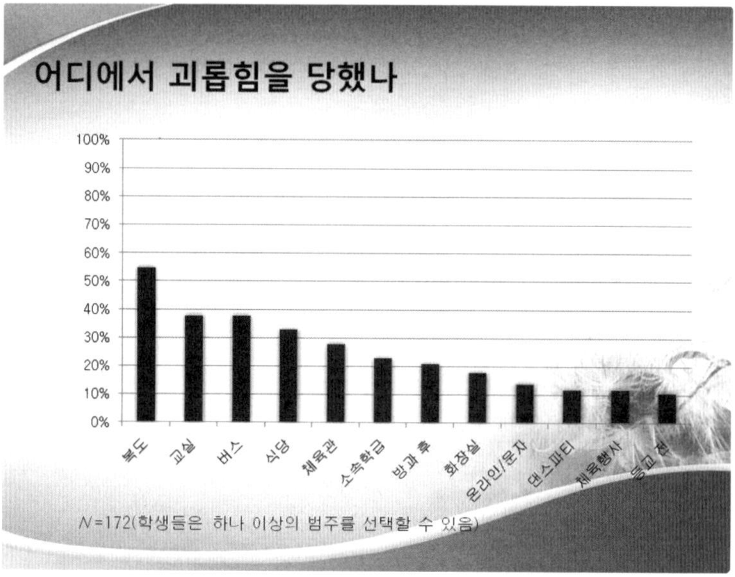

슬라이드 21

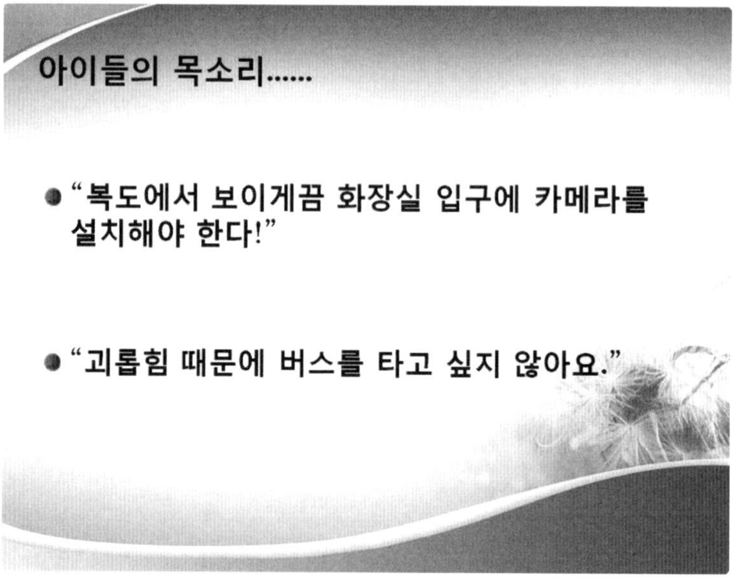

슬라이드 22

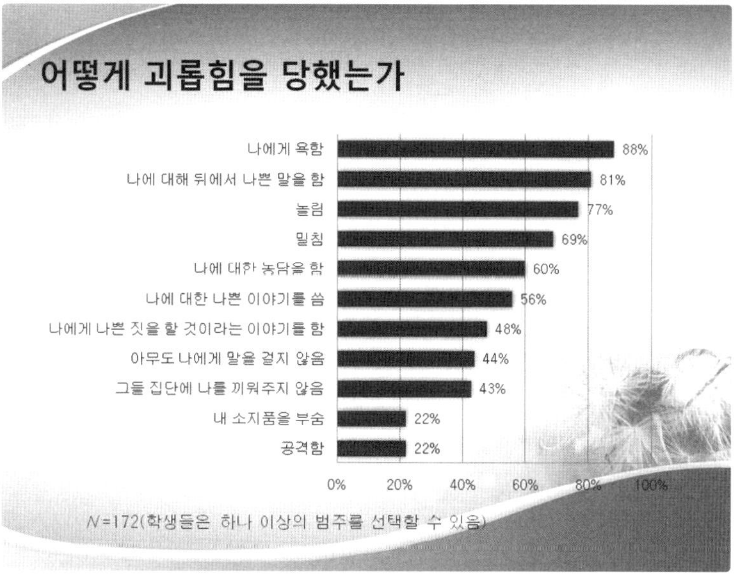

슬라이드 23

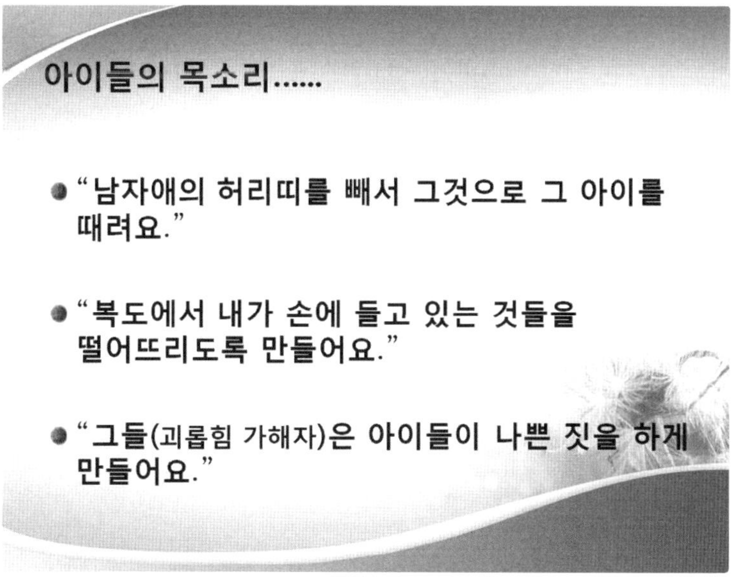

슬라이드 24

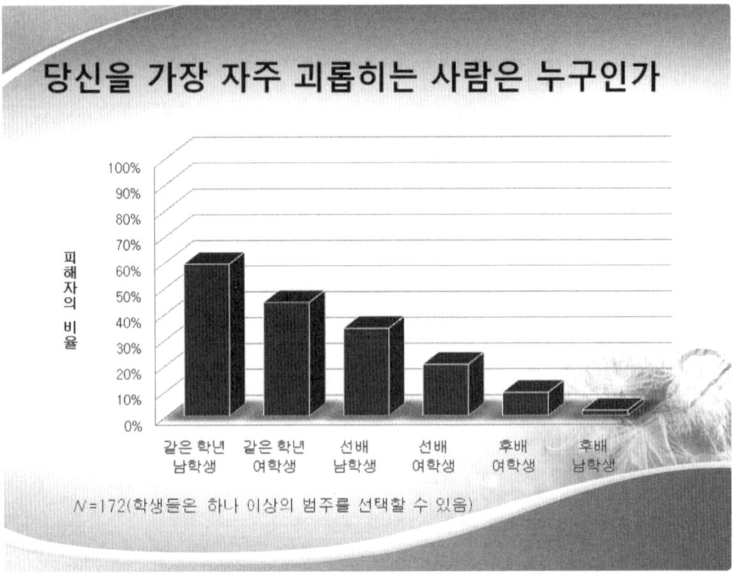

슬라이드 25

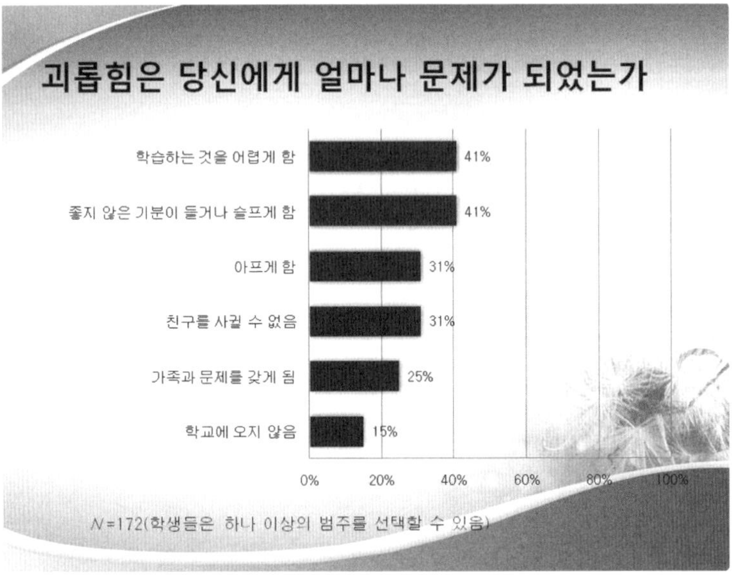

슬라이드 26

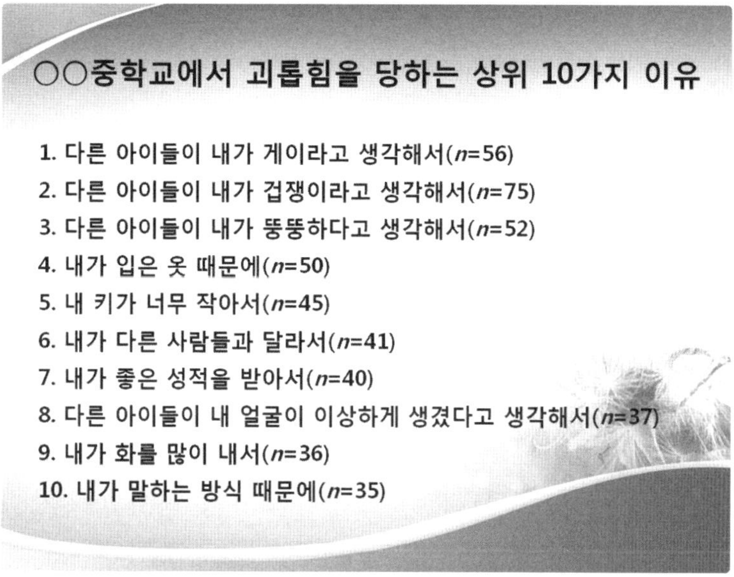

슬라이드 27

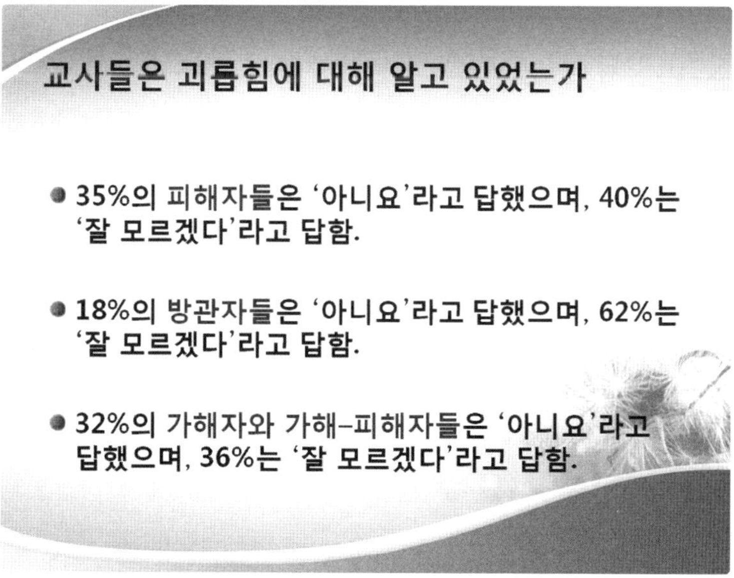

슬라이드 28

교사와 교직원들이 괴롭힘에 대해 얼마나 잘 다루고 있다고 생각하는가

	피해자 N=144	방관자 N=110	가해자 & 가해-피해자 N=114
매우 잘한다	14%	7%	10%
보통이다	20%	16%	13%
나쁘다	18%	13%	21%
잘 모르겠다	38%	57%	52%
결측치	10%	6%	4%

슬라이드 29

아이들의 목소리......

- "선생님은 가해자들을 정학시켰어요."
- "선생님은 가해자들에게 괴롭힘을 그만두지 않으면 팀에서 쫓겨날 것이라고 말했어요."
- "선생님은 나에게 그들(가해자들)을 무시하라고 말했어요."
- "우리가 문제를 피할 수 있게 다양한 학교 활동이 더 많이 필요해요."
- "선생님은 나를 채찍질했던 두 아이를 고소했어요."

슬라이드 30

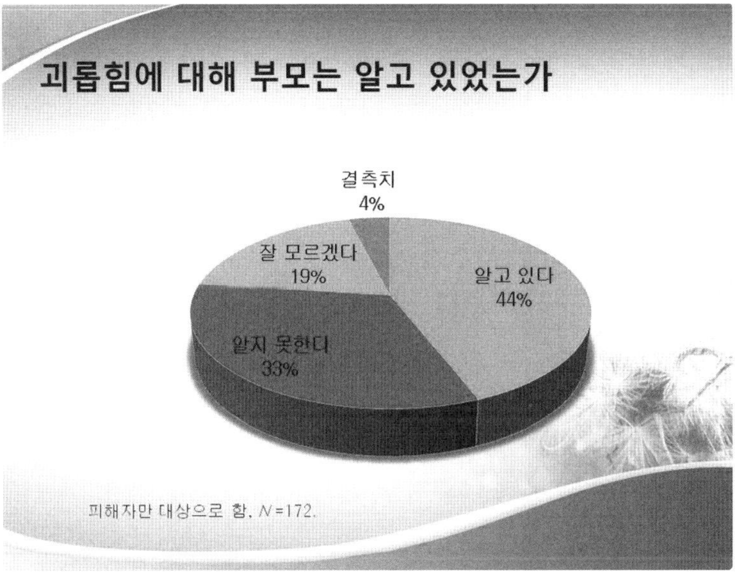

슬라이드 31

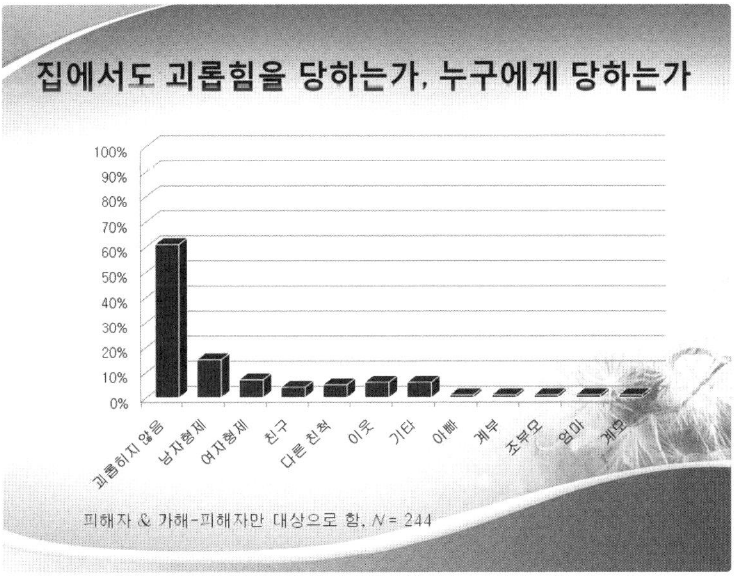

슬라이드 32

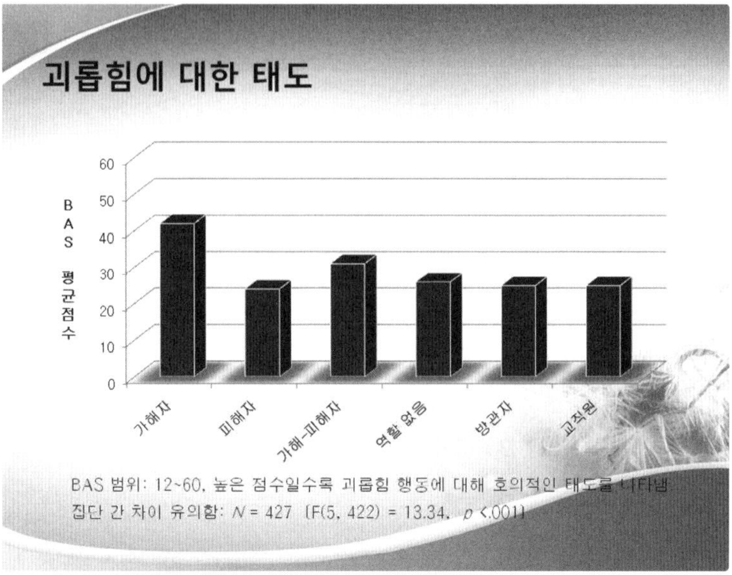

슬라이드 33

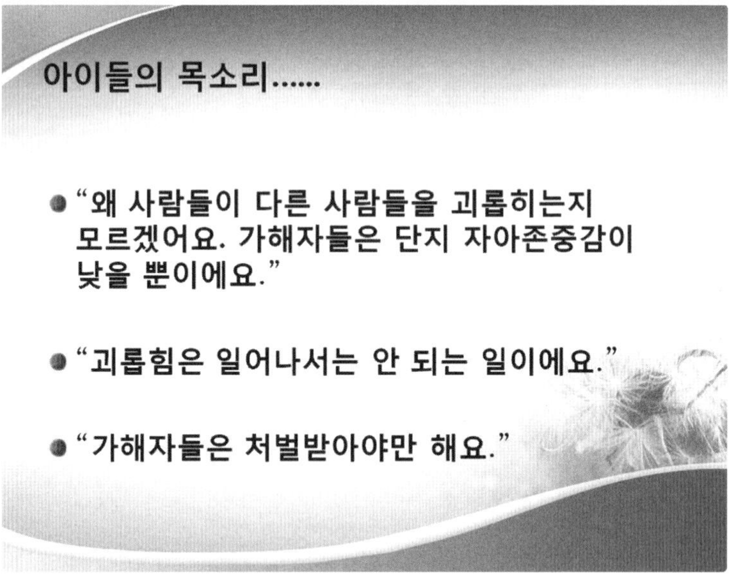

슬라이드 34

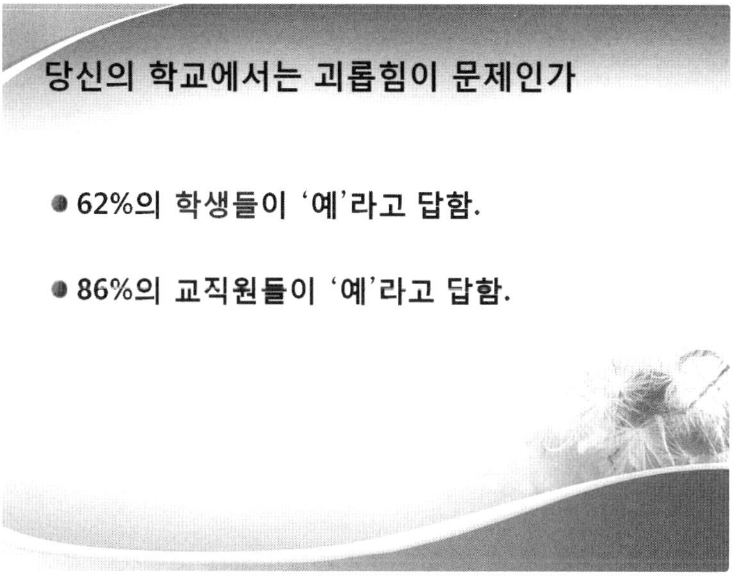

슬라이드 35

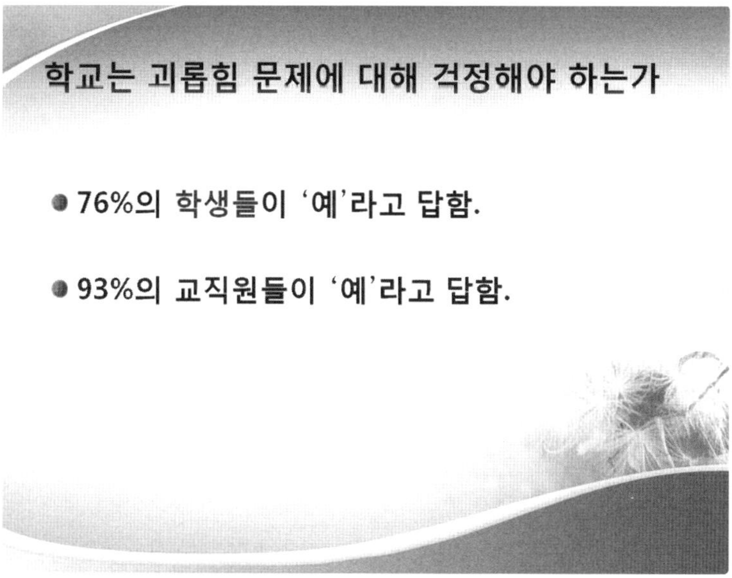

슬라이드 36

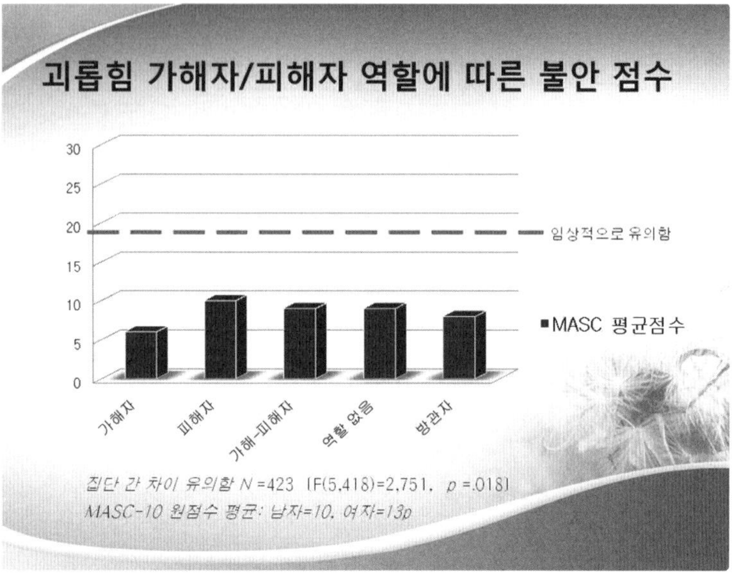

슬라이드 37

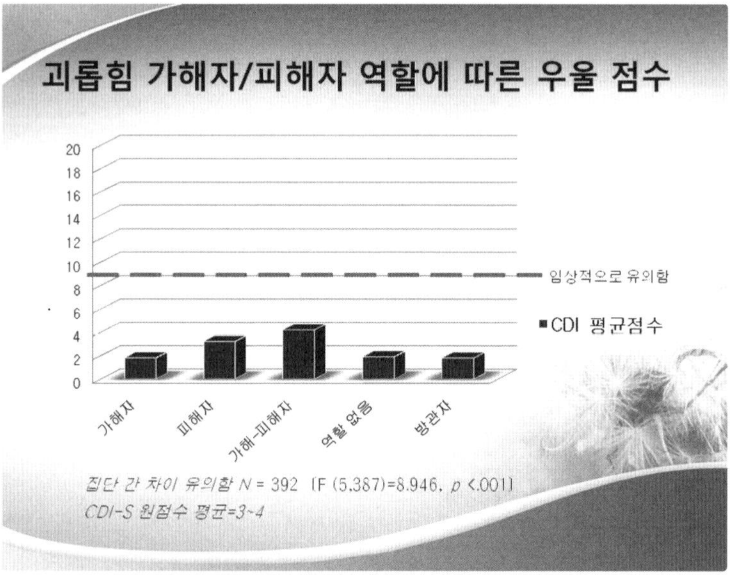

슬라이드 38

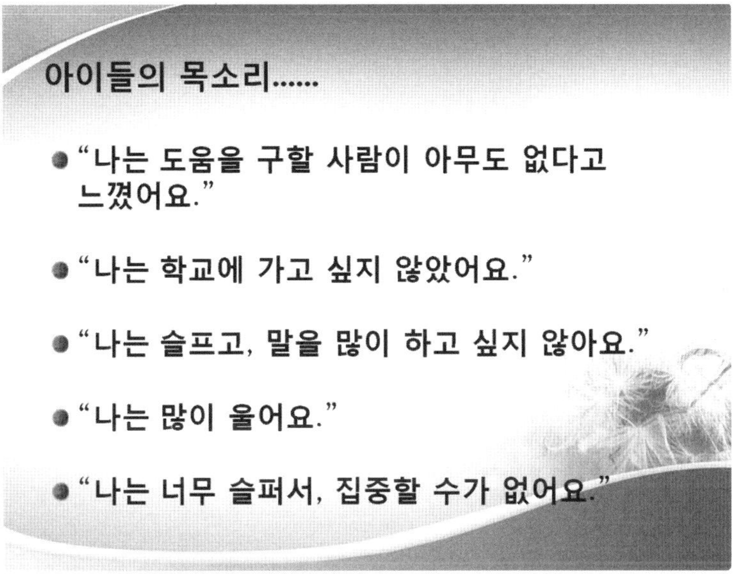

슬라이드 39

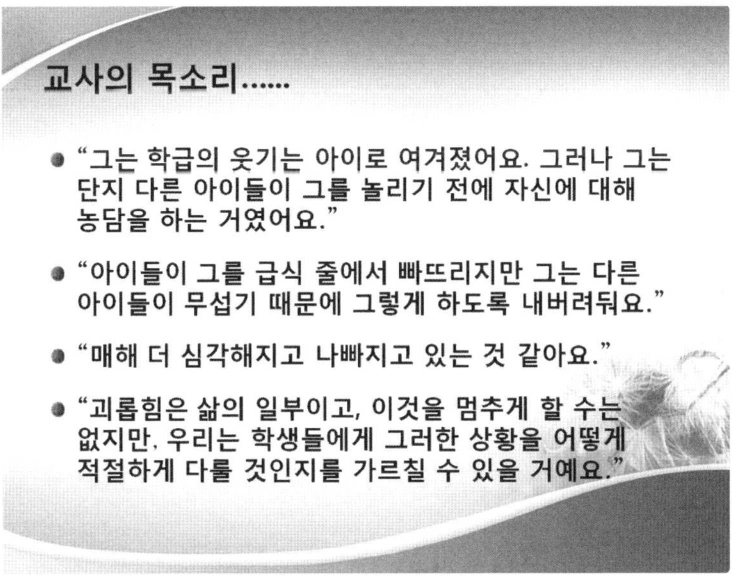

슬라이드 40

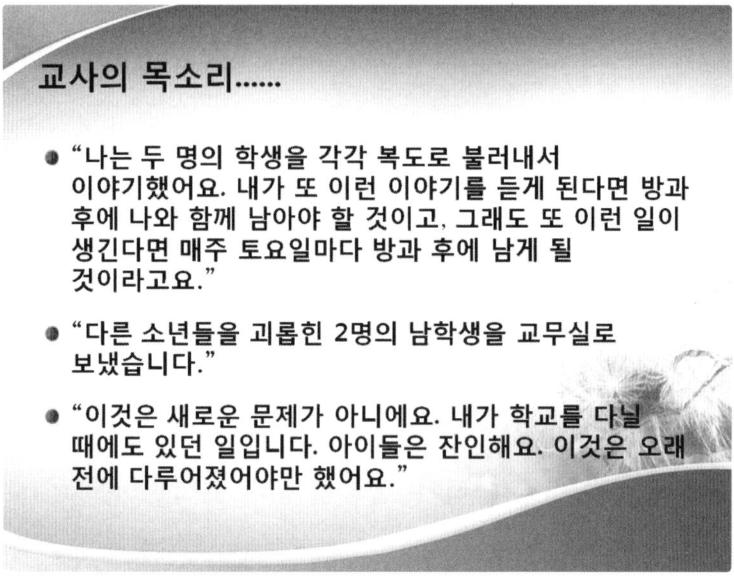

슬라이드 41

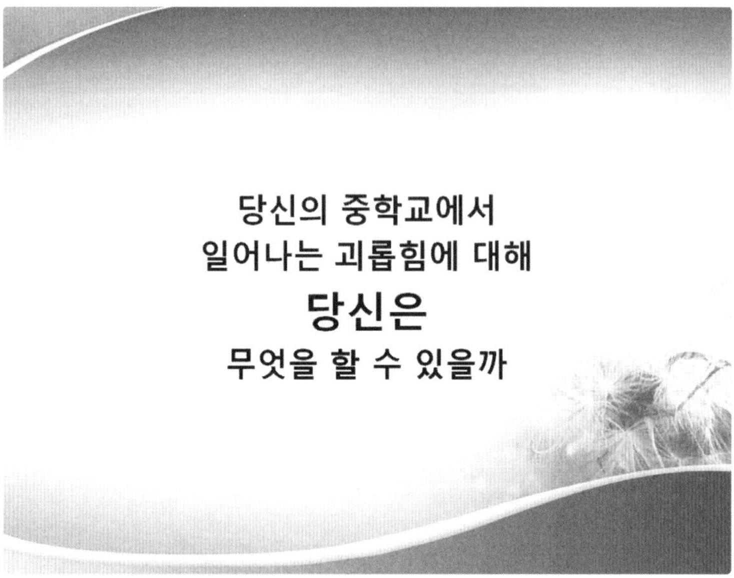

슬라이드 42

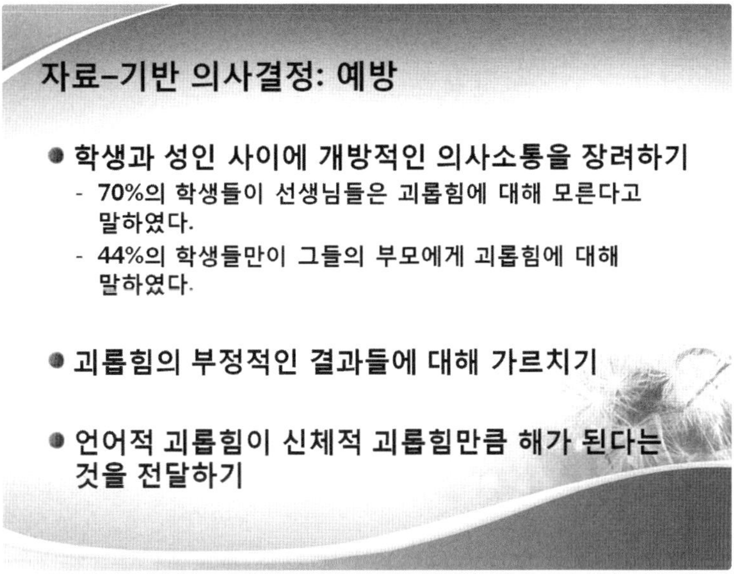

슬라이드 43

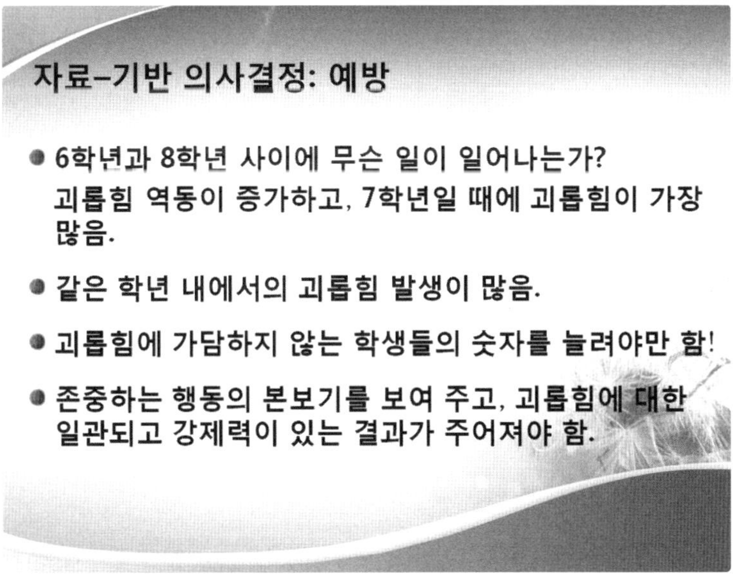

슬라이드 44

자료-기반 의사결정: 개입

- 학생들 가운데 1/4만이 괴롭힘에 가담하지 않고 있음. 즉, 75%의 학생들이 괴롭힘에 가담하고 있다는 것임.
- 괴롭힘에 가담하지 않는 학생들의 수는 6학년과 8학년에서 가장 많음.
- 7학년에서는 어떠한가?
  가장 높은 가해-피해자 비율을 보임.
- 7학년을 대상으로 한 개입이 필요함.

슬라이드 45

자료-기반 의사결정: 개입

- 남학생과 여학생 모두 비슷하게 괴롭힘에 가담하고 있음.
- 괴롭힘은 같은 학년 내에서 발생함.
- 괴롭힘은 학습에 부정적인 영향을 끼침.
- 가해자와 가해-피해자들은 괴롭힘에 대해 긍정적인 시각을 가지고 있음. 괴롭힘은 긍정적인 것으로 여겨질 수 있다 — 지위와 힘의 표시?

슬라이드 46

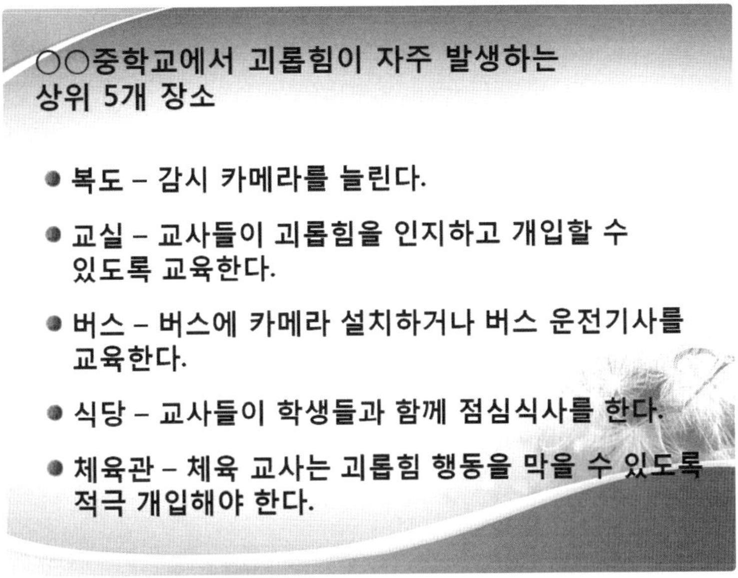

슬라이드 47

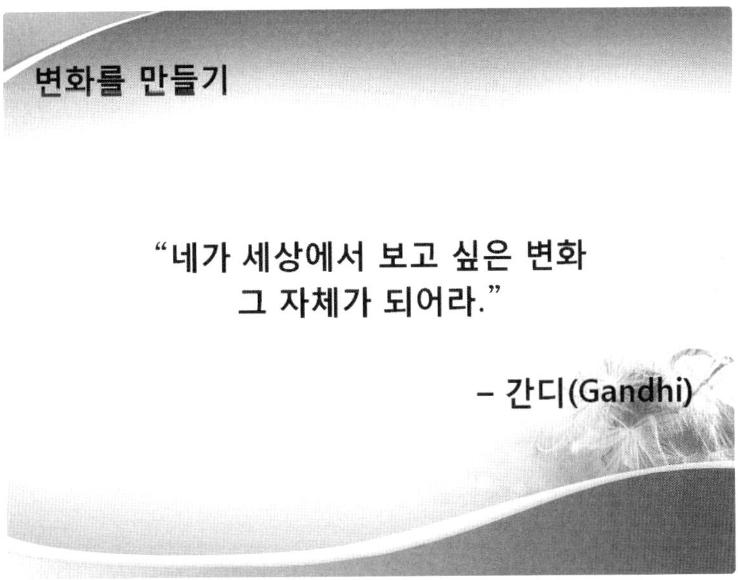

찾/아/보/기

ㅇ

ㅈ

ㅊ

저자 소개

* Susan M. Swearer

미국 링컨에 소재한 네브라스카 대학교의 학교심리학 부교수이며, Bullying Research Network(http://brnet.unl.edu), Nebraska Internship Consortium in Professional Psychology의 공동책임자다. 1997년에 오스틴에 소재한 텍사스 대학교에서 학교심리학 전공으로 박사학위를 취득했으며, 지난 10여 년 동안 정신건강과 괴롭힘 간의 관련성에 대한 연구를 수행하였다.

* Dorothy L. Espelage

미국 어바나-샴페인에 소재한 일리노이 대학교의 교육심리학과의 아동발달 교수이며, 부학과장이다. 최근에 '대학을 대표하는 학자'로 지명된 바 있으며 미국심리학회의 17분과(상담심리학)의 특별회원 자격을 가지고 있다. 1997년에 블루밍턴에 소재한 인디애나 대학교에서 상담심리학 전공으로 박사학위를 취득했으며, 지난 15년 동안 괴롭힘에 대한 연구를 수행하였다.

* Scott A. Napolitano

미국 네브라스카 주의 링컨에서 개인 개업을 하고 있는 소아신경심리학자이며, 면허소지 심리학자다. 오스틴에 소재한 텍사스 대학교에서 학교심리학 전공으로 박사학위를 취득했으며, 네브라스카 대학교 의과대학에서 박사전 인턴십을 마쳤고, 텍사스 대학교의 남서부 의과대학에서 신경심리학 전공으로 박사후 과정을 마쳤다. 괴롭힘 행동에 관여된 학생들을 돕기 위하여 학부모 및 교직원들과 자주 협력하고 있다.

역자 소개

* 이동형

충남대학교 대학원 석사(임상심리학 전공)

미국 Texas A&M University, Ph.D.(학교심리학 전공)

전 미국 Houston Independent School District 특수교육청 학교심리학자 (2004~2008)

현 신라대학교 교육학과 교수

* 이승연

이화여자대학교 대학원 석사(인지심리학 전공)

미국 University of Iowa, Ed.S., Ph.D.(학교심리학 전공)

전 미국 Houston Independent School District (Psychological Services) 학교심리학자(2004~2006)

현 이화여자대학교 심리학과 교수

* 신현숙

미국 Ohio State University, M.A.(특수교육학 전공)

미국 University of Minnesota, Ph.D.(학교심리학 전공)

전 미국 Saint Paul Public Schools District 학교심리학 인턴(1996~1997)

현 전남대학교 교육학과 교수

괴롭힘의 예방과 개입

-학교에서 어떻게 도울 것인가-

Bullying Prevention & Intervention: Realistic Strategies for Schools

2011년 9월 5일 1판 1쇄 인쇄
2011년 9월 10일 1판 1쇄 발행

지은이 • Susan M. Swearer, Dorothy L. Espelage, Scott A. Napolitano
옮긴이 • 이동형 · 이승연 · 신현숙
펴낸이 • 김진환
펴낸곳 • (주) 학지사
121-837 서울특별시 마포구 서교동 352-29 마인드월드빌딩 5층
대표전화 • 02)330-5114 팩스 • 02)324-2345
등록번호 • 제313-2006-000265호

홈페이지 • http://www.hakjisa.co.kr
커뮤니티 • http://cafe.naver.com/hakjisa

ISBN 978-89-6330-707-7 93180

정가 14,000원

역자와의 협약으로 인지는 생략합니다.
파본은 구입처에서 교환하여 드립니다.

이 책을 무단 전재 또는 복제 행위 시 저작권법에 따라 처벌을 받게 됩니다.

인터넷 학술논문 원문 서비스 **뉴논문** www.newnonmun.com